[教育管理者智慧丛书]

山东省教育学会教育管理研究专业委员会组织编写

山东省教育基金会资助

梦山书系

尊重每一个孩子的发展权

——齐鲁名校长张广利的“知”与“行”

季俊昌　蒋世民 著

海峡出版发行集团
THE STRAITS PUBLISHING & DISTRIBUTING GROUP
福建教育出版社

梦山书系

“梦山”位于福州城西，与西湖书院、林则徐读书处“桂斋”连襟相依，梦山沉稳、西湖灵动、桂斋儒雅。梦山集山水之气韵，得人文之雅操。福建教育出版社正坐落于西湖之畔、梦山之下，集五十余年梓行之内蕴，以“立足教育、服务社会、开智启蒙、惠泽生命”为宗旨，将教育类读物出版作为肩上重任之一，教育类读物自具一格，理论读物品韵秀出，教师专业成长读物春风化雨。

“梦”是理想、是希望，所谓“梦想成真”；“山”是丰碑，是名山事业。“积土成山，风雨兴焉”，我们希望通过点点滴滴的辛勤积累，能矗起教育的高山；希望有志于教育的专家、学者能鼓荡起教育改革的风雨。

“梦山书系”力图集教育研究之菁华，成就教育的名山事业之梦。

张广利，男，1965年生，山东东营人，教育硕士。1995年提拔任职胜利油田四中校长兼党支部书记，时年30岁；2005年改任东营市胜利第四中学校长兼党支部书记，期间，2010年1月～2011年1月兼任东营市胜利六十二中校长、党总支书记；2011年6月调任东营市育才学校校长兼党委书记。现任东营市育才学校教育集团总校校长、党委书记、山东省中小学校长影子培训基地导师。社会兼职：东营市政府督学、聊城大学硕士生导师。学术兼职：中国教育学会初中教育专业委员会副理事长、中国人生科学学会中小学教育专业委员会副会长、山东省教育学会教育管理专业委员会常务理事、东营市教育学会副会长、东营市心理学会副理事长等。领衔开展的“分层递进教学”、“自主课堂”、“差异教育”、“新时期家庭教育”等研究与实验成果丰硕、成效显著；迄今已发表《寻求学校制度重建之善》等教育论文60余篇，出版《我们怎样教育孩子》、《学校教育生活的重建》等著作8本，参编7本；多项成果获山东省政府教学成果奖、山东省社科普及优秀作品奖、东营市政府教学成果奖、东营市优秀社会科学成果奖等奖项。应邀在省内外作专题报告100余场次，并产生广泛影响。先后荣获全国初中教育改革创新优秀校长、全国初中十佳校长、山东省首届齐鲁名校长、山东省优秀教育管理工作者、胜利油田专业技术拔尖人才、东营市劳动模范、黄河口杰出人才奖（提名奖）等称号。

序

联合国《儿童权利公约》中就提到儿童的发展权。儿童发展权当然包括儿童受教育的权利。但是，接受什么教育，儿童往往没有选择权，这就造成了教育不公。为什么这么说？因为儿童的天赋、兴趣爱好是有差别的，如果不是按照儿童的特点因材施教，把选择权交给儿童，可能就扼杀了儿童的天性。今天，我国教育的弊端恰恰就在于此。儿童没有学习的选择权，处于一种“被教育”、“被学习”的状态。这种情况不改变，很难培养出有创新精神和实践能力的人才。因此，要尊重每个学生的发展权，进一步要尊重每个学生的选择权。

去年教师节，习近平总书记在同北师大师生座谈时指出：“好老师一定要平等对待每一个学生，尊重学生的个性，理解学生的情感，包容学生的缺点和不足，善于发现每一个学生的长处和闪光点，让所有学生都成长为有用之才。”切实贯彻习近平总书记的指示，就要尊重每个学生的发展权，尊重学生的个性；就要尊重学生的学习选择权，充分发展每个学生的潜能。

我们天天说“以人为本”，在学校里就要“以学生为本”。学生是教育的主体，但现实中许多学校还是在实施“以分数为本”，校长的眼中只看到分数，没有学生。这种情况不改变，学生的素质怎么提高？

幸而有一批有思想、有抱负的校长认识到这一点，坚持“以学生为本”，心里装着学生，对学生的发展充满着热情。张广利就是这样的校长，他提出“尊重每一个孩子的发展权”、“教育应尊重差异、发展个性”的观点，很切合习近平总书记的要求，也契合教育的内在本质和教育的发展方向。

张广利校长，我是在一次会议上认识的。写他办学思想和实践的这本书《尊重每一个孩子的发展权》，比较真实地反映了他长期扎根基层、充满教育激情、善“知”善“行”的教育品格。我因为视力不好，不能细读全书，但被书名所吸引，翻阅了该书的前言、目录和后记，大致浏览了全书内容，觉得观点新颖、内容实在、体系比较完善，相信该书会给广大教育工作者带来一些启迪。

顾明远

中国教育学会名誉会长

2015 年 1 月 5 日

目录

前言

一、教育不能“无知而行”

敬天命，尽人事

张广利校长出生于黄河入海的地方——山东东营，二十岁大学毕业后便开始了漫长的教育之旅。他以“九曲黄河终入海，不灭初心向东行”的执著，意诚心正，勤勉不怠，毫无保留地把青春热血挥洒在了教育这片沃土之上；用“忠诚、立人、求索、致远”的大爱精神书写了自己的“教育传奇”——从教师、班主任、校团委书记、政教处主任、副校长、校长，一步一个脚印，一直成长为齐鲁大地上的知名校长、山东省齐鲁名校长、全国初中十佳校长。

经风沐雨，春华秋实，不知不觉间，张广利已近“知天命”之年。人生天地间，奉天承运，顺己之性，做点有价值有意义有乐趣的事情，这是“顺天命”。且行且思中，从懵懂到清醒，逐渐对自己的心性以及所从事的事业有了高度的觉悟，在生命和事业之间达成了一致的融合和彼此的成全，这叫“知天命”。知天命之人，必然“尽人事”以“敬天命”，思想澄明，胸怀阔大，光明正大做人，尽心竭力做事，努力实现“天地一过客”的人生价值。

究其实，所谓天命，实际上是生命个体对自身命运和人生价值的思考和觉悟，是对自身这一辈子所从事的工作的高度认可。脱离自身觉悟，就无所谓天命。在教育这片土地上辛勤耕耘了三十年，张广利越来越清醒地认识到，自己的“天命”就是扎根教育、化育生命，把每一个孩子都当作一粒蕴藏着无限潜力的种子，全心全意地为其创造适宜的土壤、阳光和水分，促其发芽、开花、结果，成长为一个幸福生活的人、一个对社会有益的人。

张广利敬天命、尽人事，在化育生命的大道上孜矻前行，用忠诚与奉献、爱心与智慧浇灌出了累累硕果。“爱人者，人恒爱之；敬人者，人恒敬之。”张广利在成就教育的同时，也反哺着自身的成长。他于2009年入选山东省首届齐鲁名校长建设工程人选，拥有聊城大学硕士生导师、中国教育学会初中教育专业委员会副理事长、中国人生科学学会中小学教育专业委员会副会长、山东省教育学会教育管理专业委员会常务理事、东营市心理学会副理事长、东营市教育学会副会长、市政府督学等头衔，获得全国基础教育改革创新校长、全国优秀中学校长、全国初中十佳校长、山东省科研创新校长、山东省十大教育创新人物（校长系列）提名奖、山东省优秀教育管理工作者，东营市劳动模范、黄河口杰出人才提名奖、胜利油田专业技术拔尖人才等荣誉。目前任东营市育才教育集团总校校长、党委书记，山东省中小学校长“影子培训”基地导师。领衔开展的“自主学习型”课堂教学研究、差异教育研究在省内外引起强烈反响，个人应邀在省内外作课堂教学改革、校本课程建设、差异教育和学生欺负干预等专题讲座100余场次。他亲笔撰写了200余万字的工作札记，出版了《我们怎样教育孩子》、《好父母不可不知的育儿心理学》、《学校教育生活的重建》、《自主学习型高效课堂建设研究与实践》、《校本课程开发的实践与思考》、《教育是明天》等著作；《我们怎样教育孩子》被《中国教师报》“教师专业阅读”栏目推介，《好父母不可不知的育儿心理学》被《中国教育报》确定为2010年暑期教师推荐书目；他的家庭教育和课程改革等方面的著作已数次印刷，为全国的同行和广大家长朋友所青睐。《人民教育》、《中国教育报》、《中国青年报》、《中国教师报》、《山东教育报》、《现代教育报》、《山东青年报》、《齐鲁晚报》、《东营日报》、《黄三角早报》、《中小学管理》及新华网、山东省教育电视台、东营电视台、东营教育电视台等媒体对其先进事迹进行了广泛报道。

张广利的“名气”不仅唱响在齐鲁大地，也逐渐辐射到全国各地。山东省教育厅副厅长张志勇为他主编的《校本课程开发的实践与思考》作序：“打开张广利校长的书稿，他给了我一个惊喜：这是我看过的为数不多的一本有思想、有理论、有创新，立足学校实际、着眼学生个性发展，且取得丰硕成果的关于校本课程开发的书。完全可以说，它是义务教育学校课程开发的一个范例!”全国知名教育家魏书生是张广利的挚友，他在《教育挚友的情缘》一文中说到：“张广利校长率领他的教师团队进行的这些改革，与我倡导的学生自学能力培养的思想、科学民主的思想、让每一个孩子得到最好发展的思想有异曲同工之处，而广利校长在差异教育、校本课程、发展学生特长方面比我做得更深更细。东营市育才学校之行开阔了我的视野，增长了我的见识，增强了我对教育事业的热爱。”

2013年，“中国教育学会初中教育专业委员会第十七次学术年会暨全国初中改革创新成果博览会”在东营市育才学校开幕，来自全国22个省市自治区的300多名校长、专家聆听了张广利校长“尊重差异，发展个性”为主题的教育报告，并观摩了学校校本课程的开课现场。2014年，“全国基础教育转型发展与特色学校建设专题研讨班”在东营举办，来自全国8个省市的500多名教育行政人员和中小学校长实地考察了东营市育才学校，对张广利“尊重差异，发展个性”的办学理念和实践策略给予了充分肯定。

“敬天命、尽人事”，“扎根教育、化育生命”，这是张广利在滚滚红尘中远离喧嚣的心性皈依，是一种执著坚守的人生态度，是一种积极进取的做事精神。但作为教育人，如何“敬天命”而不违天道、“尽人事”而合乎人道，则需要高超的智慧与专业的思维，需要思想的引领和行动的力量。

做教育思想的引领者

思想的高度往往决定着事业的高度。法国哲学家帕斯卡尔说过：“人只不过是一根芦苇，是自然界里脆弱的东西，但它是一根能思想的芦苇……我们的全部尊严就在于思想。”中国哲学家王守仁提出：“真知即所以为行，不行不足谓之知；知是行之始，行是知之成；知是行之主意，行是知之功夫。”“知”是思想的结晶，“知”的广度、深度和高度从根本上决定着“行”的广度、深度和高度。

教育是一门关乎生命个体和人类命运的科学，具有自身的特殊规律，尤其需要思想之“知”的观照和引领。袁振国教授说过：“思想是否平庸应当就是教书匠和教育家的根本区别。自古以来，每个人对教育的期望、对教育的理解都会有所侧重、有所不同，然而教育家的教育思想应当更深刻、更系统、更自觉、更富有创见，并且更能坚持和实践自己的教育信念。”

教育的特殊性在于，它是育人的事业，面对的是活生生的人。一个工厂工人的失误可能仅仅是毁掉一个零件，一个教育者的失误却常常会让孩子付出无可挽回的生命代价。正如教育家约翰·洛克所说：“教育上的错误比别的错误更不可轻犯。教育上的错误正和配错了药一样，第一次弄错了，决不能借第二次第三次去补救，它们的影响是终身洗刷不掉的。”

张广利认为，从事教育工作，尤其不能无知而行。“无知”的教育源于缺乏对人性的理解、宽容和悲悯，缺乏对生命的尊重、善待和期冀，缺乏对教育的智慧把握和知性行动。教育家必须首先是思想家，没有思想的教育人充其量是个教书匠。

张广利之所以能够在教育事业上取得骄人业绩，关键在于他自身是一个喜欢思考、善于思考、勤于思考的人，始终用“知”审视和修正着“行”，用“行”实践和澄明着“知”，初步具备了“知行合一”的教育家之特质。

南宋陆游诗云：“古人学问无遗力，少壮工夫老始成。纸上得来终觉浅，绝知此事要躬行。”从事教育三十年，张广利在多个教育岗位上经受了锻炼，并同时兼任过相隔75公里之遥的两个学校的校长。每前进一步，他都在以切身的经历和阅历、体验和体悟对“教育是什么”进行着解答。教育的本真是什么？什么样的教育才是真正“以人为本”的教育？什么样的教育才是为学生终生发展负责的教育？这些是张广利一直思考的问题。

在胜利油田四中、东营市胜利四中、东营市胜利六十二中和东营市育才学校担任校长期间，张广利用自己的方式作出了回答，其中的变化轨迹，也体现了他个人思想的升华和对教育日益深刻的理解。1995年主政胜利油田四中工作时，他就倡导实施“科研兴校”；1996年跟随王敏勤教授开始了“和谐教学”研究与实验，以此致力于实现由“教”到“学”的重心转移。他主张深入研究学生学习的规律和方法，发挥学生学习的主观能动性，以改变教学的低效问题，并于1998年开始了分层递进教学改革。在东营市胜利四中时，针对传统教学的弊端，在继续进行分层递进教学改革的同时，他提出了“让学生享受学习，让学生享受生活，为学生的成功人生奠基，为学生的终身发展负责”、“让教师享受教学，让教师享受生活，为每一位教师的专业成长与发展负责”、“尊重学生主体地位，发挥学生主体作用，实现学生主体发展”、“教为主导、学为主体、疑为主轴、动为主线”等一系列教育教学理念，并成功构建了“自主课堂”教学模式，深化了以“差异走班”为特征的分层递进教学改革，有效激发了学生自主学习和自主成长的内在动力。在胜利六十二中任校长期间，确定了“心拥自信，释放潜能”的校训，推行了“问题导学”式生态课堂改革，着力实施自信教育的研究。到东营市育才学校担任校长后，张广利把关注的重点从课堂教学向学生本身聚焦，提出了“尊重差异、发展个性”的办学理念，力求从关注学生差异出发，承认与接受差异，发现与研究差异，因材施教，成就个性。从以“自主学习”为主要特征的课堂改革到“关注每一个、发展每一个”的差异教育，张广利开始探索学校整体育人模式的改革，其中有所“变”有所“不变”：“变”体现了张广利校长的教育视界在扩大，从关注课堂教学方式、课堂教学效率和质量转变到了更多地关注每一个孩子的生命成长；“不变”体现了张广利的教育坚守：教育因学生而存在，为学生而存在，教育是为学生服务的，促进学生个性发展和生命成长是教育的永恒使命。正如张广利所说：“作为一名从事了二十多年学校管理的基层校长，我深刻地体会到：校长的责任就是要实现学校、教师和学生的最大化发展。无论是教师发展还是学校发展，目的都是为了学生的发展，学生的发展是一切教育工作的出发点和归宿。追求教育本真价值的回归，关注学生的生存状态，开发学生的发展潜能，提升学生的生命品质，实现学生个性能动的健康发展，是我们教育人的永恒追求。”

教育是恒久的事业，对教育的观察、思考和探索是一个永无止境的过程。经过长时间的积淀，张广利逐步形成了自己的教育观、学生观、教师观、课程观、教学观、管理观、评价观和家教观。作为思想的结晶体，每一“观”都闪烁着他个人的真知灼见。比如，他认为，教育应尊重每一个孩子的发展权，学生的差异是宝贵的教育资源，教师是学生的服务者和引领者，课程不是课程表，教学应“先学后教、以学定教、以学改教”，学生管理是心灵引导的艺术，评价是为了激发孩子的自信心和内驱力等等。这些教育观念，作为一种“知”的存在，构成了其“行”的内在支撑。也许他的教育之“知”并不完美，但在当时、当下甚至明天，却必定会以思想的光芒照亮其前行的道路。

思想转化为行动才更有力量

思想如果仅仅停留在抽象的阶段，就无法对现实产生影响，也无法证明自身的真理性。正如马克思所指出的：“人的思维是否具有客观的真理性，这不是一个理论的问题，而是一个实践的问题。人应该在实践中证明自己思维的真理性，即自己思维的现实性和力量，自己思维的此岸性。”难能可贵的是，张广利不但善思，而且善行，不但“顶天”，而且“立地”，是一位名副其实的现实理想主义者，他用思想和行动共同诠释了“知行合一”的教育境界。

张广利高度重视教育理念之“知”向教育实践之“行”的转化。他认为，推动办学理念向实践转化，必须积极构建与之相适应的课程体系，必须持续推进课堂教学的优化改革。

在胜利油田四中和东营市胜利四中时，他把工作的着力点放到了课堂教学上，力图通过课堂教学改革，彻底改变传统教学模式下教师“厌教”和学生“厌学”的状况，让教师享受工作，让学生享受学习，实现智力、情感、态度、价值观的综合提升。在实践探索的过程中，他带领全校师生构建了包括“五大教学环节”（认定目标→自主学习→交流释疑→训练巩固→检测拓展）和“两个载体”（导学提纲、学习小组）的“自主课堂”教学模式。他还积极借鉴江苏洋思中学和山东杜郎口中学的教学经验，深入推进了“自主课堂”的“三级”建模（学校、学科和教师），并鼓励教师形成自己的教学风格，从而促进了教师教学观念的更新和学生学习方式的根本性转变，实现了教与学的和谐统一，大幅提升了课堂教学效率和质量，让师生体验到了合作探究和解决疑难问题所带来的成功感、满足感和幸福感。通过打造“自主课堂”，张广利把“学为主体”、“先学后教、以学定教、以学改教”等教育理念内化为全校师生实实在在的具体行动。课堂教学改革，最直接的受益者是学生。胜利四中学生李越说：“老师把课堂还给了我们，我们真正成为了课堂的主人。通过合作、探究学习，大家在互帮互学中共同取得进步；增进了同学间的友谊，拉近了师生间的距离。老师更像是我们学习过程中的同行者。”

到东营市育才学校任校长后，为了保障和成全每一个孩子的发展权，张广利大力提倡“差异教育”，提出了“尊重差异，发展个性”的办学理念，并为此构建了差异教育的六大体系（课程、教学、爱责教育、师生评价、教师发展、家校共建体系），使学校教育教学改革得以系统化、整体性推进，有力地促进了教师的发展和学生的成长。尤其是在校本课程建设上做文章，针对九个年级段学生的不同特点，学校开发实施了校内外拓展型课程和发展型课程共计 110 多门，涉及人文素养、科学素养、身心健康、生活技能、艺术审美、学科拓展等方面，既改变了课程结构单一而僵化的局面，又照顾了学生的不同爱好和需求差异，为学生提供了自主选择的广阔空间，充分尊重、保护和促进了学生的个性发展。育才学校学生黄成辉说：“我选的校本课程是英语剧。以前我很内向，不敢在大家面前表演。学习英语剧后，我敢于向大家自由表演了。英语剧改变了我的性格，增强了我的自信心。”东营市育才学校尊重学生差异，让师生在“差异教育”中扬起生活理想的风帆，筑牢了幸福人生的基石。

张广利说：“天书无垠，行者无疆。行走在教育这方诗意的天空，我满心里充盈的是理想、热情和思考。回顾自己的成长经历，我深深地体会到，人生对我们每个人来说，就像登山，只有不断确定新的目标，新的高度，才能登上人生的巅峰，只有不断追求，不言放弃，才能不断超越自我，取得更加辉煌的业绩。只要我们干一行，爱一行，研一行，专一行；做教育，爱教育，研究教育，享受教育，持之以恒地奋斗，每个人都会有所建树，也必定能走向成功。”

《中庸》有云：“惟天下至诚，为能尽其性；能尽其性，则能尽人之性；能尽人之性，则能尽物之性；能尽物之性，则可以赞天地之化育。”以至诚之心，合知行之力，让自己、他人、万物在其秉性范围内实现最大可能性的发展，此谓“化育生命”之大善。

“遵道而行，但到半途须努力；会心不远，欲登绝顶莫辞劳。”在化育生命这条绵延无尽的神圣大道上，张广利校长正怀揣着一颗至诚至善之心，秉承“知行合一”之精神，义无反顾地向前行进……

二、不一样的张广利

作者在与张广利的深度对话中，在解读张广利“知”与“行”的过程中，切实地感受到他有别于我们所认识、所了解的其他校长。这种不一样表现在以下三个方面。

首先，在于思想境界的不同。张广利对校长的职责和标准作了这样的解读：一是校长要一身正气。要有为国民办教育的一身正气，不歪不斜，起表率作用。不能在“法”的问题上打擦边球，更不能“闯红灯”；不能在德的问题上身不正、影子歪。要不贪不占，一身正气，两袖清风，公正无私，远离铜臭和庸俗，远离低级趣味，建立起自己的“精神特区”。二是校长要大气。要有个人的人格魅力：不庸不俗，不偏不倚；能容人、能用人，用人之长、容人个性。只要团结在学校办学目标之下，校长就扬其长、用其能。三是校长要有书卷气。要多读书、多学习、多研究，远离浅陋，杜绝浮夸。在社会对教育的期待日益攀升的今天，作为一名校长只有通过不断学习才能成为教育的行家里手，才能把学校办好。做学问，与书为伴；做事业，与学问作伴；让读书成为习惯，让研究成为生活的一种需要，让自己成为一名学者型、研究型的教育行者。他担任校长 20 年时间，一直按照这样的标准去要求自己，坚守着自己的教育信念，并通过改革实践追求着自己的教育理想。

学校特色的培育，或者是校本课程开发与实施的成效，关键在校长。常言道，“一个好校长就是一所好学校”。信哉，此言！且不说“好”校长与“差”校长显而易见的差别与差距，就是同样被评价为“好”的校长，因为思想境界、学识修养、性格脾性、胸襟气度、管理素质等的差异，其管理学校的能力与水平、特点与特色肯定迥异。所以，张广利主持校政的胜利四中与育才学校，就烙印着区别他校的明显的张广利特点。这是参观考察过胜利四中和育才学校的人、与张广利或深或浅有过交往者的感觉。

真实真诚的张广利，就像一个老农，耐心地、专注地、一心一意地耕种着自己的校园；儒雅智慧的张广利，又像一个哲人，时不时地在校园里刮起变革的风暴，推出经过字斟句酌、精雕细刻、与时俱进的教育理念。

其次，在于文化的不同。有什么样的校长，就会有什么样的学校文化。学校文化反映了校长的鲜明个性，胜利四中、胜利六十二中和育才学校当然也不例外。从胜利四中的办学理念“为学生终身发展负责”，到胜利六十二中的“心拥自信、释放潜能”，再到育才学校的“尊重差异，发展个性”，让人们感觉到张广利办学思想的承续与改变，感觉到他的办学目标更趋理性、更实际，也更具针对性和方向感。他没有像有的学校那样，把“改革”、“创新”作为自己的办学宗旨。这种迎合时尚，或者说迎合时代潮流的标签式词语，既缺乏学校教育的行业特点，更缺乏职业作为的表征。

办学理念是学校发展的灵魂。从张广利任校长的三个学校可以看出，育才学校践行的办学理念，指向更清晰，也更具有实际意义。在张广利的亲力亲为下，“尊重差异，发展个性”不是一句口号，而是落实到了具体的行动之中。而有的学校所强调的“改革”、“创新”，主要反映学校的思想认识高度和奋力进取的态度，加之一些花样翻新的管理理念，让外人看得眼花缭乱。

张广利坚决反对教育“改革”与“创新”仅仅停留在思想认识层面，反对只玩虚不务实、只“想”不“做”、只“知”不“行”。这是他与其他校长在文化上的最大不同。有的校长给人的感觉，就像一个高高在上的行政官员，只会按照上面的要求，不断地发出一道道指示，让管理层和一线教师只能疲于应付行政命令，而无法依循教育规律践履教书育人的职责。

张广利给人的感觉，更像一个有文化、有经验、有能力的外企董事长，让每一名员工都感觉他就在自己的队伍里，因而他们在信赖中创造性地表现执行力。有的校长仅把管理当成了艺术，忽视了教师的真实存在和切实需求，只是做给上级或别人去看。而张广利却将自己的办学理念和管理思想融入学校的各个角落，指引着学校向着办学目标前进。

其三，在于发展目标的不同。“课程”与“教学”一直是胜利四中、胜利六十二中和育才学校发展战略的核心内容，而且这三所学校始终坚守这一战略不放松，不为所动，这反映了张广利瞄准办学目标奋力前行的定力。可以肯定地说，没有“课程”与“教学”的聚焦，就不可能有胜利四中和育才学校的内涵发展、特色发展、品牌发展。有的学校往往采取多元化发展战略，在学校发展缺少科学规划、缺乏专业指导的情况下，教育工作没有重点，或者什么都不撒手，课程改革、教学创新、文化建设、校本课程研发、德育工作、心理健康教育、教研科研、教师专业发展、家校联系等等，都想做、都该做、都要做、都能做，但都做不到极致，使学校缺少内涵发展、特色发展、品牌发展的支撑力和领导力。

以上三点差别，导致两种完全不同的结果。张广利领导的学校在先进理念的引领下持续发展，铸造了属于自己学校的特色品牌。而有的学校却在走向平庸、走向落后。这一现象，归根结底还是校长的问题，是课程领导的问题，是对课程和教学、对教师和学生的理解和把握的问题。

有的校长的所谓“改革”与“创新”，即使喊上千遍万遍，因为不知怎样“改”，不知如何才能“新”，人云亦云，跟风而动，最终教育教学质量难以提高，“素质教育”只是学校常说常喊一句口号，学生却享受不到适应自己发展的幸福教育。

张广利的“尊重差异，发展个性”，不仅在有效实践中形成了自己的素质教育和课程改革特色，提升了办学质量和教学水平，并最终实现了个人专业成长和学校发展的双赢。

张广利的教育观点采撷

1. 人们生活在当今社会并不仅仅是为了生存，而是为了更好地生活，提高生命的质量，使生活更有意义，使生命更有价值，而教育是实现人生价值的重要途径。

2. 教育的任务就是要让人的整个生命系统充满生机与活力，焕发出蓬勃的创造力；致力于生命全面而和谐、自由而充分、独特而创造地发展，是教育的根本使命。

3. 教育的真正意义在于发展人的个性，开发人的潜能，实现人的价值，促进人的个性化和社会化发展的协调统一。

4. 学生是发展中的人，是具有独立特性和独立意义的人。学生是学习的主体。

5. 学习不再是一种异己的、外在的控制力量的推动，而是一种发自学生内在的精神解放运动。

6. 学生学习的主动性哪里来？从落实学生的主体地位中来。落实学生的主体地位，说到底就是让学生参与、表现、表演、表达，让学生不断体验学习成功的愉悦。

7. 自信是学生发展的原动力。学生的发展必须通过学生主体能动的发展来实现。

8. 学习是学生发展的核心，我们应认真研究学生学习的发生机制，科学理性地指导学生的学习。

9. 培养学生自主、自信的主体精神，唤醒学生自我发展的内在动力，才能使学习和发展真正成为学生主动、自主的行为。

10. 没有差生，只有差异。学生个性差异客观存在，教育必须承认与接受学生的差异，发现与研究其差异，正视并成就其差异，使学生获得不同领域、不同程度、不同层次的成功，逐步形成自主自信、积极向上的人格特征。

11. 校长必须树立“时时处处有课程，一事一物皆教育”的大课程观。在办学的过程中，改变学校办学理念、培养目标与课程之间的脱节现象，突出三者的一致性，尊重学生选择，有机整合课程，使课程更有效，才能真正实现深层次的减负和提质，才能充分发挥各类课程的整体育人功能。

12. 回到教育的原点和课程本位去反思，“教什么”要比“怎么教”更重要。学校应根据各年级学生的兴趣与爱好设计和规划好校本选修课程。

13. 当学校主动思考和建构课程，教师也主动去思考该教什么、怎么教的时候，学生的学习状态才会得到相应的改变。

14. 突出教师整合课程的使命，突出课程整合的价值取向，使课程的整合与实施更加注重育人的整体性和对学生的正向引领与境界提升。

15. 教学的组织必须围绕着学生的“学”服务，教学要打破传统的“一刀切”的排课方式，根据必修课、选修课、自修课和长短课、大小课等采取更加灵活的弹性课时制。

16. 快乐幸福的校长才能带出幸福快乐的教师，快乐幸福的教师才能教出幸福快乐的学生。

17. 教师要从根本上解决职业倦怠心理对工作和专业发展带来的负面影响。治本之策在于信念，信念支撑在于研究，研究是教师工作的幸福源泉。

18. 为每一个学生寻找闪光点，让每一个学生抬起头来学习和生活，这应该成为学校的常态。

19. 尊重是教育的前提。这不仅仅是一种理念，更应把“尊重”落实在学校管理和教育教学的全程，要想改变学生，应首先改变我们自己。

20. 校长不但要以先进的教育理念引领学校发展，更重要的是要应用“积极心理学和脑科学的最新研究成果”，科学理性地去指导校本的教育行动。

21. 作为一名校长，必须肩负起“立德树人”的责任与使命，必须把“立德树人”贯穿到“教、学、研、管”的全过程，并落实好全员育人、全程育人和全方位育人工作。

22. 作为校长，首先要发展教师，通过教师的发展来发展学生，通过学生的发展成就学校的未来。学生的健康发展永远是学校教育的出发点和归宿。

23. 教育是今天，更是明天。

在“个性化教育国际论坛”上，张广利校长向原国家教育部副部长柳斌和中国教育学会名誉会长顾明远先生请教教育问题。

第一章 教育观

——尊重每一个孩子的发展权

张广利的教育观：
尊重每一个孩子的发展权

教育的最高价值选择应当是“尊重每一个孩子的发展权”，以不放弃每一个孩子的教育担当精神，让每一个孩子都能在其秉性范围内获得最大可能性的发展。

教育的最高技巧在于消除和淡化教育者和被教育者之间的二元对立和角色区分，努力“让孩子忘记自己在接受教育”，从而让教育真正成为“随风潜入夜，润物细无声”的心灵与心灵的碰撞、灵魂与灵魂的交融。

教育的最终目的是让学生在接受教育中学会自主教育，真正成为教育的主体和主人。

第一节　不放弃每一个孩子

一、向每一个孩子敞开教育的大门

张广利不仅遵行南宋大儒朱熹的“格物致知”意理，更信奉明代教育家王阳明的“知行合一”思想。因此，重视先进教育理论的学习，用理论指导自身教育实践，在实践中强化乃至升华认识，成为他治学与管理的行动要义。于是，兼收并蓄、消化吸收、外化于行、自成一脉，就成为了张广利形成自己教育思想的表征。如“全纳教育”、“全人教育”、“生命教育”等教育思想，对他都有重要的启迪和引领。

如“全纳教育”，作为联合国教科文组织 1994 年首次提出的概念，提供了一个更广阔的教育视野和更全面的全民教育战略，已成为国际教育界有影响的一种教育思想。

目前，许多发达国家都在实践着“全纳教育”，其中芬兰是在这方面做得比较好的国家。中国驻芬兰大使馆教育处官员邓理明曾向《人民日报》记者讲述了他参观芬兰艾斯堡的一所学校时亲眼所见。某个教室里有十几个孩子，都是患有“多动症”的学生。一位教师在弹钢琴，学生们跟着旋律自由打鼓。每打 10 分钟，就休息几分钟。这样的课每次 1 小时，每周 3 小时。经过几周训练，超过 80％的孩子治好了“多动症”，回到正常课堂上课。这些孩子并不知道自己是“问题儿童”，还以为打鼓就是一次课外活动。只有教师和家长知道，他们曾经接受过一点儿“特殊帮助”。对于学习有困难、有先天障碍、学习习惯有弱点、难以达到同龄孩子平均智力水平或学习能力的儿童，学校给予特殊帮助，直到他有正常学习的能力。尽管孩子们的个性、智力水平、身体状况千差万别，但不能让一个孩子掉队。

无论是作为教师还是校长，张广利一直对先进的教育理论保持着浓厚的学习兴趣和敏锐的直觉。第一次接触“全纳教育”这个概念的时候，他就深刻地意识到，这与自己所信奉、所坚持的“尊重每一个孩子的发展权”是异曲同工、内在契合的。尤其是“全纳教育”强调的以下几点，对张广利影响最深：充分保障每个人受教育的权利；平等对待和关注每一个学生的发展；每一名教师和学生都是学校生活的主人；每一个人应学会与不同兴趣、不同能力、不同技能、不同个性、不同文化背景的人共同合作；课程教学应该适应学生的需要，而不是让学生去适应课程教学的需要。其核心是强调容纳所有学生，反对歧视排斥，促进积极参与，注重集体合作，满足不同需求，是一种没有排斥、没有歧视、没有分类的教育，其人权观、平等观、民主观、价值观和教学观闪烁着人道主义的光辉。

对此，张广利的理解是：“全纳，就是全部接纳、全部容纳，不排斥、不拒绝。全纳教育强调每个人都有接受教育的基本权利，都有其独特的个性、兴趣、能力和学习需要，学校要容纳全体儿童并满足‘不同差异’学习者的需要。全纳教育的本质是尊重每一个孩子的发展权，前提是尊重，核心是全纳，未来指向是发展。”

他认为，父母不会因为自己的孩子在身体、智力、品性等方面的差异而放弃任何一个，这是本能的朴素感情；菩萨把六道众生作为超度的对象，即使是罪孽深重的生灵，也坚信其放下屠刀即能立地成佛，这是至善的大慈大悲。教育本质上是人道主义的事业，它赋予人以生存、发展和享受的能力。作为教育人，承担着教书育人的神圣使命，就应以菩萨心肠，胸怀大爱，爱生如子，“幼吾幼以及人之幼”，尊重孩子的发展权，努力为每一个孩子提供适合的教育，促进每一个孩子健康地成长、成才、成功。东营市育才学校“自信自强、至诚至善”的精神正是张广利“全纳教育”思想的最好体现。

张广利还从个体发展和社会发展的角度深化着对“全纳教育”的理解。他说：“从个体意义上讲，每一个孩子的人生都具有多种可能性，但最终呈现出来的却是唯一的可能性，在从多种可能性到唯一可能性的转换中，教育发挥着至关重要的作用。教育人的使命就是正向地激发和成全每一个孩子的最大可能性的发展。从社会意义上讲，教育是人类的自我发展、自我约束和自我救赎，当教育放弃了一个孩子，这个孩子就有可能在未来放弃这个社会，甚至与这个社会为敌。教育培养人、拯救人，也反过来惠及整个社会和人类。不放弃每一个孩子，尊重每一个孩子的发展权，这是人道主义的要求，也是教育首要的、根本的出发点和立足点。”

张广利曾经读过下面这个故事，并从中获得深刻启迪：

盘圭禅师是一位诲人不倦的禅宗良师。有一次他的一名弟子行窃，被当场抓获，其他弟子要求盘圭禅师把此人逐出，但盘圭没有理会。不久之后，那名弟子恶习难改，再偷窃，又被当场抓住，众徒再度请求盘圭惩治，哪知盘圭依然不予发落。众徒十分不满，联名写了一张陈情书，表示若不将窃贼开除，他们就集体离开。盘圭读了陈情书，把弟子们全部召来，对他们说："你们都是明智的人，知道什么是对什么是不对，只要你们高兴，到什么地方去学都可以。但是这位兄弟甚至连是非都还分不清，如果我不教他，谁来教他？我要把他留在这里，即使你们全部离开也一样。”

张广利由衷地说：“盘圭禅师的故事给了我很深的启迪。容纳每一个孩子，不放弃每一个孩子，完全符合道义，说起来很容易，但要真正落到实处并不简单。尤其是教育人，要面对各种各样的孩子，他们在天性、智力、素养等方面是存在差别、差距的。如何对待这种差别、差距，尤其是如何对待所谓的落后生、差生，是每一个教育人都值得深思的重大课题。盘圭禅师的故事告诉我们，教育应正视、坚定自己的信念和使命，以‘不放弃每一个’的担当精神，真正让教育成为‘全纳’的教育，成为育人的事业。”

《圣经》中牧羊人的故事，也深刻地反映了“不放弃每一个”的道义精神，曾让张广利的心灵受到震撼。

从前，有一个人，他有100只羊。这天，他去深山里放羊，天黑时，准备回家，这时他发现少了一只羊。于是，他撇开那99只羊，去山的更深处寻找那只丢失的羊。他历经磨难，终于找到了那只迷途的小羊。他欣喜若狂，好像比拥有那99只羊还要高兴，因为那99只并没有丢失，而他则拯救了那只已陷入迷途的羔羊。

张广利读了这个故事后，在工作日志上写下了这样一段话：如果仅仅关注已经安全到家的99只"羊"，而置迷途的那只"羊"于不顾，就不是真正的牧羊人。一只丢了不管，就还会有第二只、第三只丢失，这个过程不会自动停止。不管最后掉队的一只，意味着"牧羊事业"本性的丧失。实际上，牧羊人是在用行动维护着"不放弃任何一个"的牧羊事业之信念，这种信念不是单纯的利益所能够代替的。丢失了一只，诚然可以用钱再买回一只，却动摇了牧羊事业之信念。同样道理，教育如果放弃了任何一个孩子，就意味着教育变成了势利功利的教育。面对无价的生命，我们不能仅仅用利益来衡量对错。

一位哲人说过："天空收容每一片云彩，不论其美丑，故天空广阔无比；高山收容每一块岩石，不论其大小，故高山雄伟壮观；大海收容每一朵浪花，不论其清浊，故大海浩瀚无比。"

陶行知也曾经告诫我们："你的教鞭下有瓦特，你的冷眼里有牛顿，你的讥笑中有爱迪生。"

"不放弃每一个孩子，是教育必须坚守的一种态度、一种精神、一种理想。当教育放弃了一个孩子，就等于动摇了自身存在的根基。"张广利对此坚信不疑。

二、教育不是为了"优胜劣汰"

丛林法则是自然界里物竞天择、优胜劣汰、弱肉强食的野蛮法则。有人认为，丛林法则也适用于人类社会，人与人之间、集体与集体之间、国家与国家之间也是强者胜出、弱者淘汰。也有人持不同意见，认为人类既然走出了丛林，组成了人类社会，拥有了人类文明，就应超越低级野蛮的丛林法则，发扬人道主义精神，尊重每一个人，关怀每一个人，成就每一个人。

张广利认为，丛林法则是否适用于人类社会，可以从两个维度去分析：一种是事实判断，一种是价值判断。前者是客观地总结描述人类社会的现实状况，后者是对人类社会现实状况“是否应该如此”的道义判断。从事实上观察，人类社会的确也存在弱肉强食、优胜劣汰的现象，但从价值上判断，对于这种现象，你可以说“应该如此”，也可以说“不应该如此”。在不同的价值观的指导下，个人、集体和国家会有不同的行为方式，会做出迥异的行动选择。

作为教育人，张广利对此丛林法则有过深深的思考：作为促进人类文明发展的教育，又当如何对待“丛林法则”呢？教育领域是否也存在着“优胜劣汰”的现象？作为教育人，对此应当持一种什么样的态度呢？

他的思考是：“人类社会总体上越来越文明，维护和保障人权成为了一项基本的人类准则，人类社会强调每个人都应受到合乎人权的对待。丛林法则是动物世界的冷血法则，应用到人类社会就显得非常残酷和野蛮，更不能应用到以培养人为根本使命的教育身上。教育的目的是培养人，而不是淘汰人。教育不应当沦为体育竞技式的选拔与淘汰，不能以同一种标准、同一个速度要求所有的孩子正步走、齐步走。从事教育工作，就应公平地对待和关心每一个学生，努力做到因材施教，充分挖掘和激发每一个学生的潜能和价值。”

张广利高度认同叶澜教授对现代学校的理解：“学校不是只关心少数‘尖子’学生，为高一级学校培养专门化的、精英式的人服务，不应仅以培养出获奖学生、考上名牌大学或后来成为著名人物的学生为荣（在各类校庆和校史展览中，人们最能感受到这两点），而应致力于每一个学生的发展，为学生的终生学习和发展奠定坚实的基础。这将成为21世纪‘学校转型变革’的内涵之一，也成为现代型学校的基本特质。”

基于此，张广利认为，教育的意义和使命在于尊重人的本性，丰富和发展人的内涵，使每一个人都尽可能地全面、充分、自由地发展，使人生活得更美好，更有意义，更有价值。

在他看来，现实教育的最大问题是：受社会就业竞争激烈、人才选拔体制单一、学生评价机制不合理等因素的影响，我们很大程度上把教育工作当作了优胜劣汰的“选拔”工作，而不是促进孩子成长、成才的“立人”工作，在关注、成就一批孩子的同时，也在放弃、伤害着另一批孩子。一些学校和教师，眼里只有分数，对考试分数高的学生厚爱有加，集中精力加以培养，对考试分数低的学生报以歧视，无视他们的存在和诉求。这样做，完全违背了面向全体学生的教育要求，放弃了教育自身的责任。目前，很多学校考试频繁，“分分计较”，用冷冰冰的分数给教师和学生排名。为了获得分数，学生课业负担沉重，严重地损害了学生的身心健康。这种分数至上的教育，把学生禁锢进分数织成的牢笼，除了分数，难以给学生的人生留下更重要的东西。

张广利曾经在《重庆晨报》上读过一篇报道，这让他记忆深刻，心灵深处受到了触动。报道的题目是《凌晨三点，孩子还在写作业；家长怒了，撕掉了女儿卷子》：一位愤怒的父亲在凌晨 3 点 38 分，给报社热线打电话，说自己上初三的女儿，7 点半回到家，吃完晚饭，从 8 点就开始做作业，一直到凌晨 3 点多，已经呵欠连天，作业还没写完。孩子的妈妈忍无可忍，冲上去把女儿正在做的试卷撕碎了，并当夜给孩子老师写了一封信，其中一句是：“请你们不要再透支娃娃的生命!”

读了这篇报道后，他不由地写下了这样一句话：今天的孩子接受教育的过程不是享受幸福，而是一种被迫参与竞争的遭罪！同时，也不由地想起了学者杨东平曾经说过的一段话：“有很多孩子在接受教育的过程当中，逐渐被毁掉了。一半是被学校毁掉的，一半是被家长毁掉的。”

张广利脑海里一直盘旋着苏霍姆林斯基讲过的一段话：“在教学大纲和教科书中，规定了给予学生的各种知识，但却没有给予学生最宝贵的东西，这就是——幸福。”他认为，以牺牲学生健康为代价换来分数，以牺牲学生当下快乐换取所谓未来的幸福，都是极端功利化的畸形的教育，与以人为本的教育背道而驰。毫不夸张地说，我们的教育正在剥夺着孩子的天性、快乐和自由，我们某种程度上是在努力地做着最愚蠢的事情。

张广利还曾读到过这样一个让人触目惊心的真实案例：

上周五17时27分39秒，14岁的强强（化名）背着书包从11楼跳下，书包里装着刚刚从学校领回的成绩和排名单。强强是某市实验中学初一“火箭班”的学生。成绩单上，他的期末考试排名从全年级的290多名落到了600多名。

孩子的父亲小张说，下午从家出发去学校时，孩子还没有任何异常反应。前几天全市统考结束，11日是返校领成绩单的日子。小张在家等着孩子回来……

强强这次考试成绩：英语94分、数学98分、语文79分。强强的爸爸说，已经是学校的中游成绩。但是，强强所在的学校是“名校”，所在的班级是“火箭班”，尽管强强的入学排名是290多名，但在“火箭班”里稍不留神就可能被淘汰出局。

据了解，该市实验中学设有名师领衔的“火箭班”、“重点班”。学生小升初入学后，学校进行一次摸底考试，考试排名靠前的学生享有自由择班的特权，那些成绩十分突出的学生则会进入“火箭班”。

“拼钱、拼爹、拼命”进入“火箭班”有什么好处呢？一是学生待遇不一样，“火箭班”是名师授课；二是学生出路不一样，每年中考结束后，该校都在校门口的巨幅LED广告屏上，反复播放：学校有多少名学生被市重点中学录取，全市中考前十名本校囊括多少名……

“火箭班”的一位学生家长王女士说，每天晚上班主任都给她发短信，多的时候一天连发20多条，通报孩子的学习、排名、作业以及补课建议，要求家长密切配合。她说：“我都快被逼疯了！”

在张广利看来，“火箭班”，强调速度至上，强调优胜劣汰，对教育而言，是一个非常具有讽刺意义的怪诞符号！“不要带血的GDP，更不要带血的升学率！”张广利深有感触地说。

正是对教育这种现象的深刻认识，早在2004年，张广利就决心在他的学校改变这一教育生态。他带领自己的教师团队学习、讨论，走到学生之中，倾听他们的呼声；他通过家长培训，争得广大学生家长的支持与认同。在此基础上，他首先出台了年级学生课业负担管理的规定，并向学生和家长公布了自己的手机号，开通了校长热线电话，接受和处理来自学生及家长的投诉，将教师布置的学生作业置于学生和家长的监督之下。

另一方面，他组织教师研发学生成绩密码查询系统，将每学期学生的成绩都传到这一系统之中，学生可以通过自己的密码随时上网查询自己成绩，成绩的后面还标有一个百分比，学生通过这一百分比而了解自己的成绩在每一百个学生之中的位置，但不知道自己的成绩比谁高和比谁低。这样，学校就较好地淡化了学生及家长对分数的攀比，实现了将学生学业成绩作为其隐私加以保护的改革目标。

到东营市育才学校担任校长之后，他对这一评价系统进行了进一步的修改和完善。结合山东省教育厅关于中小学学生学业成绩四个等级评价的规定和广大学生及家长的意见和建议，将学生的学业成绩划分为十二个等级并上传至成绩密码查询系统，学生可随时查到自己的成绩等级。等级级差的缩小和成绩百分比的查询，进一步淡化了分数的竞争，积极引导学生将自己的成绩等级与学科成绩满分的标准对比去找差距，强化学生对阶段性测试的学习反思，更加注重了阶段性考试促进学生反思和改进的功能。与此同时，他还积极推进延时性评价、多元性评价、过程性评价、展示评价、星级评价等改革措施的落实，力图通过寻找每一个学生身上的闪光点，增强其自信，为其发展提供多维度、立体化的时空。

三、“学困生”：特别的爱给特别的你

张广利认为，不放弃每一个孩子，包含着多种含义，但具体到学校这个

层面，更需要落实到如何对待和转化所谓的“学困生”上。

“学困生”的转化是学校教育的老话题，也是个难点问题。苏霍姆林斯基曾经说过：“在我们创造性的教育工作中，对‘后进生’的工作是最难啃的硬骨头之一。”“从我参加教育工作的最初时刻起，就有一个解不开的谜始终折磨着我：究竟那些在发展上落后于正常情况的学生是怎么一回事？究竟这种不幸在多大程度上是由于遗传决定的，而又在多大程度上是由于学生在最幼小的时候所处的环境决定的？当我，一名教师，在教室里用尽全力想唤起他们的独立思考的那些时刻里，这些学生的思考器官里究竟在发生着什么变化？”“不应当让一个不幸的、被大自然或不良环境造成艰难境遇的孩子知道他是一个能力低、智力差的人。教育这样的学生，应当比教育正常学生百倍地细致、耐心和富有同情心。”他所说的“后进生”意即我们所谓的“学困生”。

从参加教育工作以来，张广利就一直高度重视“学困生”的教育和转化工作。他有一个观点——把天才的孩子教育好并显不出教育的伟大，甚至也不是教育的功劳，教育的伟大之处恰恰在于把有缺陷的孩子培养成一个心理健康、充满自信、幸福生活的人。真正伟大的教育是特殊教育，能够把一个生理残疾、智力低下、心理有障碍的孩子培养成一个幸福生活的人，这里面包含了教育的所有道义和技巧。同样的道理，在普通的校园中，教育的伟大之处就在于促进“学困生”的转化工作。作为教育人，必须克服校园中、课堂上存在的种种不公平现象，避免只关注优生、将“学困生”长期边缘化的现象。要更加关爱“学困生”，给他们更多的帮助、更多的鼓励、更多的赏识，针对性地做好这些学生的心理疏导和教育工作。

张广利认为，关于学困生的转化工作，多元智能理论给予了我们深刻的启示：每个人都有自己天赋的才能，不能因为某一方面的缺陷而否定整个人，要善于发现和培养在他身上隐藏或表现出来的天赋才能。因此，做好“学困生”的转化工作，首先要深刻领会多元智能理论，学会辩证地思维，从思想上正视学生差异、善待学生差异，努力在学生不良行为中发现他们的智能强项。比如，课堂上有的学生常做小动作，可能他的运动智能比较发达；有的上课爱说话，可能他的语言智能较发达；有的平时学习不好，但非常善于交际，可能是他的人际关系智能发达……面对所谓的“学困生”，无论是行为不良，还是学业不良，我们都要善待这种差异，并发现其差异背后的真实情况。以这样的心态和视角去看待这些学生，我们就会变得更加宽容，就会在他们身上有更多新的发现。

关于“学困生”转化的标准，张广利也有着自己的独到见解。他认为，当我们促进“学困生”的转化时，必须首先明白一个标准，即转化到什么程度才算是实现了转化。在传统的“学困生”转化工作中，我们的转化标准存在一个认识误区。一般认为，若一个学生语文成绩不及格，经过教师的辅导，其成绩提高到优秀生水平，才算完成了转化。一个学生行为不良，经过一段时间的教育，行为较前有了很大改变，才算实现了转化。

在张广利看来，这样的转化标准并不完全科学、正确，因为人的秉性是存在先天差异的，有的学生在数学、英语等学科学习上，有可能永远也达不到优等生的水平。倘若这部分学生的其他方面发展了或在某一方取得了长足的进步，我们也应当视为他们基本完成了转化。因此，只要学生在原有的基础上有了进步或发展，哪怕是只有一个方面的进步与发展，这也可视为达到了转化的目标，不能强求所有的学生按照同一个标准进行转化。

张广利说：“‘学困生’的转化更应当是与他自己相比较的进步，只要持之以恒，假以时日，点点滴滴的进步会积累成可观的进步，最终实现从量变到质变的巨变。”从中我们可以看出，他对“学困生”的转化工作首先是建立在尊重个体上，努力从个体本身出发而审视个体的现实境况，而非简单地根据外在的客观标准对“学困生”提出所谓的要求和目标，让“学困生”背负上沉重的负担，甚至望而却步，丧失前行的动力和信心。

在先进教育理念的引领下，张广利带领着他的教师团队，采取了一系列有效策略和措施，努力开发“学困生”的独特潜能，促其顺利发展。

通过开展丰富多彩的活动，为其展示自己的优势智能创造条件，提供平台和机会。比如，让他们参加校园的文体比赛、风范大赛、才艺展示、形式多样的运动会、体育文化活动周、读书节、艺术节、科技节，参加各种板报制作、参与学校及班级管理等等，积极开展扬长教育，鼓励“学困生”进步，使他们感受成功，体验愉悦。

当“学困生”在某一个方面有了进步，及时运用归因迁移的规律，引导其以长带短。宽容学生的暂时落后，允许学生落后，在一段时间内，给“学困生”一个比较宽松的环境，为他们创造一个鼓励进步的氛围。这样，使他们积小步成大步，逐步地超越自我、实现发展。

【亲历者言】

张校长经常告诫我们，学生的自尊心、自信心是其前进的动力。关心爱护学生、尊重学生的人格，是我们教师必须做好的一件事。只有把学生当成朋友，学生才能敞开心扉地说真话、实话，教师才能真正地弄清学生的“病”及其“症因”，教师才能给他开一剂“祛病良药”。因此，在转化“学困生”的过程中，我首先尊重学生，在做耐心细致的工作的同时，努力寻找“学困生”身上的闪光点，哪怕是很小的进步，或做了一件有益的小事，我也给予表扬和鼓励。就这样，我坚持晓之以理、动之以情，激发了他们的上进心，培养了他们的自信心，并取得了很好的教育效果。实践使我懂得，教师一句激励的话语，一个赞美的眼神，一个鼓励的手势往往能带来意想不到的收获。教师对学生小小的成功、点滴的优点给予赞美，可以强化其获得成功的情绪体验，满足其成就感，进而激发学习动力，培养其自信心，促进良好心理品质的形成。

（东营市育才学校语文教师、市教学能手　边宗英）

“孩子，你慢慢来”。这是台湾一位深谙教育之道的知名作家龙应台的一部书的名字，这又何尝不是教育的哲理呢？曾几何时，身为教师的我们，有没有看着班里进步较慢的学生，着急上火，甚至大吼大叫呢？其结果如何呢？随之看到的是学生惊恐的眼神，呆滞的脸色，甚至是木讷的表情。“Don’t go too fast，you will lose your heart。”这是墨西哥的一句谚语，意思是说，“别跑得太快了，你会把灵魂跑丢的。”我更觉得，“慢”是教育必须坚持的艺术，更是一种心态。

有这样一个寓言故事，名字叫做《带着蜗牛去散步》——上帝给我一个任务，叫我牵一只蜗牛去散步。我不能走得太快，蜗牛已经尽力爬，每次只是往前挪那么一点点。我催它，我唬它，我责备它，蜗牛用抱歉的眼光看着我，彷佛说：“人家已经尽了全力了！”我拉它，我扯它，我甚至想踢它，蜗牛受了伤，它流着汗，喘着气，往前爬。真奇怪，为什么上帝叫我牵一只蜗牛去散步？“上帝啊！为什么？”天上一片安静。“唉！也许上帝抓蜗牛去了！”好吧！松手吧！反正上帝不管了，我还管什么？任蜗牛往前爬，我在后面生闷气。咦？我闻到花香，原来这边有个花园。我感到微风吹来，原来夜里的风这么温柔。慢着！我听到鸟叫，我听到虫鸣，我看到满天的星斗多亮丽。咦？以前怎么没有这些体会？我忽然想起来，莫非是我弄错了?！原来是上帝叫蜗牛牵我去散步。人生苦短，争分夺秒当然是一种积极的人生态度。可是，从容不迫又何尝不是一种大度和睿智的表现？

一个文静的小姑娘，刚上七年级的时候，总是完不成作业。每次单词听写，总是记不了几个。我想总有原因的。经过了解，贪玩、懒惰等习惯她似乎都有点沾边。积习难改，我需耐心陪着她慢慢改过。每次听写，只要她正确率提高一点点，哪怕是多写对了一个单词，我总会用欣赏的语气告诉她：“不错，你进步了！”就这样，一个学期过去了，她都用满分回报我的每次听写！英语课堂上，她的脸上洋溢的是自信的表情。这表情让我有教育的成就感。

新课程理念是极重视过程的体验的。没有过程，学生如何能够体验学习的快乐？如何能够享受学习？这就好比输葡萄糖和吃饭，单就效率而言，自然是输液来得更快更高效，可输液能让你体会到饭菜的色香味吗？在教学的过程中，有的知识学生暂时不能够理解，有什么要紧呢？慢慢来，人的认识总是螺旋式上升的，今天不理解的，明天他可能就理解了，我们没有必要一定要毕其功于一役。在教育的过程中，有的学生有这样或那样的毛病，能够马上改了当然更好，但一时半会儿改不了也不要紧，我们可以慢慢观察、静静守候，等待教育的契机。在教学中，当我们遇到自己有心得有研究的内容时，当我们发现教材中有可以值得深入研究或者好玩儿、有意思的地方的时候，我们是不是也可以不必拘泥于教材甚至是课程标准，放慢我们的速度，调整我们的目标，引导学生们一起慢慢体会？“快”并不意味着“好”，“高效率”也不意味着“高效益”，好成绩也不等同于好教育。急功近利，贪多求快，有时会严重妨碍学生体验学习过程的快乐。当你的工作中、当学生的学习中充斥了太多的紧张时，你不妨放慢一下你的脚步——教育是一门“慢”的艺术。这或许就是教育的真谛吧！

美学家朱光潜有言：“慢慢走，欣赏啊！”试着慢下来吧，给每一朵花绽放的时间，让每一朵花都有属于他的灿烂季节！

（东营市育才学校英语教师　杨晓红）

第二节　让孩子忘记自己在接受教育

一、教育的最高境界是“润物细无声”

张广利曾经读过林清玄《生命的化妆》一文，并从中获得了深刻的教育启迪：

我认识一位化妆师。她是真正懂得化妆，而又以化妆闻名的。

对于这生活在与我完全不同领域的人，我增添了几分好奇，因为在我的印象里，化妆再有学问，也只是在皮相上用功，实在不是有智慧的人所应追求的。因此，我忍不住问她：“你研究化妆这么多年，到底什么样的人才算会化妆？化妆的最高境界到底是什么？”

对于这样的问题，这位年华已逐渐老去的化妆师露出一个深深的微笑。她说：“化妆的最高境界可以用两个字形容，就是‘自然’。最高明的化妆术，是经过非常考究的化妆，让人家看起来好像没有化过妆一样，并且这化出来的妆与主人的身份匹配，能自然表现那个人的个性与气质。次级的化妆是把人突显出来，让她醒目，引起众人的注意。拙劣的化妆是一站出来别人就发现她化了很浓的妆，而这层妆是为了掩盖自己的缺点或年龄的。最坏的一种化妆，是化过妆以后扭曲了自己的个性，又失去了五官的协调，例如小眼睛的人竟化了浓眉，大脸蛋的人竟化了白脸，阔嘴的人竟化了红唇……”没想到，化妆的最高境界竟是无妆，竟是自然，这可使我刮目相看了。

化妆师看我听得出神，继续说：“这不就像你们写文章一样？拙劣的文章常常是词句的堆砌，扭曲了作者的个性。好一点的文章是光芒四射，吸引了人的视线，但别人知道你是在写文章。最好的文章，是作家自然地流露，他不堆砌，读的时候不觉得是在读文章，而是在读一个生命。”

读完这篇散文后，张广利情不自禁地写下了这样一段感想：最高明的化妆术是让人看起来好像没有化过妆一样，最好的文章是读的时候不觉得是在读文章。就像晚秋的枫林，层林尽染，它没有强迫你去看，你却不自觉地停住了脚步，发出“霜叶红于二月花”的感叹；就像美妙的钢琴曲，叮叮咚咚，它没有强迫你去听，你却闭上了眼睛，深深地陶醉其中；就像睿智的老人，他轻描淡写、自言自语地讲述过去的故事，你却从中感受到心灵的震撼。同样的道理，最高境界的教育是“润物细无声”的感染，让孩子在接受教育的时候却忘记了自己正在接受着教育。这种忘记的本质，实际上就是在当下那一刻，忘记了教育者和被教育者的彼此身份，教育化为了一种心灵深处的交流、交心和共鸣。

张广利十分认同苏霍姆林斯基说过的一段话：“任何一种教育现象，孩子在其中越少感觉到教育者的意图，它的效果就越大。我们把这条规律看成是教育技巧的核心，是能够找到通向孩子心灵之路的基础，是能够那样去接近他，以至于达到使吸引他投入其中的任何一项活动对于他都成为需求和迷恋向往之事，而教师则成为他的同志、朋友和志同道合者的这种境地的基础。”当教育者让学生强烈地感受到自己是在接受教育、被教育的时候，教育者和受教者之间就会产生对立成分，教育力量就会弱化，教育效果就会降低。

于是，张广利认为，最高境界的教育是“润物细无声”，教育者的智慧就体现在他能够在多大程度上忘记自己的教育者身份。教育者和被教育者的区分越清晰，二者就会越对立。现实是，我们的教育者却通过各种制度、规则、纪律、训诫和惩罚等不断强化和显示自身的存在和权威，教育通过强化自身而异化为控制、训练和操控，最终导致学生不愿意上学、不愿意上课、不愿意和教师交流。教育在不断地强化自身的存在时走向了自身的对立面。

“放下师道尊严的架子，融入到学生中间，做学生的知心朋友，让学生在潜移默化中健康成长，这是真正高明的教育。”张广利常常对自己说，也对他的教师团队说。

著名教育家李吉林以倡导和践行“情境教育”而广为人知。在张广利看来，从某种意义上讲，情境教育是通过创造某种情境而尽量地让学生参与其中，激发情感，产生身临其境的感觉，从而无形中降低和消除了教师和学生的身份对立。李吉林本人也曾经说过：“多少年来，学校的教育活动是被动式的进行的，给学生一种‘距离感’。所谓‘距离感’，表现有三：其一，教育者与被教育者之间的‘墙垛’。师生之间常处于一种‘我教你学’，‘我灌注你接受’，‘我出试卷你答题’，‘你犯毛病我训斥’，教师的权威、尊严，拉大了师生之间的距离。学生不敢接近教师，不敢爱教师。”所谓距离感，也就是师生角色分明而对立，教师总是以教师自居，学生也时时刻刻意识到自己是学生、是被教育者。

苏霍姆林斯基是张广利崇拜的大师。苏霍姆林斯基讲过的一个故事让他终生难忘：

有一次，我同孩子们一起走到一个老池塘边。我对孩子们讲：在我还是小孩子的时候，这么说吧，我当时就像你米什科那么大，那时候这里的池塘可深咧。噢，这里还长着一棵高大的橡树……

“难道您当时就是那么大的孩子吗？”吃惊的米什科问道。“可您是位老人，头发已经斑白了呀！”

“那是从前……在这里我洗过澡，在这个树根下捉过鱼虾……”

“那个男孩到哪里去了呢？”瓦利娅一边问，一边拉住我的手。瓦利娅、米什科，还有其他的孩子们都在吃惊地看着我：真的，那个男孩到哪里去了呢？是啊，他们也会长大成人的……这些小孩子们都到哪里去了呢？

一个孩子对这些问题的思考越早，他珍惜人的价值和个人的幸福而去生活和劳动、思考和感受就越多。

张广利认为，苏霍姆林斯基带着孩子走出教室，来到野外，自然而然地和孩子们交流谈心。在这样的氛围中，孩子们虽然在接受着教育，却早已忘记了自己在接受教育，这样的教育者才是真正的塑造人类灵魂的工程师。

张广利说：“实事求是地讲，这种感染式的教育不是每个教育者都能做到的，甚至说是大多数教育者做不到的。我也注意到，现实的教育中，教育者和被教育者的角色区分还是比较明显的，甚至不乏对立冲突的情形。但教育本身就是理想化的事业，我们不能否认，‘润物细无声’的教育确实给教育提供了一个理想的标杆。当孩子成为了我们的朋友，无拘无束地学习生活并和我们交流时，我们才能真正体会到教育人的幸福感。”

因此，教育实践中，张广利校长积极倡导民主的师生关系的建立，强调教师要学会与学生的心理沟通，要通过“润物细无声”的方式，走进学生的心灵。他说：“一位教师与学生实现了无障碍心理沟通的时候，他的教育已经成功了一半。”

全美最佳教师奖获得者雷夫·艾斯奎斯是张广利校长欣赏的理想教师的形象。2012年雷夫·艾斯奎斯到济南演讲时，张广利校长有幸单独与他进行了交流，更加敬佩这位教育大师。在全校教师读书活动中，张广利给教师们推荐了有关雷夫的教育著作，并在学校发起开展了“寻找育才的雷夫”和“创建育才的第56号教室”活动。这两项活动每年初开始启动，平时加强过程性引导，年末组织评选。这一评选主要是看师生之间的信任和民主关系、学生生动活泼发展的状况等。这两项活动的开展，得到了学生们的广泛支持和热烈欢迎，广大家长也参与其中，很好地引领和带动了师生关系的改善和学校教育生态的改变。

东营市育才学校马邦勇老师被评选为首届育才学校的“雷夫式教师”。马老师是教体育的，主动要求当了四年级一个班的班主任。在班级管理中，他为了解学生们的内心世界和家长的教育态度，把班级42个人分为10个学习小组，在建立学习小组的基础上，又建立了小组“非主流日记制度”。他买了10个笔记本，在扉页上写上他的寄语和期望，送给每个学习小组一本。在这个日记本上，学生轮流写，家长写，他也写。他把这一日记命名为“非主流日记”。

此外，马邦勇老师还用书信传情的办法，一学期先后给班里所有的学生每人写了一封信。这种原始的被很多人忽视的交流工具，在他那儿却发挥了很好的作用。他的班里有几个原本在二三年级表现非常好的学生到了四年级时变得不自信了，书信打开了学生们挣扎的内心，原因也被学生们写信写了出来。有的家长也专门给马老师回信。在学生的“非主流日记”及与学生和家长的书信来往中，马老师看到了家长的期待和学生的上进心，班里每一个学生都得到了他的关注和呵护。

不仅如此，马邦勇老师在本班家委会的配合下，每学期都组织形式多样的参观、考察、社区服务等社会实践活动。马老师用这样的方法，不仅与学生们建立起了亲密无间的师生关系，而且通过家校的有效合作，使部分学生又重新燃起了自信，焕发出积极向上的成长活力。像马邦勇这样的老师还有很多，正是这些用心做教育的“雷夫式教师”带动着育才人进行差异教育的改革实践，并正在改变着东营市育才学校的教育生态。学生们更加喜欢学校，更加喜欢他们的老师，更加有兴趣参加各种社团和社会实践活动。学生们的个性特长也得到了很好的发展。

二、让孩子在体验教育中快乐成长

教育的最高境界是“润物细无声”的感染，要实现这种感染式的教育，必须借助一些教育载体。“消除教育者与被教育者的二元对立，就要淡化教育者的存在，为孩子创造自由活动的时空，让孩子在自由自在的活动中体验、感悟，收获心灵的成长。其中，体验教育就是一种非常有效的教育方式。”张广利说。

他认为，体验教育是倡导以体验为核心的学习方式，它旨在唤醒、开掘与提升学生的潜能，促进学生的自主发展；它着眼于学生的全面成长，促进学生认知、情感、态度与技能等方面的和谐发展；它关注学生的生活世界和独特需要，促进学生有特色的发展；它关注学生终身学习的愿望和能力的形成，促进学生的可持续发展。

体验教育是把学生作为学习的主体，让学生亲自参与或置身某种情境中，用心智去感受、关注、欣赏、评价某一事件、人物、环境、思想和情感等，从而获得知识、技能、情感以达到教育的目的。张广利强调指出：“体验教育既应注重教育活动的形式与过程，又应注重少年儿童这一实践主体的内心体验，它要求少年儿童用心去体验，用心去感悟，以引导他们在体验中把教育要求内化为品质，外显为行为。”

为了让学生在体验中受到感染、快乐成长，张广利在东营市育才学校采取了一系列措施，通过体验教育与社会实践活动、“雏鹰争章”活动及少先队创新教育等主要活动的有机结合，帮助学生从家庭生活、学校生活、社会生活和大自然中，寻找一个岗位，扮演一个角色，获得一种感受，明白一个道理，养成一种品质，学会一种本领。在体验教育中，张广利坚持学校搭台、学生唱戏的原则，为学生思想道德的成长提供广阔的舞台，引导学生在实践活动中感受，在实践中体验，在体验中感悟，在感悟中提高。

一是抓实学校体验教育。班级是学生在一天中生活、学习、交流沟通最多的地方，学校应该为他们提供各种渠道，让他们在学校生活中体验，从中增长知识，受到教育，获得成功喜悦。学校富有特色的文体活动是学生们最乐意参加的，在这里学生的身心得到了极大的放松，在一次又一次的挑战中体验到了拼搏的辛酸和成功的喜悦。为此，学校团队组织精心安排，认真组织引导开展了一系列活动。

班级层面的活动，如："我是小小书法家"、"我是故事大王"、"今天我来当班长"、"小小主持人"、"今天我来当老师"等，均由学生们自己筹划、组织、开展，辅导员具体指导。学校层面的活动，如每年定期举行班级合唱比赛，歌潮涌动，学生们亮嗓子，歌唱祖国；举行科技艺术节活动，学生施展才华，竞技校园；举行田径运动会、趣味运动会、体质达标运动会、游泳运动会、军训等，为学生创造锻炼机会；举行书法比赛、现场绘画比赛、风范大赛、课本剧比赛、相声大赛、讲故事大赛、科技模型制作比赛；经常开展小型多样的年级体育竞赛活动，让学生在艺术的氛围中充分施展才华和个性，为学生创设良好的育人环境和广阔的文体艺术天地。总之，学校生活为学生们提供了广阔的体验舞台，在活动中让他们体验到了学习和生活的乐趣。

学校依据实际情况和学生认知规律，引导学生在参与社团体验活动中做了有益的尝试。在原有的"学校少先队大队部"的基础上成立了全市第一个"学校红领巾理事会"，为学生搭建广阔的学习型、科研型、民主化的校园生活体验舞台。通过竞争、民主评议选出理事会，学生们一周一会，参与学校少先队的各项工作，充分体现学生参与学校管理的职能。2011 年在东营市第五届红领巾理事会竞选大会上，该校红领巾理事会主席高凯歌同学以最高票当选东营市红领巾理事会主席。"新蕾广播电台"小主播社团为学生提供了一个展示自我的平台，全团 21 名主播，自主选举团长、台长，在学校的引导下自主制定播音计划，招募社团成员，让学生们充分体验到了电台主播的艰辛和做好一名好主播应该具备什么样的素质。

二是抓好“争章”体验活动。在开展“雏鹰争章”活动时，充分整合社会资源，发挥校外教育阵地作用；加强学生自主定章的灵活性，让学生自己根据实际自主选择章目；强调实践性，要求“雏鹰争章”的各个环节重视实践性。学校通过“雏鹰争章”活动，把实践体验的目标更加阶段化、具体化、活动化，把抽象的目标变成学生看得见、摸得着、做得到的具体要求，用“争章”来促进实践体验，让少先队员们在争章活动中体验成功，不断实现自我超越。

如结合国庆节，开展《祖国在我心中》演讲比赛和“爱祖国、爱家乡”活动，争戴爱国知识章；结合“保护母亲河”、“植绿护绿我先行”活动，争戴环保章；在低年级学生开展“自己的书包自己整理、自己的领巾自己洗”等自理能力比赛，争戴生活章；结合“智力七巧板”活动、金点子比赛，争戴创造章；结合学校每年为期一个月的科技艺术活动月，争戴艺术章、科技章；结合体育活动月，争戴体育章。另外，还将“争章”活动引入教学活动，结合学校的特色教育，争戴诵读章和游泳章，充分调动了学生争章的积极性。

三是提倡创新体验行动。在开展团队体验教育的过程中，紧密结合少先队创新教育，突出学校教育特色，强调对学生创新勇气、创新意识、创新思维、创新技能的培养，大力培养学生的创新精神和实践能力，引导他们在实践中创新，在创新中体验。

如学校建立了科技模型社团，现有建筑模型、航天模型、车辆模型等3个模型制作社团。通过社团岗位设置、活动开展，学生学会了动手制作模型，锻炼了冷静参赛的心理素质，培养了互帮互助的团队精神，体会到集体荣誉的宝贵，丰富了业余生活。

为激发学生对机器人科学技术的兴趣，鼓励青少年机器人爱好者在电子、信息、自动控制等高科技领域进行学习、探索、研究和实践，学校高标准配置了机器人实验室，通过学生自己动手设计组装，提高学生的科学探索和动手能力。

此外，学校每年的科技艺术活动月，都积极开展中小学生电脑作品制作比赛、科学小论文小发明评比活动。“黄河口湿地博物馆珍稀动物展”、“学科学、爱科学、用科学”主题团队日等活动，让学生在活动中充分感受科技的魅力，增强自身的科技意识和创新精神。

通过大力开展体验教育，教育者成为了引导学生开展体验活动的服务者，学生成为了体验活动的主角和参与者，最大限度地消解了教育者和被教育者的身份对立，让学生在忘记接受教育中接受了教育，真正地促进了孩子们的快乐、幸福成长。

第三节 深度激发孩子的自主教育

一、没有自主教育就没有真正的教育

张广利认为，“自主教育”是尊重孩子发展权的又一理论与实践支撑。于是，他深究“自主教育”旨理，努力践行其要义。

其间，近代教育家蔡元培先生提出的“教育应激发学生的学习兴趣和引导学生独立探究与自学，而不能硬以自己的意思压到学生身上，像注水瓶一样注满了就算了事”等观点，给了他很大的警示。

张广利认为，人的主体性发展水平的高低，是衡量一个社会进步程度的重要标志之一，是衡量人的发展水平的重要尺度。社会现代化的加速，让人的主体意识觉醒了，这也为教育培养、发展人的主体性，实施自主教育提供了广阔、坚实的社会基础。教育质量的提高离不开培养、提高和发展人的主体性。

由是，“实施自主教育，发掘、培植、弘扬受教育者的主体性，让学生以‘每一位’的方式进入我们的教育视野，让每一个学生成为自主发展的主体，让每一个学生成为自主发展的承担者，应当成为现代教育的价值选择。”张广

利颇有见地地说。

在实践中，张广利对“自主教育”又有了更切实的理解。所谓自主教育，简单地说就是学生个人自己教育自己的活动，即运用一定的道德标准，调动自身的精神力量促使自身道德修养变得更加美好和完善的活动。自主教育是承认和尊重受教育者在成长中的主体地位和主体人格，以培养受教育者的主体意识、学习能力、创新精神和实践能力为价值取向的教育。自主教育内容包括自我认识、自我控制、自我实现和自我评价等几个方面。

张广利认为，学生是发展中的人，是具有独立特性和独立意义的人，学生是学习和发展的主体，每一个学生都有自己的躯体、感官、头脑，都有自己的性格、意愿，都有自己的思想、行动规律，这是别人不能代替、也不能改变的。教师要引导学生自己读书、感知、观察、分析和思考，从而使他们自己明白事理和掌握事物发展变化的规律。

在这种情况下，学习和发展不再是一种异己的、外在的控制力量的推动，而是一种发自学生内在的精神解放运动。应建立和形成旨在充分调动发挥学生主体性的、多样化的学习方式，促进学生在教师指导下主动地、富有个性地学习，使学习成为学生的主体性、能动性、独立性不断生成、张扬、发展、提升的过程。学生在这种能动、互动、探究的学习过程中进而实现自己主动、全面、和谐的发展。

苏霍姆林斯基在其教育理论和教育实践中，也非常关注学生的自主教育，他深信“没有自我教育就没有真正的教育”。他指出：“一个少年，只有当他学会了不仅仔细地研究周围世界，而且仔细地研究自己本身的时候；只有当他不仅努力认识周围的事物和现象，而且努力认识自己的内心世界的时候；只有当他的精神力量用来使自己变得更好、更完善的时候，他才能成为一个真正的人。这里说的就是学生在精神生活的一切领域里的自我教育。”他认为自我教育是学生能否真正接受教育的关键因素，“要知道真理只有在被学生亲自获得，亲自体验到，并成为他们自己的个人信念之后，才能成为他们的精神财富”。在这里，苏霍姆林斯基所谓的自我教育即自主教育。只有把教育和自我教育有机地融合在一起，才能克服教育过程中面临的各种困难，不断提高教育的效果。

作为一名老教育工作者，张广利是读着苏霍姆林斯基的书长大的，其教育思想深受其影响和浸染。张广利认为，苏霍姆林斯基辩证地看待教育和自主教育，把自主教育提升到了前所未有的重要地位，主张放开紧紧抓住学生的手，引导学生学会独立地、自主地、有益地利用空闲时间，这为学生实现积极主动的发展敞开了大门，提供了无限广阔的空间。苏霍姆林斯基的自主教育思想，从根本上否认了不相信学生的自觉和自我完善，否认了对学生进行限制束缚的旧办法，也完全改变了只重视教育者和外在条件的教育作用而否认受教育者内在的精神状态和积极主动性的重大作用的陈腐观念。在新的形势下，广大教育工作者应自觉地弘扬学生的主体性，重视培养和发展学生的主体性，实施自主教育，使他们成为有进取意识和创造精神的社会历史活动的主体，促使每一个学生都能成为优秀的自我。

对此，张广利有感而发：“苏霍姆林斯基的自主教育观点，对当前我国的教育，仍然具有很大的启发意义。在学校教育工作中，教师往往仅仅把学生看作教育的对象，通常把注意力放到对学生的教育上，几乎都放在如何向学生灌输尽可能多的知识和道德信条上面，捆住了学生的手脚，没有让学生自己去获得知识和道德真理。并且，教育占满了学生的时间，剥夺了学生自主教育的时空。”

张广利经常向教师们讲述这样一个教育故事：

有一次，著名教育家陶行知应邀到一所师范大学演讲。他走进了教室，就把一只大公鸡往讲台上一放，抓起一把米让它啄食。可是，公鸡惊惶，不肯啄食。陶行知见它不吃，就强按鸡头“请”它吃，公鸡却拼命往后退，仍然不肯吃。陶行知干脆掰开公鸡的嘴使劲地往里塞米，公鸡拼命挣扎，死也不肯吃。之后，陶行知松开手，后退数步。公鸡稍稍平静，徘徊一阵后，慢慢靠近米粒，继而悠悠地啄起食来。

张广利借此告诫教师们，新课程理念提倡以学生为主体，倡导让学生自主学习、自主教育、自主发展，激发他们的内在潜力，完全依靠外在的强迫是行不通的。“强按鸡头不吃米”的故事告诉我们，教育的价值，在于唤醒自觉。当我们把学生的自觉唤醒了，实际上就完成了最重要的工作，人的自觉意识一旦产生，他就会获得永不枯竭的主动发展的动力。真正的教育不应浮在表面，教育只有在深入内心深处、触及学生的灵魂时，才能真正地发挥作用。教育，不仅仅是单向的教育，更重要的是让学生学会自主教育，在觉醒了的内心的指引下独立地行走在正确的人生大道上。

二、为自主教育创造真实的行动载体

北京十一学校校长李希贵是张广利极为尊重的教育家，他信奉李希贵的这样一段话：“有时候我们不愿意给学生自由的原因，往往是害怕学生没有自主能力，但是当我们永远不给学生空间，永远不给学生自由的时候，学生就永远没有自主能力。”

张广利认为，当今时代愈来愈重视生命个体的存在和幸福，而长期以来，我国基础教育阶段的学校中却存在着忽视学生的个体权利和地位的弊端，培养出来的学生缺乏自主性，缺乏鲜明的个性，往往是千人一面的“标准件”。这种教育仅仅把学生当做一种工具、一种手段来培养，在某种层面上把人降到了物的层面，忽视了人的独立自主、自觉能动、积极创造的本质特征。学校教育中，必须高度重视学生的自主教育，培养和发展学生的自主意识和能力，促进学生主动发展、个性发展。

基于这种思考，在东营市胜利四中时，张广利审时度势，坚持“以人为本”的教育思想，以“自主课堂”为突破口，以特色课程建设为手段，以自主管理为保障，努力为广大学生创造了自主教育的广阔舞台。

一是积极培育自主发展的文化。深入挖掘学校的文化底蕴和深层文化内涵，整合提升学校原有理念，充实新的内容，形成了自主发展文化体系。包括：①愿景文化：创造促进学生自主发展的教育，创办自主开放、和谐高雅的品牌学校，培育有民族情怀、有世界眼光、能主动发展的阳光学子。②管理文化：落实“以人为本”的管理思想，建立以小组合作为基础的学生自主管理与评价体系，引导学生自省自律，自励自强，自尊自爱，自信自勉。用发展的眼光，肯定学生的点滴进步，用赏识的态度，激励学生自强不息。③课程文化：构建以促进学生主动发展、创新发展的自主教育课程体系，实现国家课程校本化、校本课程特色化、德育活动课程化。④课堂文化：培育和建设学生自主基础上合作交流的课堂，学生展示自主学习成果的课堂，学生主动解决问题又不断产生问题的课堂，让学生的生命在自主合作探究中真正灵动起来的课堂，师生生命相互润泽的课堂。⑤环境文化：让自主发展的气息弥漫于校园的每一个空间，形成自主发展的文化场。让师生自主设计班级文化，产生高度的协同效应。让“赞赏与激励”成为学校的主旋律，酝酿催人奋进的环境氛围。

二是积极构建自主发展的特色课程。张广利要求，校本课程设计要从学生的角度出发，尊重学生的认知规律，联系学生的生活经历和体验，充分体现学生的学习主体地位。比如，根据学生个人的兴趣和发展需求，对课程目标、课程内容等进行具体化、选择化、拓展性和补充性研究，开发和生成新的课程资源。学校先后编写了《花木种属图集》、《校园百草图文集》等十几种校本课程，开设了硬笔书法、自信心训练、手工制作等拓展性课程，建立了学生自主选课指导制度、校本课程开发奖励制度等系列化校本课程制度。

为了引导学生在德智体美劳等方面全面发展，学校实施了学生自主发展学分管理机制，形成了学生学分管理基本框架，包括国家课程、地方课程、学校必修课程学分，学校选修课程学分，综合实践活动学分，社团活动学分，体育、艺术技能学分，德育课程学分等等。每一项都制定了学分认定实施细则和办法，确保学分认定有序、有据、有力、有效。“在整个课程考核过程中，强调自律、自控和自主探究能力的培养，通过自我约束、自我管理提高课程实施的质量，在不增加学生学业负担的基础上满足学生个性化发展、主动化发展的需求。”东营市胜利四中学校课程部主任苑云鹏如是说。

三是积极打造自主学习的高效课堂。良好的自学能力是学生进行自主教育的根本保证，利用课堂培养学生的自主学习能力是实施自主教育的关键环节之一。张广利带领广大师生，构建了“自主学习”五环节教学模式，同时，建设了有效的组织载体“学习小组”。学习小组采用组内异质、组间同质的原则，即小组内部成员间存在着性别、性格、学习成绩和学习能力等方面的差异，而每个小组之间的情况则基本相同、相似。组内异质为小组成员之间相互帮助提供了可能，组间同质为小组之间的公平竞争提供了基础。学校将思想、成绩、习惯优秀的学生、中等学生和“学困生”调配在一起，一般是每4人分为一个学习小组，构成比例为1∶2∶1，即一个优等生、两个中等生和一个“学困生”。小组评价由学生自己制定，由学习合作小组长和各科课代表、学习委员、纪律委员负责具体的小组评分工作，每月、每学期进行阶段性评价。班级从“发言勇者胜”、“表达健将”、“点评之星”、“展示之星”、“帮扶功臣”、“自主学习秀”、“推理明星”、“作业之星”等方面进行小组评选，一周一评比，一月一汇总，最后由学校一月一表彰。小组学生在这种小组考核激励机制下，每个人都努力为小集体的荣誉尽己所能，加强了自我约束，充分发挥并释放出了学生自身的主观能动性。

在“自主课堂”上，学生体会到了自主选择的意义，有效实现了自我的发展，课堂出现了“三多三少”现象，即：学生活动多了，教师讲的少了，教师从讲台退到“幕后”充当“导演”；学生主动质疑、师生研讨交流多了，教师单向提问少了；学生拓展思维训练多了，简单机械式的训练少了。可以说，“我的课堂我作主，我的课堂我参与”成为了课堂的主旋律。学生们在课堂上更加自主地互动学习，提高了学习兴趣，增强了学习能力。每一节课都成为了一次充满探索、充满趣味的激动人心的旅行。

对于张广利主导开展的自主课堂，天津市教科院基础教育研究所原所长王敏勤有高度的评价：“教育教学的最高境界是学生生命能量的释放……自主课堂模式不仅使学生习得了已有的科学文化知识，更重要的是激发了学生主动探索的精神，唤醒了学生的生命感，使学生的生命能量在差异教学中得到释放。”

原中央教科所所长朱小蔓教授对张广利的自主教育和自主课堂曾做过这样的评价：

人自诞生之日起就在进行有意无意地自我构建，不管你是不是有意的教育，个体都在积极主动地汲取所能理解的知识，进行所能完成的活动。你所授予的知识与活动无法机械地堆积个体的素质，只有当它们为个体所同化，才能转变为个体的素质。在多元教育的今天，山东省东营市胜利四中能从社会需要，注重保护和培养学生的自主性出发，探索自主教育多元模式，成绩灿烂，有目共睹。我认为胜利四中的“自主教育与自主学习型课堂”具有鲜明的时代性，是适应了知识经济时代所要求的。

该校把现代自主教育建立在科学理论的基础上，揭示了自主教育的内涵、规律和特点，抓住现代多元教育教学的一些根本性问题研究，完全符合科学实验的设计，具有很高的理论性；理论与实践有机结合，突出实施操作指导，体系完善，要领简化，起着导向作用，具有很强的针对性；自主教学的研究具有重大的突破，主要表现是研究的视角具有高度性，能把自主学习与主体性教育有机结合起来。研究手段具有革新性及明显的成效性。在理论上丰富和发展了自主教育的理论，在实践上取得了较为丰富的经验，因而这一研究试验成果具有重要的推广价值。

【亲历者言】

我们的课堂由45分钟变成40分钟，老师上课方式也变了。说实话，以前的学习比较单调，上课主要是老师讲、我们听。可现在不同了，课堂上老师讲的少了，我们说的做的多了。现在，走进课堂，看到的总是有序的小组合作、积极发言的学生。课堂变精彩了，同学们变智慧了，而我也变了很多，不信你来看：

有一次上生物课，老师给我们展示了一幅原始森林的图，并说：“这些高大的蕨类植物与恐龙生活在同一时期，可现在它们灭绝了，成了我们今天用的煤的一部分。今天地球上还生活着一些矮小的蕨类植物，你们想了解它们吗?”我特别感兴趣，所以在对照“导学提纲”梳理看书自学时特别认真，并标出了我不明白的地方（蕨类植物的生殖过程离不开水，那么古代的高大植物是怎么繁殖的）。小组交流时，我提出了我的疑问，组长孙小雯说：“也许古代雨下得大吧。”我们都不太满意这个答案，后来我作为小组发言人在班内提出了这个问题，第 2 组认为是过去的地球空气中一定很潮湿，经常下雨。听到这儿我豁然开朗，老师讲过苔藓植物的精子必须借助于水才能游去和卵细胞结合形成受精卵，那么古代的蕨类植物的精子也可以借助于一滴雨水、露珠进行受精！我习惯性地站起来大声说出了我的想法，一瞬间的寂静之后，老师和同学们给了我热烈的掌声，我也感到非常自豪。老师话锋一转问：“现在的地球环境变干燥了，有的蕨类植物虽然矮小也可长到半米高，它们又是如何生殖的呢?”我和同学们又开始了新一轮的学习热潮！

我只是举了学习中的一个小例子。我们的数学、历史、语文等各门课上都涌现出了很多人才，许多同学都变成了小专家了，同学们的学习能力也提高了很多！我们的课堂上处处闪耀着智慧的火花！

所以，我也要好好表现自己，积极主动地发挥自己的能力！

（东营市胜利四中 2009 届七年级（2）班学生　赵晗阳）

上化学课自然少不了实验，我们喜欢做实验，每周为数不多的化学课我们都是翘首企盼，而最让我们兴奋的是自己动手设计实验。我印象最深的是在学习“二氧化碳的制法和性质”时，老师让我们自己搜集一些生活中常见的生活用品，如珍珠、贝壳、蛋壳、水垢、大理石等（还有的同学带来了妈妈用的珍珠粉或珍珠项链)，可谓种类繁多。在课堂上用我们自己带来的东西做实验，大家都很兴奋，有的组用蛋壳，有的用水垢，有的用珍珠粉，虽然用品不同，但都制得了二氧化碳。这动手动脑的实验，不仅培养了我们的实践能力，还培养了我们的团队精神，大家在共同努力中得到了新的知识和快乐。

在这样的课堂上，我们通过自己的思考去设计方案，又通过亲自实验得出结论，品尝成功的喜悦是无法比拟的。在这节课中我们有失败也有成功，但我们的思维得到了发展，这是我们最大的收获。

有时，课堂上学到的知识不能让我们满足，课堂上有限的实验无法使我们尽兴，于是，实验由课内延伸到课外，家里的醋、盐、肥皂水、洗发水等都成了我们的实验品，饮料瓶、吸管、眼药水瓶、冰淇淋里的小勺、胶囊药板、一次性注射器等也都为我们所用。

“自主学习型”化学课堂，让我们领略了化学的魅力，开阔了我们的思维，我们在新课改中成长。

（东营市胜利四中 2009 届九年级（2）班学生　李越）

张广利校长在学校“图书漂流”活动现场与学生亲切交流，询问学生课外阅读情况。

第二章　学生观

——没有差生，只有差异

张广利的学生观：
没有差生，只有差异

学生不仅仅是学校的学生，也是未来社会的公民。学校首先是培养学生公民意识和公民素养的重要场所，在促进学生认识社会、融入社会、服务社会的过程中发挥着至关重要的作用。

在培养“公民”的基础上，学校更要培养“人”，让作为社会一分子的“公民”同时成为解放的、属于他自己的“个人”。

要树立“学生差异是教育的宝贵资源”、“没有差生，只有差异”等教育理念，承认差异、尊重差异、发展差异，让每一个孩子都能在其秉性个性范围内实现最大可能性的发展。

第一节　学生是未来社会的公民

一、学校是培养合格公民的重要场所

张广利在读国学大师季羡林先生的回忆录《留德十年》时，对季先生讲述的一个亲眼目睹的故事印象深刻：

1944年冬，盟军完成了对德国的铁壁合围，法西斯第三帝国覆亡在即。整个德国笼罩在一片末日的气氛里，经济崩溃，物资奇缺，老百姓的生活陷入严重困境。对普通平民来说，食品短缺已经是人命关天的事，更糟糕的是，由于德国地处欧洲中部，冬季非常寒冷，家里如果没有足够的燃料，根本无法挨过漫长的冬天。在这种情况下，各地政府只得允许让老百姓上山砍树。在生命受到威胁时，人们非但没有去哄抢，而是先由政府部门的林业人员在林海雪原里拉网式地搜索，找到老弱病残的劣质树木，做上记号，再告诫民众：如果砍伐没有做记号的树，将受到处罚。当时的德国，由于希特勒做垂死挣扎，几乎将所有的政府公务人员都抽调到前线去了，看不到警察，更见不到法官，整个国家几乎处于无政府状态。但令人不可思议的是，直到第二次世界大战彻底结束，全德国竟然没有发生过一起居民违章砍伐无记号树木的事，每一个德国人都忠实地执行了这个没有强制约束力的规定。

事隔五十多年之后，季先生仍对此事感叹不已。他说，德国人具备了无政府的条件，却没有无政府的现象。

张广利在惊叹德国人国民素质如此之高的同时，不由自主地联想起了关于我国国民素质的一些负面报道。如《京华时报》对2013年国庆节天安门广场升旗仪式的报道：

据天安门地区管理委员会统计，昨天早上升旗仪式结束后，天安门广场留下的垃圾最密集处甚至露不出地面。150名保洁员人手一把扫帚，2辆清扫车，2辆垃圾收集车，以“拉网式”的排兵布阵，用了30分钟才全部清除。

初步估计，清扫的垃圾多达5吨左右。而2012年国庆节当天，天安门广场扫出8吨垃圾，几百名环卫工人三班倒、全天执勤才把垃圾清理干净。

毋庸讳言，与发达国家相比，我国的公民教育是相对落后的。

张广利又想起了一次公民教育研讨会上，王定华博士讲的一个真实故事：

1996年，教育部接到美国大使馆的一封公函。公函称：1995年，布拉格举行了有史以来规模最大的一次世界范围的公民教育论坛。各国的公民教育工作者、研究者都前往参加，惟独不见中国派代表参加。1996年，在马来西亚还将举行公民教育研讨会，中国能否参加。后来教育部经过认真研究，决定派一个级别比较低的官员以观察员的身份参会，看看什么是公民教育。那个级别比较低的官员就是我。

两相对比，我国加强公民教育迫在眉睫，刻不容缓！

在读有关著作时，张广利摘抄了有关专家论“公民教育”的言论：

资中筠认为，实行公民教育，每个人去践行“好公民”的标准，方可成就良好的“公民社会”。

陶行知先生说：“今日的学生，就是将来的公民，将来所需要的公民，即今日所应当养成的学生。”

苏霍姆林斯基指出：“教师的教育劳动的独特之处是，为未来而工作。今天在孩子身上所培养起来的，要在几年之后，甚至是几十年之后才会成为一个成熟人的公民性格、道德和精神面貌的因素。我校教师集体认为，最重要的教育任务之一就是要使学校成为培养学生的公民精神、劳动态度以及思想和道德——审美态度的第一个场所。”

基于以上现实，张广利清醒地认识到，公民教育是现代文明发展的必然要求，学生公民教育已经成为构建现代社会的重要基础，属于学校教育必不可少的重要内容之一。

所谓公民教育，简单地讲，就是将青少年和社会成员培养成合格的社会公民的教育。公民有别于国民、臣民、贱民，公民概念中包含着平等精神、独立人格、契约观念、政治参与、社会责任等内涵。李萍指出："公民教育应当是以公民的本质特征为基础和核心而建立起来的教育目标体系，它必须满足三个基本条件：以公民的独立人格为前提，以权利与义务的统一为基础，以合法性为底线。也正是在这个意义上，公民教育区别于传统德育，同时亦标志着传统德育深刻的历史性转型。"

张广利的理解是：好的公民教育，才能培养好的公民，才能造就好的公民社会。教育的重要任务之一是培养合格的现代公民，让学生成长为一个负责任的公民。一个国民只有经过相应的教育，才能从一个自然人成为具有健全的法治意识和良好的公共道德，能够有效地行使自己的权利，履行自己的义务，具有参与管理社会公共事务的意识、知识和技能的"社会人"、"政治人"，成为现代社会的合格公民。通过公民教育，让每一个人在个体和社会的联系中认识自己、定位自己：我在公民社会中是什么样的身份，我有什么样的权利，又要尽什么样的义务，我该如何去行使自己的权利和履行自己的义务等等。

于是，张广利向他的教师们传递了以下观点：我们在学校中开展的德育，主要内容还是思想政治和道德品质教育，虽与公民教育的内容有部分交集，但毕竟不是一回事。学校情境中的公民教育，不仅应关注价值观知识的学习和道德规则的传习，更应加强人格培养和行为引导；在养成公民权利意识的同时，加强公民义务及其社会行为能力的教育；在遵循社会公共道德规范的基础上，提升学生个人的品德修养水平。

事实是，我国也高度重视提高公民素养，正在努力构建现代国民教育体系和终身教育体系。我们以社会主义核心价值体系为指导，在青少年学生中开展公民教育，把培养人同培养公民结合起来，通过教育为现代社会发展培养现代公民。党的十七大报告指出，要"加强公民意识教育，树立社会主义民主法治、自由平等、公平正义理念"。党的十八大提出"全面提高公民道德素质。这是社会主义道德建设的基本任务"。《国家中长期教育改革和发展规划纲要（2010－2020年）》也明确提出，要"加强公民意识教育"、"培养社会主义合格公民”。

作为一名校长，张广利的体会是，学生是未来的社会公民，在现代社会进程中，根据社会发展的需求、人才成长的要求，培养学生的公民意识和公民素养，对于学生认识社会、融入社会、服务社会具有至关重要的作用。加强公民教育，有利于培养青少年的国家认同、民主素质、公民道德和法治意识，帮助青少年远离不良生活方式，预防青少年违法犯罪。基础教育阶段是学生生理、心理、伦理和智力发展的关键时期，也是公民意识启蒙的关键阶段，如果错过了这一公民意识启蒙的关键期，对公民成长将造成难以弥补的伤害。

张广利大力倡导，学生们应该在学校过一种能够体现公民意识的生活。在学校举行的一次教育论坛上，他向教师们讲述了首都师大附中教育处主任屠永永在北京举行的公民教育研讨会上介绍的两个相反的案例：

其一是，某校领导在周一升旗仪式之后，非常激动地对全校师生说，学校花了很多钱，安装了监控设备，除了厕所，每个角落都安装了监视器，希望调皮的学生别乱来，监视器可能把你“照下来”。学生在学校没有被当成受到尊重的主体，走上社会也很难成为行使权、利履行义务的公民。

其二是，首都师大附中每年召开一次学生代表大会，大会主席团和学校领导要当面回答代表们的提问，这已经形成了一项制度。在代表大会上，有学生代表提出，希望保障社团活动时间；还有学生代表提出，学校营养餐仍在使用一次性筷子，不利于环保……学生通过代表大会参与学校管理，成为学校真正的主人，而不是被监督的对象。学校还规定，只要是与学生相关的制度，从制度的制定到执行都要有学生参与。学生对哪项制度如果有什么不满意的地方，或希望制定的新制度，可以通过提案的形式，提交给学生代表大会讨论。

论坛上，张广利还向教师们推介了美国托马斯·杰斐逊说过的一段名言，“把最终的权力交给人民保管，这是最安全的。如果我们认为人民还没有受到启蒙，还没有健全的判断力来行使权力，那么，改变这种状况的办法，不是从他们那里把权力夺走，而是教育他们，使他们拥有健全的判断力”。

他呼吁：“大力开展公民教育，让每一个人都生活得有尊严，懂得正确地行使自己的权利和义务，这是学校不可推卸的重大责任。”

为落实好公民教育，张广利在东营市胜利四中和市育才学校时，从实践层面进行过多方面的探索。如：他积极推进学生校长助理制度，让学生参与学校管理的事务；制定并积极实施学生干部竞聘上岗制度，学校的学生会成员、团委会成员、少先大队成员，每个年级的学生管理人员、每班的学生干部、学生宿舍的舍长、学生社团的负责人等等，他们都是通过竞聘的方式产生，并在学校的实际管理和各种活动的组织中大胆地让学生承担各种责任；制定学生听证会制度，凡涉及对学生的处理都必须广泛听取学生代表的意见和建议；有关的学生奖惩与评价制度、班级机构的改革、学生会的改组和少代会、学代会的召开等等，都需通过少代会或学代会讨论通过，让学生充分参与其中，以增强其主人翁意识。

他们还本着“人人有事干、事事有人管”的原则，在班级机构设置和班干部配备上给班主任教师和学生松绑和放权，每个班级都在全班学生的讨论参与下制定了自己的班徽、班歌、班训、班约、班级格言和班级形象代言人等。有的班级的班委会不再仅仅设置班长、副班长和学习委员、卫生委员、劳动委员、体育委员和文艺委员，而是根据班级管理的事务灵活设置自己的班委，有的又增设了节能委员、公物委员、环保委员、课改委员、实践活动委员、家校委员、提案委员、三小制作委员、创意委员、演讲委员……不仅如此，他们还制定了值日班长制和班级轮流值周制度，每班的任何一名学生都可以当一天的值日班长，履行班长的职责。每个年级每周的管理事务，也交由一个班的学生全面负责。与此同时，学校还开展庆“六一”义卖爱心传递活动，将义卖的收入用于救助贫困学生；成立观鸟协会、志愿者协会、摄影协会、课本剧社、经典诵读社、红领巾理事会、小记者协会和各种社团，组织学生走出校园，进入社区、乡村和社会实践基地开展系列社会实践，为学生提供了多种体验生活，关爱社会，增强责任感的学习机会。

二、让学生懂得爱与责任

张广利认为，培养学生的公民意识，仅仅通过简单的说教是不够的，必须要有合适有效的载体。爱与责任是公民素养中非常重要的方面，让学生懂得爱与责任，这是培养学生公民意识的重要一环。就当前国情而言，作为学校这个层面，加强“爱责教育”，是比较现实和适宜的。

为此，张广利确立了“爱责同行、个性鲜明的阳光学子”的培养目标，并建立和实施了差异化的“爱责教育”课程体系，建立了学校、年级和班级三级“爱责社团”组织，并经常组织学生参加一些“爱责活动”。

一是大力开展感恩体验行动。知恩感恩是中华民族的传统美德，是一种美好的情感，是一种修养，更是一种境界。学校每年利用母亲节和父亲节，围绕“感恩父母，点亮亲情”这个主题，在学生中开展“学孝道，讲孝德，学会感恩我能行”的教育实践活动，让学生体验爱心。结合学生的年龄特点，鼓励他们做一些力所能及的家务事。如开展了“护蛋行动”、“妈妈，我来做”、“今天我当家”、“我也去干活”、“跟爸爸妈妈上一天班”、“奶奶，您真好”等活动，通过为学生设置家庭中不常做的事，让他们从实践中去真实感触，体验父母的辛劳、家庭的温暖、生活的乐趣，多为父母着想，多替长辈做事，从中掌握一定的生活技能。这些活动受到家长的一致好评，也让学生得到了深刻体验。

引导学生感恩同学。通过述说生活中的经历，观看学生互相帮助的生活照片，回忆同学之间互相帮助的情景，写下一句感恩的话，并将卡片亲自送给对方等活动，引导学生从“感恩同学”系列活动中体会同学之间友情的真诚，同学之间互帮互助的重要，与同学相处要有爱心，让班集体充满爱，让每一个学生在爱心下健康成长。

引导学生感恩老师。教师节时，学生亲手做一张贺卡，写上祝福的话语送给老师；交流赞美老师的话语；为老师做一件事；读古今中外尊师的好书等活动，感受老师培养学生的艰辛，从而暗示自己一定要努力学习，听从老师的教诲，尊敬老师，以优异的成绩感谢老师的培育之恩。

二是深入开展社区服务活动。积极协调利用社会资源，在明月社区、海河社区、老年乐园、市图书馆、黄河口湿地公园、湿地博物馆等地开辟了社会实践教育基地，定期组织开展活动。通过参加社区实践体验活动和“雏鹰假日小队”活动，充分利用各种社区设施，发挥各种阵地优势，引导学生在实践中体验、丰富、充实学生自己。如：开展“文明从我做起”社区（村镇）志愿服务，每位学生立足于所在社区（村镇），开展“暑期一月行，每天一小时”的志愿服务，通过保护环境、维护秩序等形式，接受社会公德教育。

开展助残扶弱，慰问老人活动。通过了解贫困户、低保户、军烈属等家庭的需求，真心实意地为他们办一件实事，帮助困难群众；开展“走进老年乐园”、“走进敬老院”、“关心残疾人”等活动，引导学生走进弱势群体，感受他们的生活，关爱他们的心灵，培养爱心和同情心，为他们做一些力所能及的事。

开展每人养一盆花草、与社区“共植一棵树”活动。与明月社区开展了“绿色小使者”进社区活动，向社区居民们宣传讲卫生、爱护花草的好习惯；与市政局绿化处签订了协议，建立了“红领巾绿色示范街”；组织“手拉手”共建家园活动，一起参加了捡拾“白色垃圾”的义务活动。学生用自己的行动营造了“爱护环境，人人有责”的氛围。

三是开展“欺负”干预行动。欺负事件是普遍存在且严重影响少年儿童身心健康成长的现象。张广利说，欺负是爱心缺乏的表现，欺负者和被欺负者都是受害者。放任不管，习惯欺负别人的孩子更容易发生打架斗殴事件，甚至走向违法犯罪的道路。开展“欺负”干预行动，对于培养爱心公民、守法公民，具有重大意义。为此，他在胜利油田四中担任校长时，十分重视学生的“欺负”干预工作，曾主持了山东省教育厅基教处和山东省心理健康教育研究会立项的重点课题“寄宿制初中校园的‘欺负’现状及其干预实验”。为此，他采取了以下措施。

其一，制定了全校“反欺负”政策。组织全校动员大会，对“欺负”行为的涵义、方式及危害做系统的介绍，使大家能纠正过去对“欺负”行为的错误看法及偏见。“欺负”干预前首先在全校范围内进行“欺负”问卷调查，以了解本校“欺负”发生的实际情况，以及学校师生对“欺负”现象的态度。形成的政策包括：政策的目标；“欺负”的预防政策；报告“欺负”；对“欺负”的反应；执行政策中教职工、教学人员、学生、家长和领导的作用和责任；监督和评价政策等。

其二，召开学生家长会。告知家长们学校要开展“反欺”负运动，听取他们的看法和建议，与家长达成一种认识上的共识，从而在以后的计划实施过程中能够得到家长的积极配合。另外，学校将制定的“反欺负”政策传达给家长，并培训家长一些基本的“欺负”知识及干预策略。

其三，加强教师培训。对负责教师（多数为班主任）进行专门培训，培训人员由专业心理学工作者组成。培训内容包括：“欺负”的内涵和外延及其发生的原因；“欺负”的危害性及发生的普遍性；具体的“欺负”干预策略，像自信心训练、需求表达训练、大脑风暴法等；同伴支持系统的运作模式；实际干预中应注意的问题；怎样对同伴支持系统进行监督指导等。

其四，建立同伴支持系统。同伴支持系统的建立是本项干预计划的核心部分，决定着干预计划实施后的效果，是实际操作中需要付出最大努力的部分。同伴支持系统建立分四个步骤。

第一步，选择同伴支持者。同伴支持者是通过自我报名、同伴提名、教师推荐等多种方式从各班学生群体中选出的志愿者。通过筛选，决定每个班级选定 7 名同伴支持者，作为每个班级的核心同伴支持者，他们的男女性别比为3∶4。

第二步，进行训练。同伴支持者在为其他同学提供帮助之前，要接受严格的培训，培训一般由学校的心理咨询教师，或有经验的教师，或外聘的专业心理学家单独或集体主持进行。学校的训练人员由山东师范大学张文新教授的课题组成员组成，对同伴支持者进行集体培训。

第三步，展开工作。在与其他同伴的日常交往中，支持者细心、敏锐地察觉“欺负”和“受欺负”发生的迹象，积极主动地与受欺负者或潜在的受欺负者（如新生，学习困难、有自卑心、较弱小或经常独自一个人玩的学生）友好相处，增加他们的社会支持。当发现“欺负”现象时，同伴支持者去主动制止，并协调行为双方。与平常冲突过后有赢者和输者不同，同伴支持者在解决“欺负”问题时，尽量使行为双方都成为赢者，而且对处理结果都满意。

第四步，建立定期反馈制度。建立定期的检查、监控、总结、表彰制度，对“反欺负”政策的落实情况实施全程性的监控和检查，发现问题，及时整改。同时，对干预工作要定期进行总结、研究，建立有效的“反欺负”工作的激励机制，以不断巩固“反欺负”成果，提高“反欺负”工作水平。

东营市胜利四中原学生发展部主任、现任副校长吕辉明在谈到张广利校长推行的“欺负”干预工作时说：“通过‘欺负’干预行动，不仅提高了学生的遵纪守法意识，而且给学生创造了一个安全、文明、温馨、和谐的成长环境，促进了学生的健康发展，也为打造爱心校园、和谐校园奠定了良好的基础。”

第二节 学生的差异是宝贵的教育资源

一、让每一个学生成为他自己

“因材施教，这是永恒的教育真理。因材施教的前提是尊重学生差异。教育的本质是尊重学生的差异，让每一个学生成为他自己。古今中外，所有对教育和人的关系有着正确理解的专家学者无一不具有尊重人的差异的大爱情怀。”在与教师的交谈中，张广利常把这些话挂在嘴边。

不仅如此，他还把教育家和领袖的有关论述摘录下来，在教育自己的同时，引导、感化着他的教师。

陶行知先生说过：“松树和牡丹花所需要的肥料不同，你用松树的肥料培养牡丹，牡丹会瘦死；反之，你用牡丹的肥料培养松树，松树受不了，会被烧死。培养儿童的创造力要同园丁一样，首先要认识他们，发现他们的特点，而施以适宜之肥料、水分、太阳光，并须除害虫，这样，他们才能欣欣向荣，否则不能免于枯萎。”

叶圣陶先生也说过：“教育是农业而不是工业。”工业强调的是标准化，农业强调的是个性化。工业是按照固定的标准和流程快速地、大批量地、流水线式地制造一个个无生命的产品；农业则是顺应天时变化，遵循庄稼内在的生长规律，“顺木之天，以致其性”。“教育是农业”包含着对受教者的尊重与热爱，揭示了教育既是一门科学也是一门艺术的真谛。

当代教育家刘彭芝说：“‘人生天地间，各自有禀赋’，不顾自身兴趣与特长，都去攀登分数的‘珠穆朗玛峰’，不仅是愚蠢的，也是残酷的。我们的教育要帮助每个学生寻找到自身的个性支点，心里要孕育着自己的梦想。尊重他们，尊重他们的独特，尊重他们的差异，尊重他们的选择，尊重他们的权利，唯有此，才可以称之为‘教育’。”“我相信每一个人都有与众不同的个性，对于个性我们应该尊重，并且尽一切力量创造机会，搭建平台，使他们的个性得到充分的展示和发挥，从而实现人生价值。”

山东省教育厅副厅长张志勇认为：“尊重差异，利用差异，改进差异，优化差异，弘扬差异，是教育的本质规律……真正的教育，应该直面每个学生的差异，尊重每个学生的差异……只有尊重差异，才有对人的真正尊重。只有尊重人，才有真正的教育。”“就每个人的天然禀赋自然差异而言，有差异的教育，才是平等的教育。”

习近平总书记在 2014 年教师节同北京师范大学师生代表座谈时指出：“世界上没有两片完全相同的树叶，教师面对的是一个个性格爱好、脾气秉性、兴趣特长、家庭情况、学习状况不一的学生，必须精心加以引导和培育，不能因为有的学生不讨自己喜欢、不对自己胃口就冷淡、排斥，更不能把学生分为三六九等。对所谓的‘差生’甚至问题学生，教师更应该多一些理解和帮助。教师在学生心目中具有重要位置，教师无意间的一句话，可能造就一个天才，也可能毁灭一个天才。”

对此，张广利的理解是：“教育与社会的关系决定了教育要培养适应现代社会的合格公民，教育与个人的关系决定了教育要个性化地培养每一个人、解放每一个人。不同的教育家，在育人的方式方法上可能千变万化，各有千秋，但所有的教育家，却有一个最大的共性，那就是尊重学生的个性差异，关心每一个人的健康成长。”

在张广利看来，当前的教育之所以陷入某种困境，其根源在于教育者被工业时代的标准化、快节奏等潮流所裹挟，不能在工业时代坚守住教育的农业品性。如郑也夫在《吾国教育病理》中说的：“现代学校教育的一大特征是标准化。这或是工业中标准化的影响，抑或是大规模、可持续运作一件事物的内在逻辑使然……标准化不仅体现于考试，还有教材、年级。”考试、分数、升学组成了一条冰冷的流水线，无视学生的天性差异，几乎以同一个标准和尺度，无情地对一个个学生进行着筛选、淘汰和选拔。一切都是标准化的，标准化的流水线、标准化的操作、标准化的检测手段……生产下来的产品也是整齐划一的，偶尔有偏差，就被贴上“不合格产品”的标签。

在这种情况下，教育从“立人”、“育人”的伟大事业异化为竞技式的体育比赛，采用同一个比赛标准，让不同体质、不同智力、不同性格的学生在同一个跑道上奔跑。这样的教育偏离了“立德树人”的目标，用一张张书面考卷将“德智体美劳全面发展”压缩成单纯的智力测试。正如严长寿所说：“我们一切关乎教育原初的理想，在分数面前都化为齑粉。”

实际上，智力的不平衡是正常的，人生中很多重要的东西是不能量化的。教师的任务恰恰是善于在每一个学生面前，包括在智力发展有困难的学生面前，为他打开劳动的、审美的、道德的精神发展的广阔空间，让学生感受到人们是从多个方面看待他，用许多尺度衡量他，自己并不低人一等，而是一个独一无二的人，一个不断成长的人，一个精神丰富的人，一个充满希望的人。

所以，张广利常和教师们说，每个孩子都来自于不同的家庭及成长背景，他们接受的家庭教育也是千差万别的。每个孩子有着不同的性格特征和不同的气质类型；每个孩子面对未知的世界，他们的认知也存在着很大的差异性。面对同样的学习内容，每个孩子的学习速度和接受程度也是不一样的；男孩和女孩在学习和发展上也存在着很大的性别差异和阶段性差异。不仅如此，即使孩子在同一成长时期，不同的孩子也往往表现出很大的差异性。每个孩子都是发展中的人，都是具有独立特性和独立意义的人，每个孩子都有自己的性格、意愿，都有自己的思想、行动规律，这是别人不能代替、也不能改变的。

因此，张广利强调，我们要满足不同孩子的发展需求，充分开发他们的潜能，使其得到最优化的发展，就必须努力为每一个孩子提供适合其自身的教育，适合的教育才是最好的教育。“教育的任务就是让人的整个生命系统充满生机与活力，焕发出蓬勃的创造力。致力于生命全面而和谐、自由而充分、独特而创造地发展乃是教育的根本使命，也是教育的本真价值所在。教育的真正意义就在于发展人的个性，开发人的潜能，实现人的价值，促进人的个性化发展。”张广利在他的教育日志中这样写道。

对教育现状有着深刻理解的张广利曾作过如下评析：我们目前的教育，总体来说还是仅能让少部分孩子受益的教育，是挑选适合孩子的教育，而不是创造适合每一个孩子发展的教育。同样的教师在同样的教室内用同样的教材、同样的教法教着不同的孩子。大班额、齐步走的基础教育模式，实际上是给不同的孩子以同样教育的一种模式。这样的教育尽管满足了所有孩子上学的机会，但这只能是一种低水平的教育。在表面上的机会均等的背后，却存在着更大的不公平问题。我们“一刀切、大一统”的教育教学方式忽视了孩子的不同个性，这样的教育是最终损害大多数孩子的学习和发展权而成全一小部分孩子的发展的教育。

于是，张广利振聋发聩地说：“直木做梁，曲木做犁。给不同的孩子以不同的教育，我们就必须通过持续的教育改革，建立和形成旨在充分调动和发挥每个孩子主体性的、多样化的学习和发展方式。”

张广利又说，“教育是‘农业’而不是‘工业’，教师应尊重孩子的差异，因材施教，尊重孩子的选择，因势利导，实现孩子主动地、富有个性地发展，让每个孩子都能找到自己的发展方向，实现自我的人生价值。”

张广利曾经写过一篇文章《教师要学会与不同的学生打交道》，其中提到：

在教育实践中，我们每一位教师都同时面对着许多学生的教育任务，由于受目前“大一统、一刀切”教育模式的影响，我们很容易忽视学生的个性差异，这样就会导致教育的低效、甚至是无效现象的产生。我们如何克服这一问题，并针对每个学生的不同情况实施有差别的教育，就成为我们教育实践的一大难题。笔者认为，要做到这一点，教师就必须学会与不同的学生“打交道”才行。

教师要学会与不同的学生打交道，就要了解每一个学生的成长背景，尤其是其家庭背景、生活环境、个性、爱好及学习和生活习惯等，只有了解了每个学生的成长背景、真实生活与学习状态，了解了他们的个性心理需要，我们才能开始真正的教学工作，否则，我们的工作就会缺乏针对性，更谈不上实效性和有效性，因为我们将所有的学生进行“一鞭赶”的教学，抹杀了许多学生的个性。

……

总之，要学会与不同的学生“打交道”，不是一个技术问题，也不是一个能力问题，更重要的是一个教育态度和职业素养问题，只要我们有一个良好的态度，去认真面对每一个学生，认真研究每一个学生，认真设计和实施适合每一个学生的教育，真心为每一个学生的成长付出，我们就一定会不断收获新的希望。

那么，如何做到因材施教呢？张广利的建议是，从学校层面来说，给不同的学生以不同的教育，就要进一步解放思想，转变教育观念，坚定每个学生都能成为有用之才的教育信念，改革目前“一刀切、大一统”的管理、教育教学及评价模式，积极实施有差异的教育，努力做到以下几点：

一是全面了解和研究每个学生的成长背景、性格特征、认知基础和天赋潜能，为实施“有差异的教育”打好基础。

二是改革目前学校内部的行政管理架构和运行机制，旨在建立满足不同学生发展需求的管理和服务运行机制。

三是在做好学生兴趣爱好调研的基础上，利用校内外资源，为学生量身打造适合发展的校本课程，旨在建立促进学生个性发展的校本课程体系。

四是在严格控制班额的基础上，打破目前平行班的管理体制，以学情基础为依据，建立适合不同学生学习的学习班，或者在平行班不变的情况下，实施差异走班教学。对不同的学生有不同的目标要求，在学习中实施分类达标，体现出知识的丰富性和可选择性，凸显对学生学习能力、学习内容、学习个性、学习方式的尊重。

五是实施教育教学方式的改革，彻底改变满堂灌、填鸭式的课堂教学方式，建立学生学习小组，积极实施自主、合作、探究课堂教学改革，最大限度满足每个学生的学习诉求。

六是建立教师全员育人导师制，为每一个学生配备成长指导教师，加强对学生成长过程的指导和引领，使每个学生都能得到教师及时的关注。

七是改革学生评价制度，建立旨在促进每个学生优势潜能发挥的多元和发展性评价体系，为每个学生建立成长档案，加强学生发展的过程性评价与指导工作。

张广利感慨地说："公平、公正地对待每一个孩子，尊重每一个孩子，不管他的学习成绩处于什么样的水平，都要坚信他在未来会有很好的发展。要立体化、多层次、多方面地培养人，就要用不同的标准衡量人，就要因材施教，扬长避短，努力为每个孩子提供适合的教育。"

东营市育才学校的周象霞老师对张校长所倡导的"尊重差异、发展个性"理念高度认同，她在《特别的爱给特别的你——我们如何面对差异》一文中说："每一个孩子都是独特的，我们的课堂不是工厂式的生产模式，我们应该像农民一样等待一茬茬庄稼的收获——尽管颗粒大小不一，但是每一颗种子里都凝聚了辛勤的浇灌和向上的力量。"

二、从"分层施教"到"差异教育"

张广利认为，学生从进入学校的第一天起，本然地就存在着差异，有着不同的个性。尊重差异，因材施教，才符合教育之道。

为了为每一个学生提供适合的教育，他先后在东营市胜利四中和育才学校开展了分层递进教学和差异教育改革。

(一) 实施分层递进教学改革。

所谓分层递进教学，就是指学校以学生客观存在的差异为前提，有区别地制定教学目标，设计课程内容，控制教学进度，变换教学方式，确立评估体系，从而使每一个学生在最适合自己学习的环境中求得最佳发展的一种教学策略。这一策略实施的前提是了解和研究学生的个别差异。策略实施的要求是：教师必须根据学生的学习可能性水平，在尊重学生选择的前提下，将其划分为若干层次，制定与各层次学生最近发展区相适应的教学目标，进而按照循序渐进的原则和走班上课的方式，有效地开展教学和课外辅导活动。

张广利认为，目前，中小学大都采取平行班教学的管理模式。这种模式表面上平等，实则仅仅根据年龄分班，忽视了学生在知识基础、接受能力、学习速度及个性特点等诸方面的差异。在还不能在中小学大面积推行小班化和个别化教学的情况下，分层教学、差异教学、分层递进教学等改革已在许多地方推行，并已取得一定成效，但在分层施教、考核、评价等方面的管理上仍存在不少问题。

针对分层递进教学管理中存在的问题，张广利进行了几年的研究和探索，并总结出了分层递进教学管理的基本模式。他采取了以下具体措施。

1. 年级分层、班内分组、面向全体。年级分层指的是为实现“面向全体”的教学理念，在某个年级中，根据学生学习基础、学习速度、接受能力和学生个性等方面的差异，打破原平行班级界限或保持原平行班不变而进行的重新分班或学科分层。年级分层包括年级班级分层和年级学科分层。

年级班级分层是指依据学生的实际学习基础、学习速度、接受能力和个性差异等，打破原有的平行班界限而进行的重新分班，这种分层形式一般可分为A、B两层，也可据实际情况分为A、B、C三层。

年级学科分层指的是在保持原有平行班级不变的情况下，依据学生某一学科的学习基础、学习速度、接受能力和个性差异等，在某一学科教学中实施的分层，这种分层形式可以将所教平行班学生在某一学科内分为A、B两层或A、B、C三层，教学时单设专用教室，对学生平时上课的管理实行“走班制”教学管理的模式。

班内分组是为最大限度地实现面向每一个学生、促进其发展而在一个学习班级之内，将学生分成若干个异质学习小组，采取学生互助学习的方式，以弥补教师教学难以关照每一个学生的不足。

在实施年级分层后，在班内实施的进一步分层或分组，是分层递进教学组织形式的进一步细化，是年级分层的继续延伸和补充措施。它包括两种形式：

一是打破原有平行班界限，进行重新分班后的班内分组。这种分组又包括以下形式：一种是依据学生的实际水平实施的进一步分层，即将学习水平较高的划为A组，中等学习水平的划为B组，学习水平较弱的划为C组。这样分组，便于教师根据每组学生的实际水平，有针对性地实施教学。另一种分组形式是教师将学生异质混合编组，成立若干个互助、合作学习小组。

二是在保持年级原有平行班不变的情况下，在学科分层教学实施后进行的分组。这种分组又包括以下形式：一种是依据学生的实际水平，在走班制教学层次中实施的进一步分层；另一种是在走班制教学层次中将学习水平各异的学生进行的混合编组。第二种是班内分组的形式，也可在原有的平行班内，只按照学科分层教学时划分的层次直接进行分组，即将学习水平各异的学生混合交叉编成若干个学习小组，这样便于教师有针对性地开展教学和组织学生进行小组互助学习、小组合作学习和个别矫正学习。

2. 分层施教、分类指导、因材施教。无论分层还是分组，目的都是为了最大限度地实现“因材施教”教学理念。因材施教就是要求教师在教学中一切从学生的实际出发，根据不同学生的具体情况，采取不同的方法，进行不同的教育，使每个学生都能在原有的基础上得到充分的发展。

分层施教是指教师根据各层学生的实际知识基础、接受能力和个性特点等实施分层备课、分层授课、分层辅导、分层布置作业、分层反馈等方法与手段进行教学，使各层学生都得到最充分、最和谐发展的一种教学策略。

分类指导是指教师在教学中，对各种不同类型的学生采取有针对性的、灵活多样的措施而进行的个别或小组教学或辅导。分类指导的原则是扬长补短。对于优秀学生，教师对其发展可提出更高的要求，进行个别指导，培养其创造性思维能力。对于学习基础较差的学生，教师则可给予更多的关心与照顾，在深入研究他们的心理特点与个性特征的基础上，一切从实际出发，制定一套提高其学业水平，促进其发展的措施，并着重加强基础知识与基本技能的教学。

如：对学生进行“立人”教育的同时，加强其课外辅导、帮助他们查缺补漏，培养他们及时预习、认真听课、独立完成作业和及时复习巩固的良好习惯等。对每班成立的互助学习小组、合作学习小组等实施具体指导，努力做到以强带弱、以强帮弱、以强促弱，促进学生在原有的基础上都能得到应有的提高与发展。

3. 定期考核、有序流动、动态管理。无论是年级分层还是班内分组，无论是打破原有平行班分层，还是保留原平行班不变而在学科教学中实施分层走班教学，“促进每一个学生的发展”永远是施教的出发点和归宿。

因此，教学必须遵循的一个原则就是“动态管理”。因为学生的个别差异以及影响其个别差异的因素是相当复杂的，处于生长发育过程中的学生的可塑性很大，其个别差异具有不稳定性，可以说每一个学生的发展都处在一种不断发展变化的状态之中。在实施分层递进教学的过程中，必须用发展的眼光看待每一个处于发展变化中的学生，必须给每个学生留有一定任其发展的时空。倘若将学生分层后，不再调整，我们势必走入分层递进施教的误区，延误甚至损害学生的身心健康发展。

定期考核、有序流动就是在实施一定时间的分层施教和分类指导后，对各层学生按照一定的标准进行考核，考核的结果作为学生在不同层次的班级或不同层次的小组间流动的依据。它既允许学生向高一层次流动，也允许学生向低一层次流动。学生的流动应根据考核的结果，按照量力的原则进行，同时在不影响正常教学秩序的前提下，应尊重学生自主选择的权利。通常情况下，大多数流动的学生可能在教师的指导下进行正常流动。也可能出现一些特殊情况，有的学生学习能力与基础达到了高一层次，自己不愿向上流动，而自愿在原来的层次中继续学习，夯实基础，增强自信。有的学生应该向下一层流动，但由于碍于“面子”，不愿向下一层流动，这样的学生往往经过一段时间的学习后，自己感到比较吃力时，反过来又提出向下一层次流动的要求。这时，学校应充分考虑学生的要求，给予满足，而不能因为学生一时的优柔寡断而对其置之不理。因为，“帮助学生找到适合自己学习的环境，促进其发展，永远是教师工作的职责，也是我们的教育目的所在”，张广利的话透出一种担当精神。

（二）实施差异教育改革。

张广利经常和教师们探讨一些教育现象，并探究其中的教育法则和规律。有一次他和教师们说：“有这样一种现象：就是大多数学生如果违反了‘统一’的教育教学及管理要求，都有这样那样的理由，同时，家长和教师都抱以理解的心情，但大多又都不得不施以惩戒的手段，并苦口婆心地进行‘可以理解，但不容许’的教导。这是一种常见的教育现象，但又是一种自相矛盾的现象。而且长期积累，还造成师生或长幼对立，不亲其师，难信其道，教育效果与效率大打折扣。”

“这是为什么？”张广利自问自答：“是因为人们忽略了人的独立性、发展性和差异性造成的。不同的孩子来自不同的家庭，成长背景能相同吗？性格特征和气质类型能相同吗？面对未知的世界其认知能相同吗？即使面对同样的学习内容，每个孩子的学习速度和接受程度能相同吗？男孩和女孩因为性别差异和阶段性差异在学习和发展上能相同吗？即使同一个孩子，在不同的成长期内，其表现能相同吗？如果相同，还谈什么发展？孩子还是具有独立特性和独立意义的人吗？”一连串的发问，引起了教师们的深长思考。

学生是有差异的，这一点谁都明白。但在现实中，我们看到的却多是“一刀切”式的教育。“尊重差异，发展个性”，这是张广利在担任东营市育才学校校长后为学校确立的办学理念。这样的选择，是他根据学生的需求而做出的。2011年，张广利到东营市育才学校上任后，在深入挖掘学校发展历史积淀的基础上，坚持继承与发展的统一，通过学生、教师和家长的问卷调查，对学校的办学现状进行了科学的诊断。这是一所九年一贯制学校，因为处于城乡结合部，生源层次不同，家长的职业、文化层次、经济水平也呈多元结构，经济状况较好而且文化层次较高的家庭所占比例较少，许多学生家长为农民，而且辖区内进城务工家长较多。学校生源复杂，流动性和发展的差异性较大，其中市直机关工作人员子女占3.8%，公司企业职工子女占21.25%，外来务工子女、个体经营人员和周边农村农民子女占74.95%，学生的行为习惯、认知基础、智能倾向都存在明显的差异。

鉴于这样的现实，张广利认为，学生群体既然存在这种差异，那么学校教育就要尊重差异，探求一种能够促进学生全面发展、个性充分张扬的课程模式，那就是在差异教育课程观的指导下，将“差异教育”课程诸要素——课程目标、价值观、课程内容的选择与组织组合成一个系统、科学、全面的课程组织形式，使课程既能促进学生在一般智力、各种能力、品格等方面的均衡发展，又能适应不同教育对象的个体差异，并有利于学生接受，促进学生的差异化发展。

“在教育中，最为重要的是什么？是否迥然不同的学生必须学习相同的内容？学生的情绪生活和情感体验是否应该得到关注？我们是否在以一个优秀生的标准要求一个后进学生？学生的差异是否得到尊重？”张广利说：“传统的课程设置与实施忽略了作为受教育者个体的差异，忽略了‘人’的不同。”如何才能真正尊重差异，并且让这种差异成为一种教育资源？他认为，必须通过课程这一载体，选择那些与学生的个人知识和直接经验高度相关的、面向学生生活世界的、与学生生活息息相关的课程内容，选择与现代社会和科技发展有密切联系的课程内容，并赋予学生充分的自主选择权，满足不同学生不同的爱好特长和发展需求，从而为其个性充分发展创造空间。

基于这种思考，张广利提出了“尊重差异、发展个性”的办学理念，并在行动研究中形成了包括差异化的课程、教学、课堂、德育、师生评价、教师发展、家校合作等在内的“差异教育”体系。这些为学生精心设置的贴心课程，以菜单的形式呈现给学生。学生在家长和教师的指导下自主地选择校本课程活动内容，并借助“选课走班”满足了自己不同的学习需求。

育才学校生源复杂，学生的学业成绩两极分化现象严重，尤其是数学和英语两门学科。为了解决这一大难题，学校在部分年级进行了数学、英语“差异走班”教学实验。该实验注重关照学生之间和学生自身在数学、英语学习深度上的差异，引导学生选择适应自己水平或发展要求的学习班学习。张广利倡导的做法是：以学生自愿申报为前提，结合家长与教师的意见，在保持行政班不变的情况下，将数学、英语分成两个学习班级，分别采取“高起点、大容量、快节奏、促边缘”和“低起点、小容量、慢速度、多鼓励”的教学方式，针对学生不同的认知基础，实行同步走班上课。“差异走班”实行动态管理，在学生自愿选择的基础上，每半学期流动一次。

经过实践探索，育才学校的数学、英语学科实现了真正意义上的分类指导、因材施教、鼓励评价。再如体育课教学，他们开展了体育专项教学改革，学生根据自己的体育选项实行走班上课。体育教师作为一个群体，同步开设游泳、乒乓球、太极拳、健美操、跳绳等9门课程，全年级学生根据自己的爱好选班上课，每学期调整一次，最终使学生在全面提高身体素质的基础上，扬长避短，发展了适合自己的体育专项特长。

通过几年的改革探索，育才学校的学生不仅逐渐掌握了1～2项健身的技能，而且在特长培养提高方面也取得了明显成效。仅2014年，学生在市级以上体育比赛中获奖100余人（不含游泳比赛）。2014年，学生参加山东省第23届运动会获得游泳比赛1枚金牌、3枚银牌、4枚铜牌；获得全国少儿游泳冠军赛1枚铜牌；获得2014年山东省中小学生游泳联赛15枚金牌、16枚银牌、16枚铜牌，团体总分第一名。学校游泳队学生还代表山东省参加了在上海举办的全国第12届中学生运动会，并取得了优异的成绩；截至2014年10

月，学校游泳队学生参加省级以上比赛共获得金牌100枚、银牌110枚、铜牌130枚。学校足球队在近两年的全市足球联赛中也获得了第一、第二的优异成绩。

近年来，育才学校的学生不仅对各种活动和研究性学习产生浓厚兴趣，而且参加全国古诗文诵读大赛、全国中小学生创新作文大赛、山东省生物创新大赛、山东省机器人比赛、市青少年科技创新大赛等活动，也频频获奖，近年共有35名学生获特等奖，271人获一等奖，306人获二等奖，近千人获三等奖。2011年，在山东省电脑机器人比赛中，学校参赛的两组学生分别获得一等奖和二等奖的好成绩。在2013年全市中小学文艺展演中，学校选送的节目荣获1个第1名，5个第2名；有20篇学生文章在《小学生读写》、《作文指导报》等刊物上发表。2014年，在全市青少年科技创新书画比赛中，5人获特等奖，25人获得一等奖，100人分别获二、三等奖。在第九届“校园时代”全国青少年才艺电视展演评选活动中，学校选送的器乐合奏《茉莉花》，获全国金奖；在山东省第七届民族器乐大赛中，4人获一等奖、5人获二等奖、8人获三等奖。

育才学校的这种独具创意的“课程超市”，改变了以往“柜台式”的单一选择模式，在让学生拥有更多学习自主权、选择权的同时，个性差异得到了充分的爱护和尊重。通过有效实施“差异教育”，学校满足了学生个性化学习的需要，使学生得到了充分的发展。对此，张广利颇有感触地说，“理想的教育就是既要面向全体，又要承认差异、善待差异，更要把差异作为一种生发正能量的资源，积极促进学生有差异地发展”。

张广利经常提醒教师们，要努力为每一个孩子提供适合的教育。在一次读书会上，他说，苏霍姆林斯基的《请记住：没有也不可能有抽象的学生》一文说得非常透彻，是值得我们反复重温并记住的经典篇章：

为什么早在一年级就会出现一些落伍的、考不及格的学生，而到二、三年级有时候还会遇到落后的学生，因而有的教师就有了放弃不管的念头呢？

这是因为在学校生活的最主要的领域——脑力劳动的领域里，对学生缺乏个别对待的态度的缘故。

我们不妨打个比喻：让所有刚刚入学的 7 岁孩子都完成同一种体力劳动，例如去提水，一个孩子提了 5 桶就精疲力竭了，而另一个孩子却能提 20 桶。如果你强迫一个身体虚弱的孩子一定要提够 20 桶，那么这就会损害他的力气，他到明天就什么也干不成了，说不定还会躺到医院里去。

儿童从事脑力劳动所需要的力量，也是像这样各不相同的。一个学生对教材感知、理解、识记得快，在记忆中保持得长久而牢固；而另一个学生的脑力劳动进行得就完全不同，对教材的感知很慢，知识在记忆中保持得不久而且不牢固。虽然到后来（这是很常见的事），正是后一个学生在学习上、在智力发展上，比最初学习较好的那个学生取得了大得多的成就。

可以把教学和教育的所有规律性都机械地运用到他身上的那种抽象的学生是不存在的。也不存在什么对所有学生都一律适用的在学习上取得成就的先决条件。学习上的成就这个概念本身就是一种相对的东西：对一个学生来说，“五分”是成就的标志，而对另一个学生来说，“三分”就是了不起的成就。教师要善于确定，每一个学生在此刻能够做到什么程度，如何才能使他的智力得到进一步的发展——这是教育技巧的一个非常重要的因素。

能否保护和培养每一个学生的自尊感，取决于教师对这个学生在学习上的个人成绩的看法。不要向学生要求他不可能做到的事。任何一门学科的任何教学大纲只是包含一定水平和一定范围的知识，而没有包含活生生的儿童。不同的儿童要达到这个知识的水平和范围，所走的道路是各不相同的。

有的学生在一年级时就已经能完全独立地读出和解出应用题，而另外一些学生直到二年级末甚至三年级末才能做到这一点。教师应当善于确定，要通过怎样的途径，要经历什么样的阻碍和困难，才能引导学生接近教学大纲所规定的水平，以及怎样才能在每一个学生的脑力劳动中具体地实现教学大纲的要求。

教学和教育的技巧和艺术就在于，要使每一个学生的力量和可能性发挥出来，使他享受到脑力劳动中的成功的乐趣。这就是说，在学习中，无论就脑力劳动的内容（作业的性质），还是就所需的时间来说，都应当采取个别对待的态度。有经验的教师，在一节课上给一个学生布置2、3道甚至4道应用题，而给另一个学生只布置1道；这个学生做的是比较复杂的应用题，而另一个学生做的则是比较简单的；这个学生在完成语言的创造性作业（例如写作文），另一个学生则在学习文艺作品的片断。

在这种做法下，所有的学生都在前进——有的人快一点，另一些人慢一些。学生完成作业而得到评分时，从评分中看见了自己的劳动和努力，学习给他带来了精神上的满足和有所发现的欢乐。在这种情况下，教师和学生的相互关心与相互信任相结合。学生就不会把教师单纯地看成严厉的监督者，也不会把评分当成一种棍棒。他可以坦率地对教师说：某某地方我没有做好，某某地方我不会做。他的良心是纯洁的，他不可能去抄袭别人的作业或者考试时搞夹带。他想树立起自己的尊严。

在学习中取得成就——这一点，形象地说，乃是通往学生心灵中点燃着“想成为一个好人”的火花的那个角落的一条蹊径。教师要爱护这条蹊径和这点火花。

“没有也不可能有抽象的学生”，所以我们也不应该凭空制定抽象的、统一的标准，并将其凌驾于所有学生的头上。张广利一直谆谆告诫教师们：“一枝独秀不是春，百花齐放春满园。否认学生的差异，强调‘齐步走’、‘正步走’，结果往往是在培养人的同时淘汰一批人，这不仅是学生的损失、国家的损失，也是教育的无知、教育的失败。”

《现代教育报》记者曹金梅在东营市育才学校实地考察时，对学校“差异教育”的改革写下了这样的一段感言：

差异，源于人的差异性、独立性与发展性，而差异教育源于教育人对爱与责任的认同。东营市育才学校让我们看到了教育显明而不可忽视的未来性和现实性，它从人的未来成长出发，从未来社会对人才的要求出发，从关注学生身心健康、个性发展出发，承认与接受差异，发现与研究差异，因材施教，并保障孩子的成长成才的高效率，轻负担。差异教育针对的是全面发展，也针对的是整体发展。在全社会都在追求“创造适合学生发展的教育”的潮流中，差异教育显得更为客观，更为行之有效，成为经得住实践检验和人民满意的“适合每一个学生发展”的教育。差异教育，是必要的，也是必需的；是应该提倡的，也是应该普及的。因为它符合教育科学发展的规律，符合人民对教育最终的向往与追求，感应着时代梦想与教育真理的召唤。

【亲历者言】

时光不语，静待花开，一抹馨香，浅抒流年……作为教师的我们，是否真的准备好以一颗宽容的心静待不同花期的到来？是否真的准备好以一颗欣赏的心接受颜色形状各异的花朵甚至是奇葩呢？

我们迎接新的一届学生时，是否早已有了一个理所当然的主张，决心把他们变成一样的孩子，让他们都变成我们希望的样子？尽管不同的教师对于好学生的标准不同，但确定无疑的是，我们都在殚精竭虑试图把学生规划到同一个模型中，恨不得每一个学生都听话、守纪律。然而，我们都忘记了，花与花不同，有的开在春天，有的开在寒冬，有的喜欢阳光普照，有的喜欢云山雾绕。正是花期的不同，我们才有了四季赏花的机会。可是我们都忘记了，花在成为花之前都是一株草，我们因为忽略了花的本质而缺失了赏花的心情，在无形中制定了花开的统一标准，一味匆忙地播种，浇水，施肥，花费了不少力气却没得到想要的结果，也因此沮丧着心情错过了花期。

陶行知先生说过：“真正的教育是心心相印的活动，唯有从心里发出来的，才能打动学生心灵处。”真正的园丁是不会在意花开的时间，他们知道每种花都有自己的特点，只是开花的早晚不同。铁树开花是人间奇观，一株幼苗，从栽培到开花需要十几年甚至几十年，而且花期长达一个月以上。这就是所谓“铁树不开花，开花惊四座”。张广利校长在他的《教育是明天》一书中说，教育者要有等待的精神，耐心等待学生的发展和变化，小心呵护每一个学生的成长。我想说，教师首先就要做好接受学生差异的准备，了解我们教育的对象是生命个体，继而才能尊重差异。教育和学生本身就是一座桥，当我们走在桥上时，也就找到了我们当初的自己。

既然把教师比作了园丁，就让我们担负起园丁的职责，了解自己花棚里各式各样的花朵，根据他们的需要浇水施肥，努力发现每棵花的生存需求和价值。换言之，即尊重差异，发展个性。当人家的花在春天开放时，你不必着急，也不要羡慕，也许你家的花期在夏天。如果到了秋天还没有开，你也不要急于下结论，认为这就是一棵开不了花的草。说不定你家的这棵是腊梅，开得会更动人。在这个过程中，不要只追求速度与时间，万不能以当下的表现评断学生，要学会守望，找到相信孩子的力量，同时引导孩子在教师的帮助下发现最好的自己。我们不要妄下结论，因为放大了学生的缺点而忽略他存在的闪光点；我们亦不要轻言放弃，冲动地用惩罚来解决问题，正如苏霍姆林斯基所说：“有时候宽容引起的道德震撼比惩罚更强烈。”宁愿在孩子的起跑点帮他找到自己成长的力量，不要追求一时的方法而输在起跑线上。我们要和孩子一起赢在人生的终点，享受孩子与我们相拥的感动，接受父母与孩子带给我们的祝福，真正做到用耐心去守望孩子的发展和变化，用真爱去润泽孩子的心田。请相信，教育是明天，更是当下。

静待花开就要克制焦躁不安的情绪，不再游目四顾，以淡泊宁静之心守望满园芳菲之时。我们有理由相信，每一株花最初都是草，每一棵草最后都会开出花，只要我们心存期待，方法得当，用耐心与信心去栽培，相信“莫疑春归无觅处，静待花开会有时”！

（在东营市育才学校交流任教的冯雪莲老师，对张广利确立的“尊重差异、发展个性”的办学理念深有感触，她写下了上面的一段反思感言。）

张广利校长与学生交流初中阶段的人生规划情况并认真听取学生们的设想。

第三章 教师观

——教师是学生的服务者和引领者

张广利的教师观：
教师是学生的服务者和引领者

教育因学生而存在，为学生而存在。没有学生就没有教育。

当“学生第一”的理念落实到教育教学实践的时候，教师所扮演的角色、思维方式等必然面临着改变和转型。

一方面，不能因为“学生第一”而漠视了教师的人生价值追求和职业幸福感，没有幸福的教师就不可能有幸福的学生。

另一方面，教师也要摒弃传统的师道尊严，从高高在上的指挥者、“统治者”转型为学生的服务者和引领者，努力用爱心、知识和智慧点亮学生的心灵。

第一节　教师是学生幸福的重要源泉

一、让教师具有内在的尊严和幸福

张广利熟悉马克思在论及职业选择时说过的一段话："能给人以尊严的只有这样的职业——在从事这种职业时，我们不是作为奴隶般的工具，而是在自己的领域内独立地进行创造。"推而论之，张广利认为，教师是人类灵魂的工程师，从事的是解放心灵的伟大事业，理应具有内在的尊严和幸福。没有教师的尊严和幸福，就不可能有学生的尊严和幸福。

就此，张广利作了如下阐释：从学校和教师的关系上讲，学校应当是教师发展的场所。正如全国知名校长杨一青所说："小河有水，大河才不会干涸。如果将教师的发展比作小河，那学校的发展则是大河。只有使每个教师成为不竭之源，学校才可能形成'黄河之水天上来'的壮观气势。""学校应当具有教师发展的功能，应当也是教师发展的场所。从这个意义上说，具有教师发展功能的学校才是'真正的学校'，才能令教师找到真正的归属感，才是有志青年心之向往的学校。"而从教师和学生的关系上讲，教师应当是学生幸福的源泉。在任何时代，教师都是学生幸福的重要源泉，没有幸福的教师就不可能有幸福的学生。

张广利进一步阐释说，师生的幸福感与师生关系的性质密切相关。师生关系应当是一种平等、和谐的关系，而不是走向极端：要么完全的师徒关系，教师高高在上，徒弟在师傅面前必须俯首听命，承受着"一日为师，终身为父"的训诫和束缚；要么完全的工具关系，按照市场法则，把学生当作"顾客"，尊为"上帝"，让教师沦为纯粹为学生服务的工具。传统的师徒关系强调教师在教学活动中处于绝对权威的地位，压抑学生的怀疑精神和批判精神；要求学生完全服从教师的指挥，阻断了师生之间的平等交流；漠视了学生独立的人格，"格式化"地塑造统治阶级所需要的人才。在现代社会，其危害性已显而易见。

当传统的师徒关系受到批判和冲击时，强调师生关系平等的呼声日益高涨。张广利认为，从总体上讲，这无疑是正确的发展方向，但也要高度警惕另一种现象，即以教育改革的名义，把教师工具化，让教师沦为学生的工具。如果教师沦为市场上的被雇佣者，那么同时意味着教育事业的神圣意义被消解、解构。难以想象，如果教育沦为了赤裸裸的利益关系，政府、学生是出资者，教师仅仅是被花钱雇来的劳动力出卖者，要被雇主们一点一点地压榨，教师们还能有职业幸福感吗？教育是培养人的事业，教师本身的心灵状态和精神面貌就是极为重要、需要小心保护的重要教育资源，岂能将教师等同于一般的商品制造者？

在发出质问的同时，张广利掷地有声地说：“如果教师被当作了教育的工具，教育也必将被教师仅仅当作谋生的工具，由此教师的幸福感将大大降低，学生也必然无法从教师那里感受到幸福。由此，教师作为学生幸福的重要源泉，将不可避免地被堵塞了。”

不为言论遮蔽视听的张广利，清醒地认识到：当前某些学校的教育改革，矫枉过正，导致师生关系走向了另一个极端。有些学校教育改革，过多地强调“学生第一”，忽视教师本身是保障“学生第一”的重要资源，导致教师某种程度上被工具化，严重损害了教师的幸福感，进而损害了学生的幸福感。或者导致了师生关系的虚伪化，表面上教师在真诚地服务学生，实质上内心有一种被工具化的愤懑和不满，长期如此，不利于形成师生和谐、积极向上的学校文化。

实际上，任何教育改革，如果不能内在地激发教师的职业幸福感，甚至过度加重教师的负担和压力，那么这种教育改革本身无论一时多么成功，都在本质上不符合教育的性质。

由此，张广利提出了自己的论断：“对教育而言，‘改革’是个中性词，并非改革即好，不能为改革而改革，不能赶时髦去改革，更不能怀着追名逐利的心去改革。教育需要的是通过改革违背教育规律的一些做法，回归教育常识，真做教育，做真教育。学校改革必须通过引导教师不断学习和不断研究，最终将教师引向体验职业幸福感上来，将教师引向提高其职业生活品质上来。通过教师职业幸福感的体验，不断引领其实现自身的专业成长与发展，教师的幸福成长又带动学生的身心健康发展，这才是我们改革的最终指向。”

【亲历者言】

自从张广利校长来育才学校后，在他的言传身教下，我制定了自己的专业发展规划，开始了教育真实情境下的问题研究。有时，为写令自己满意的读书笔记和反思，我会熬夜至凌晨2点钟，并经常利用周末在办公室逐句研究新课标，浏览教研期刊，做标注，写反思。为了准备一节教研组的研究课，我曾在突然停止供暖的办公室熬了两天，但乐在其中。慢慢地，我把研究的重点指向主题阅读和主题写作。不仅是我，很多教师都有了自己的研究方向。而我们的每一点努力，也似乎都能被张校长的眼睛捉住。像表扬小学生一样，他给我们贴上各种“小红花”——或是博客上的一句“加油”，或是给你戴上一顶“高帽子”：你有成为教育家的潜质！当然还有一本本的大红证书。

也有人说，这股劲儿太趋于追求完美，不现实，太苛刻。但是，在我失败懊悔的时候，我知道，99%的努力和50%的努力没有任何区别——只有100%的努力才会让自己安心，不后悔，不委屈。“可以原谅不完美，但无法接受一个人不去努力接近自己的极限。”这是原央视主持人柴静采访《泰坦尼克号》、《阿凡达》导演卡梅隆时，卡梅隆说的一句话。这种接近极限的付出，同样是张校长带给我们的影响。用一句很通俗的话说，“海阔凭鱼跃，天高任鸟飞”，育才学校的天空足够广阔，而我，只怕自己没有飞翔的本领。三年来，尤其是刚刚过去的小班化教育试点的一年，在学校差异教育改革的背景下，我又开始了“班本课程”的实践探索，从中获得了很多教学的快乐，“主题”、“整合”、“课程”的概念也更加清晰。在秉承学校“尚自然，展个性”的差异教育理念下，无论是学生，还是教师，每一个人都在努力地成为最优秀的自己。

“教无定法”，“道法自然”。在我专业成长的路上，在“法”的层面上，我“初生牛犊不怕虎”过，“邯郸学步”模仿过，“小马过河”彷徨过，“我喜欢我”自我过。我也一直安慰自己：做教师最大的收获是，自己不断地在成长——虽然这种成长不以我眼角的鱼尾纹来计算。而真正对“道”产生了一点点认识，却是在学校差异教育理念的影响下，在细读了学校发给教师的《有效教学十讲》后。仅仅对于我而言，这个“道”可以用这样一句话借来表述：“我们学做任何事情得用最少的悔恨面对过去，用最少的浪费面对现在，用最多的梦想面对未来。”这是教育家魏书生先生写给张校长著作序里的一句话。我深以为然。

三年来，在张校长的引领下，我和其他的教师一样，正在教育追梦的路上前行，并不断体验着做教师的那种未曾有过的尊严与幸福。

（东营市育才学校语文教师　董玉红）

二、高度关心教师的心理健康

张广利的教育日志上抄录了法国总统戴高乐的一句话：“我们还可以去月球，那并不是远不可及的事；不过，我们所该探寻最远的距离，依然存在于我们的内心。”

为什么抄录这句话？张广利的解释是，我们历来倡导“淡泊明志，宁静致远”的工作境界，因为教师拥有的是一种相对平静稳定的专业生活，故而内心更渴望得到尊重和认可。所以对这样一个群体的管理，必须符合其职业特点和心理特点。从某种意义上讲，教师管理就是教师心理的管理。只有在管理中不断满足教师发展变化的相对平衡，使其心理处于最佳状态，才能使教师队伍团结协作、积极进取，保持较强的凝聚力和战斗力。只有这样，学校管理才能“返本归真”，最终实现促进教师发展的真正目的。

张广利一直秉持“赏识激发，享受教育”教师发展理念。他说：“赏识激发”就是用欣赏的眼光看待教师，肯定教师的努力与进步，善于发现其闪光点，让教师在赏识中迸发自信，烘燃起工作热情，释放出无限潜能。学校以人为本，尊重每位教师的发展，使人人因感受尊重而心情愉悦，使人人因自我认可而热情高涨，从而激发教师专业成长的内驱力。“享受教育”不是牺牲而是享受，不是重复而是创造，不是谋生手段而是生活本身。教师只有在快乐中工作方能释放最大潜能，而快乐源于尊重赏识中激发的自信，源于探索研修中收获的喜悦，源于学生进步带来的幸福感。为此，教师应当将个人兴趣、特长与教学及研究有机结合，使教学过程成为不断学习、不断探究的过程，成为师生互动共进、教学相长的过程，成为实现专业成长和发展的过程，成为不断追求卓越的过程，从而真正享受到教育带来的快乐与幸福。

为此，张广利提出，教育教学并不是一件年复一年的痛苦之事，要让教师享受教育教学工作。教师应在师生合作、教育互动、共生共长中体验其成功所带来的满足感，体验学生进步为自己带来的幸福感，体验学生走向社会、取得成功时给自己带来的自豪感，体验不断探究、解决教育教学疑难问题给自己带来的成就感。

他要求教师，要将自己的个人兴趣、特长和教育教学及研究有机结合，使自己教学的过程成为不断学习、不断探究的过程，成为师生互动共进、教学相长的过程，成为不断实现自己专业成长与发展的过程，成为一个自我不断追求卓越的过程，在这种“过程”中真正享受教育给自己带来的快乐和幸福。

张广利的体会是，在教师管理中，必须坚持尊重教师、理解教师、关心教师、解放教师、发展教师的人本管理理念，帮助教师树立良好的职业心态，消除职业倦怠，以乐观的态度对待生活，以向上的态度对待人生，以饱满的热情对待工作，甘于平淡，乐于奉献，生活充实，精神富足，促其以积极的心态对待教育、对待学生，享受教师生活的那片雅静，逐步进入“追求从教自为境，行到工作儒雅时”的境界。

为了达到这种境界，张广利努力做好教师的心理管理，且身体力行，认真把握好以下几个方面。

一是尊重教师。张广利常说，教师有知识、重修养、主体意识强，具有强烈的自尊心。作为学校领导，在管理中必须要学会尊重知识、尊重人才。他是这样说的，也是这样做的。尊重知识、尊重人才首先要尊重教师的劳动。

第一，做到充分尊重教师的人格。善于发现每一位教师的闪光点，并及时给予充分肯定和鼓励。第二，做到经常与教师进行心理沟通，使每一位教师都能感受到帮助和关怀。第三，做到认真研究教师心理需要的特点及其发展变化的规律，一切从教师心理需要的个体性、发展性和多样性特点出发，尽可能地了解每一位教师的心理需要，了解教师个体心理需要的差异性，及时疏导和解决教师个体间发生的心理冲突，改善和消除工作中的不满因素。第四，做到知人善任，用人所长，满足教师施展才华的心理需要。第五，做到在工作中信任教师，激发其工作的积极性、主动性和创造性。

二是关心教师。新课程改革对教师的教学及其自身素质提出了更高要求，教师的专业发展也提到了议事日程。张广利说：“要维系教师良好的心理状态，使其成为教学改革的积极参与者和主动适应者，校领导就必须在政治上关心教师的成长，辅助教师走向成熟。在业务上关心教师的进步，为教师的专业发展搭建平台，创造条件，提供机会。在生活上关心教师，设法为教师解决生活和工作中的实际困难，关心教师的课余生活，开展多种形式的艺术和健身活动，满足教师文化娱乐和健身的需要。”

如：为激励教师专业发展，他加强了教师学术性自组织建设，对教师研训采取按需培训的方式；实施教师读书行动计划，开展雷夫式的教师和学校的“第56号教室”评选活动；建立学科发展研究中心，为教师系统研究和整合学科课程搭建舞台；成立学校名师工作室，实施课题研究任务驱动策略，充分发挥了名师的辐射带动作用；开展教师多元评价，寻找每一位教师身上的闪光点等。为丰富教师的文化生活，保持积极健康的工作状态，他要求工会开展多种形式的体育、文化、艺术和健康活动，如健步行活动、新年诗会、教工球类联赛、保健讲座、教师才艺展示等。实施教师温暖工程，为家庭困难的教职工提供力所能及的帮助，做好教师“大病救助”工作等。由于学校真心实意地关心帮助教师，满足教师被关心的心理需要，从而增强了教师的集体归属感和工作的内驱力。

三是激励教师。激励是教师个体和群体积极工作的不竭动力。“在学校管理中，学校领导要用发展的眼光评价教师、激励教师。”张广利要求，必须采取物质激励与精神激励相结合的方法，积极对教师实施权威授奖、期望激发、多元评价、专业引领等多种激励方式，激发和强化教师的工作和专业成长动机，使其保持积极上进的良好状态。

四是公正处事。公正处事是保持教师和谐人际关系和心理平衡的关键性因素。教师和领导间和谐的人际关系，表现为将心比心、彼此理解、相互尊重和相互支持。“在学校管理中，制度、法规是尺度，管理者必须做到制度面前人人平等，为教师营造一个公平、公正、和谐、上进的工作和人际氛围，尽量满足教师公正的心理需要，保持其心理平衡。”张广利如是说。

五是民主管理。教师强烈的主体和参与意识，使其渴望和欣赏民主型的管理，这就要求领导要有民主的作风，工作中坚持走群众路线。重大问题的决策必须按程序、分层次广泛征求教师的意见，并提交教代会讨论通过后实施。

张广利颇有感慨地说：“只有积极地、有意识地保护和满足教师的这一心理需要，才能使教师产生强烈的主人翁意识，并促使教师将学校工作的目标和要求转化为个人的奋斗目标和工作行为，从而增强工作的主动性。”

六是解放教师。教师职业的特殊性决定了教师管理具有一定的灵活性、开放性和发展性的特点。基于此，张广利对“解放教师”的认识与行动体现在以下方面。

一方面，教师工作在时间与空间上具有延伸性的特点，教师的教育教学工作不仅体现在课堂上，而且还体现在课下对学生的辅导、解疑和课余时间所组织的各种教育活动中，体现在工作之余的备课、家访和对学生的教育上。

工作的场所也并不局限于课堂和学校，教师为了备课可以通过多种途径在各种场所查阅资料，为了教育好学生，不仅在办公室、课堂、宿舍，可以将教育的地点延伸到社会和家庭。因此，在对教师教学时空的管理上，张广利给予教师更多的自由支配的时间和空间，鼓励其根据实际情况，合理、有效地安排好自己的工作，让其选择有利于提高工作效率的环境，最大限度地发挥自己的潜能。

另一方面，教师视野比较开阔，思维比较活跃，在教学中大多数都善于思考，勤于动脑。由于教师的这一特点和其教育对象、教育情境、教育方法的不同，在教师对教学手段的使用和教学方法的选择方面，也不能千篇一律，搞“一刀切”，要有一定的开放性，不能硬性规定教师必须运用什么方法或手段进行教学。

此外，由于教师工作具有个体劳动、集体成果和周期性长的特点，对于教师工作必须从德、勤、能、绩等多方面实施多主体发展性评价，使评价具有一定的开放性和发展性，而不能单纯以学生学业成绩的高低来评价教师工作的优劣。“学校只有在管理中消除对教师教学潜能发挥的各种束缚，才能创设一个宽松、和谐的工作环境，促进其创造潜能的发挥。”张广利如是说。

东营市胜利四中的一位老教师说：“张校长一开始在学校里推行课改的时候，我是最大的反对者。从反对到拥护，是什么促使了我的转变呢？主要还是得益于张校长的思想疏导和帮助。张校长没有强迫我接受他的观点，而是循循善诱，讲清利弊，并引导我观察其他教师课堂的转变。最终，事实说服了我，我从心理上完全理解了张校长的良苦用心，从心底深处产生了课改的热情，进而使自己的课堂也发生了巨大的变化，并深受学生欢迎。”

【亲历者言】

我是 2009 年研究生毕业后来到东营市育才学校的，从事体育教学工作。2011 年，张广利校长来到了育才学校。我很快就感受到他了的人格魅力和学识的丰富，也很快被他的教育思想所吸引。自己这时候意识到仅仅是上好每一节体育课还不行，还要读书，还要写作反思，还要开展行动研究。

张校长每学期开学前请来的专家名人，都能让我饱餐一顿思想大餐。2011年10月，我开始撰写教育博客，坚持记录自己的点滴成长。2012年，我的博客被学校评为“十大教育博客”。从那一刻起，一直默默无闻的我，逐渐得到领导和同仁的认可。这一刻，我更坚定了自己的工作方向，下决心努力学习、认真思考、勤奋实践，做一个反思型、研究型的教师。

2012年9月，我主动要求担任班主任，成了学校第一个体育教师班主任。当时很多家长不认可我，但是张校长支持我，让我受到了莫大鼓舞。随着班主任工作的展开，学生的思想工作成了我每天必做的事情。我慢慢对“差异教育”有了更深的理解，觉得做“差异教育”是非常人文的，是以人的发展为最终目的的。于是，我关注、关心、关爱每个“孩子”，并通过做“关注灰色儿童”课题，让自己在实践研究中去关注每一个“孩子”。在班级建设中，我十分重视实践活动的教育作用，克服困难，开展了许多社会实践活动，学生进步巨大，家长满意度很高。

2013年，我通过竞聘又担任了年级副主任。自己感觉担子重了，责任也大了，每天忙着班里的事情，上好每节课，还要做好年级服务工作，很忙也很累，但自己的管理、组织和协调能力得到了很大提升。尽管忙和累，但我每天都坚持写教育随笔，在反思和实践中一直践行着“差异教育”思想。

我的班级工作做法和经验得到了家长及同仁的认可，我连续被评为校级优秀班主任。2014年，学校安排我担任一年级级部主任，主持一年级的管理工作。一年级是小班化实验年级，是学校改革的前沿阵地。我犹豫过，但在张校长的鼓励下，我同意了，这就是思想的力量吧。由于坚持写随笔，我被聘为“1+1教育周刊”编辑，虽然没有报酬，但我非常开心。我的20万字的教育随笔也整理成册，并分享给了我创办的“学思行”成长共同体的成员看，得到了很多人的称赞，也激励了一些人。

在去年教师节那天，我被评为“育才学校‘雷夫式’教师”，我班也被评为育才学校的“第56号教室”，我的事迹还上了“东营网”的头条。“东营网”以图文并茂的形式报道了“马老师的一天”，得到了很多好朋友的赞扬。当然，这些荣誉不是我的终点，它将激励我继续践行“差异教育”思想，努力成为一个专家型的教师。

（东营市育才学校体育教师、年级部主任　马邦勇）

附：东营市育才学校教师多元评价表彰办法

为充分发挥多元评价的导向作用，进一步激发和释放教师潜能，特制定本办法。

一、基本原则

（一）坚持个性化原则。在评价中，关注教师的个体差异和不同的发展需求，给教师充分的自由发展空间。

（二）坚持发展性原则。评价的最终目的是促进教师专业素养的发展，促进教师整体素质全面提高。

（三）坚持公开、公平、公正的原则。评比办法、程序、奖级、获奖数等应事先公布，接受教师的监督。

（四）确保质量。原则上实行差额评选，获奖级别、数量、奖项要控制。

二、评选程序

评选工作的流程为：制订方案——行文通知——组织实施——结果报批——结果公示——行文表彰。评委会根据各项评先工作的文件要求，及时、公正、公开组织评选，评选结果要报校长办公会研究并公示。

三、评委组成

担任评选工作的评委，由民主推荐或校委会研究确定，评委要有良好的公信力、有较高的教育教学水平。

四、表彰类别及评选办法

（一）综合类。

1. 优秀教师：每年评选一次，每次评选20名，在年级教研部推荐的基础上，学校进行考察认定。

2. 优秀教育工作者：每年评选一次，每次评选5名，在部室推荐的基础上，学校进行考察认定。

3. “感动育才”十大人物：每年评选一次，在年级教研部（部室）推荐的基础上，学校进行考察认定。

4. 三八红旗手：每年评选一次，每次评选20名，在年级教研部（部室）推荐的基础上，学校进行考察认定。

5. 教坛新秀：每年评选一次，每次评选10名，在年级教研部推荐的基础上，学校进行考察认定，原则上从任教十年内的教师中产生。

（二）教育类。

1. 优秀班主任：每年评选一次，每次评选20名，具体办法见《差异教育的学校文化》。

2. 十佳师德标兵：每年评选一次，在年级教研部（部室）推荐的基础上，学校进行考察认定。

3. 优秀班主任助理：每年评选一次，每次评选20名，在年级教研部推荐的基础上，学校进行考察认定。

4. 学生最喜爱的教师：每年评选一次，每次评选18名，由学生民主测评产生。

（三）教学类。

1. 教学优胜奖：每学期评选一次，由期末考试增量评价成绩优秀的教师获得（成绩总评要在合格以上），每个备课组评选名额为本组人数的四分之一。

2. 教学进步奖：每学期评选一次，由期末考试增量评价成绩进步最大的教师获得，每个备课组评选名额为本组人数的四分之一。

3. 班级优胜奖：每学期评选一次，由期末考试增量评价成绩优秀的班级班主任获得，每个年级评选2名。

4. 班级进步奖：每学期评选一次，由期末考试增量评价成绩进步最大的班级班主任获得，每个年级评选2名。

5. 优质课：两年评选一次，由课程教学部组织评选。

6. 教学能手：两年评选一次，具体办法见《差异教育的学校文化》。

（四）课改类。

1. 课改之星：每学期评选二至三次，每次评选9名，在个人申报的基础上，学校进行考察认定。

2. 优秀课改教师：每学期评选一次，每次评选10名，在个人申报的基础上，学校进行考察认定，原则上从课改之星中产生。

3. 课改骨干教师：两年评选一次，具体办法见《差异教育的学校文化》。

（五）科研类。

1. 教科研先进个人：每年评选一次，具体办法见《差异教育的学校文化》。

2. 十佳读书教师：每年评选一次，具体办法见《差异教育的学校文化》。

3. 十佳教育博客：每年评选一次，具体办法见《差异教育的学校文化》。

4. 骨干教师：每三年评选一次，具体办法见《差异教育的学校文化》。

5. 学科带头人：每三年评选一次，具体办法见《差异教育的学校文化》。

6. 首席教师：每三年评选一次，具体办法见《差异教育的学校文化》。

7. 学校名师：每三年评选一次，具体办法见《差异教育的学校文化》。

（六）其他类。

1. 爱心公益奖：奖励积极参与爱心公益活动（献血、捐助等）的教师。

2. 爱心奉献奖：每学期评选一次，原则上每个年级评选1名，奖励对特殊学生做出无私奉献的教师，由年级教研部推荐，学校考察认定。

3. 特殊贡献奖：每年评选一次，奖励对学校工作作出突出贡献的教师，由教师申报，学校研究决定。

（注：在本办法中没有涉及的表彰，由部室依据实际情况可提出申请，学校研究确定后即可生效）

第二节　教师要服务和引领学生

一、时代呼唤教师角色的转型

“角色”一词来源于戏剧，自1934年美国社会学家米德（G. H. Mead）首先运用“角色”概念来说明个体在社会舞台上的身份及其行为以后，角色概念被广泛应用于社会学与心理学的研究中。“社会角色”是指个体在特定的社会关系中的身份及由此而规定的行为规范和行为模式的总和。具体地说，就是个人在特定的社会环境中相应的社会身份和社会地位，并按照一定的社会期望，运用一定权力来履行相应社会职责的行为。

就教师而言，是作为在学校中专门从事教育教学活动的一种特定角色，是由教师所承担的社会职责、所处的社会环境决定的，它体现了社会对教师角色的素质要求和教师对自己承担职责的认识，其实质是对“教师应该是什么样的人”的提炼和概括。

对教师角色体悟比较深的张广利认为，不同的时代、不同的社会，对教师的角色有着不同的要求，新时代呼唤着教师角色的转型。

张广利对传统的教师角色可谓知之甚深，“师者，所以传道、授业、解惑也”，教师和学生之间是单向的传递和接受关系，教师是知识、技能、道德等多方面的权威，教师角色单一，师生关系单一。在传统教学中，教师的角色是教书匠和讲解员，其角色定位是把自己知道的知识转授给学生。在传统教学中，教师扮演着权威者的角色，所给予学生的主要限于书本知识，双方没有建立起平等关系，缺乏多方面的互动和交流；为了提高教学的效率，十分强调“严谨秩序”。作为管理者的教师认为：学生小，不懂事，他们需要教师管，教师与学生的关系就是管与被管的关系，而不是平等关系；教师对学生的管理越严越好，服从管理的就是好学生，不服从管理的就是坏学生。

杜威和凯洛夫是张广利熟知的教育家。凯洛夫就特别强调教师作为管理者的绝对权威作用，“在学校的一切工作中，绝对保证教师的领导作用”。尽管杜威和进步主义教育家对这种强调教师绝对作用的教育理论和方式进行了抨击，但贯穿20世纪整个教学活动的主流仍是班级授课制，教师作为管理者的角色特征并未削弱。

但不可否认的是，随着社会民主意识的提高、新课程改革的不断深入，以及计算机和信息技术的广泛应用，师生之间的关系正在发生着深刻变化，教师角色转型已经是大势所趋，不可避免。所以，张广利说，“这种转变，集中体现在教师要成为学生的服务者和引领者，无论是在课堂上还是在课下，都要以学生为中心，为学生服务”。于是，他要求教师“课堂角色”必须转变，在课堂上真正以学生为中心。

2009年11月13日至12月2日，作为“齐鲁名校长”建设工程人选，张广利参加了山东省教育厅组织的为期21天的澳大利亚教育考察与培训。期间，他发现在澳大利亚的课堂上，学生可以随时打断教师，提出疑问，教师也随时调整教学思路和进度，满足学生的要求。在他听的课中，80%左右的教师没有当堂完成任务，都是讲着讲着就下课了，教师并没有刻意地完成原定计划。这样的课才真正是以学生为中心的课，是充满了交流、唤醒了思维的课。

在一次教师论坛上，张广利向教师们介绍了齐鲁名师李继合考察美国教育的印象及感慨：每一堂课，教师提问题、学生提问题，教师与学生、学生与学生在讨论问题、设计解决问题的方案，在解决问题的操作中又发现新问题……学生的问题意识强烈，争论、表达时自由、自然、热烈；他们善于合作、交流，他们的归纳、整合、描述能力很强。也正是这看似乱哄哄的课堂，这自由的环境，最大限度地发展学生的想象力、表达力、动手能力。也只有在这种和谐的师生、生生关系的氛围中，才可能发挥、挖掘出学生的最大潜力。我们的课堂却恰恰缺少这样的“乱”。

张广利结合李希贵校长在北京十一学校组织开展“泼水节”这一教育事件，与“张广利名校长工作室”成员说，这也是教师角色转型的最好例证：

我在很多场合会提到我们的“泼水节”，因为这个项目是低成本推进素质教育的案例。花不了多少钱，在操场上放上塑料水箱，晒上两个小时，在每年六月下旬和七月上旬，快放假的时候，每年的“泼水节”就开始了，学生特别高兴。其中一个目标就是创造师生平等的学校，怎么创造？一开始，特别是前两届，一泼起来很多教师放不下身段，就躲在旁边，越泼越躲，学生不好意思，他就溜了。这达不到我们的项目目标。学生就想了一个办法，首先搞一个开泼仪式，把年级所有教师请到主席台上，每个人带一盆水，先向学生泼水，这盆水叫“幸运之水”，泼到谁谁幸运。其实这盆水还没有泼到学生身上，他们就全湿了，为什么？下面的学生拿着水枪。这样，当教师走下主席台的时候，不管你走哪一边，两边都排着举着水枪的学生等着你，这时候就男女老少全部放开了，混在了一起。现在我走在校园里，他们竟然叫我的绰号，这是三年前不可能的事情，但现在很多学生叫我的绰号，你拿他没有办法，他没有违反纪律。但是当孩子自由的时候，我们看到一个好的东西来了，那就是责任。不仅是对自己的责任，还包括对他人、对社会的责任。

张广利由“泼水节”想到，在传统的教育中，教师总是高高在上、端着架子，与学生保持着很大的距离，以此彰显自身的尊严和权威。但在现代教育中，教师不仅仅是知识的传递者，更应是“人”的培育者。教师应当融进学生当中，近距离、零距离地与学生交往，努力成为学生的知心朋友。

张广利无论是在东营市胜利四中还是育才学校，都十分注重师生关系的改善和师生平等氛围的营造，并身体力行。如：他在学生中推行的校长助理制，当担任校长助理的学生和他一起开会、讨论问题时，他总是像和自己的班子成员开会、讨论一样，充分让学生发表意见，提出看法和建议，然后，张广利再做出决策。有时，学生直接到校长室反映问题，他总是热情接待，比如：学生一进校长室，他总是说“请坐”，并顺手端上一杯热水放在学生面前。起初学生们都不好意思，以后时间长了，学生也就都习惯了。而这种尊重和待遇往往换来了学生的心里话，他们可以与校长无话不谈。张广利也信守自己的承诺，对学生们反映的问题进行保密。张广利说：“我应该感谢这些孩子，因为他们对我说出了心里话，他们对我讲真话、说实话。我的许多工作上的决策都得益于孩子们的真实信息。”

在推进“自主课堂”改革过程中，张广利要求每个班必须设立“课堂改革咨询委员会”，每班设一名课改委员负责这项工作。目的就是时刻掌握“自主课堂”改革推进过程中的真实情况和学生的感受。学校规定，所有教师每周必须征求学生对自己课堂教学的意见和建议，并及时做好改进工作。同时，课程部也定期召开学生代表座谈会，聆听他们对课堂改革的建议。

每年“读书节”期间，学校都举行分年级和全校性的图书义卖活动，张广利和教师们每次都充当顾客，与在广场上叫卖图书的学生讨价还价，俨然就是卖主和顾客的身份。无论学生还是校长、教师，他们都忘记了自己的身份，他们在这一卖场，完全是平等的。学生们这时完全放开了，他们大喊大叫：“好图书，好图书，大甩卖啦！大甩卖啦！赶快买喽！来晚了就错过了，没机会啦……”

像这样的活动，在张广利的学校里还有很多很多，如：师生一起进行拔河比赛，运动会上师生接力赛，艺术节期间师生同台演出，班主任和学生一起对本班学生开展家访活动，师生一起参加春游，师生一起到敬老院献爱心、做义工等等。丰富多彩的师生活动，让他们彼此忘记了自己的角色，像是同伴，享受其中，畅所欲言，其乐融融。

张广利曾多次在学生中做过问卷调查，结果发现，大胆发言的课堂、平等相待的活动氛围、充分进行自我展示的各种平台，越来越吸引着学生，也使越来越多的学生更加喜欢他们的老师，更加喜欢他们所在的学校。

二、教师要成为学生的服务者和引领者

山东省教育厅副厅长张志勇到美国考察学习后，说过这样一句话：“教育是通过人与人交往的人文性活动来培养人的。教师与学生共同进行的人文性活动的性质往往决定着教育活动的性质，决定着教育活动的成败。看美国教育，给我们的一种深刻感受就是师生关系的和谐，这种和谐源于师生关系的平等，源于教师对学生的尊重。”

对此，张广利的理解是，教师角色的转型是多方面的，就自身而言，首先要适应知识更新日益加快的现实，转变成终身的学习者和研究者。就师生关系而言，要和学生交朋友，努力做学生的服务者和引领者。正像联合国教科文组织在《学会生存》中所描述的那样：“教师的职责现在已经越来越少地传授知识，而越来越多地激励思考；除了他的正式职能，他越来越成为一位顾问，一位交换意见的参与者，一位帮助发现矛盾观点而不是拿出真理的人。

他必须集中更多的时间和精力去从事那些有效果和有创造性的活动，互相影响、讨论、激励、了解、鼓舞。”要如苏霍姆林斯基所教导的那样：“教师应当成为孩子的朋友，深入到他的兴趣中去，与他们同欢乐、共忧伤，忘记自己是教师。”

张广利曾向教师们介绍国学大师钱穆先生回忆在常州府中学堂时体育老师刘伯能的教育方式：

伯能师在操场呼“立正”，即曰：“须白刃交于前泰山崩于后，亦岿然不动，使得为立正。”遇到烈日强风或阵雨，即曰：“汝辈非糖人，何怕日；非纸人，何怕风；非泥人，何怕雨。怕这怕那，何时能立正?”

立正本身是一件小事，但刘伯能却借此阐述大义，引领学生感悟立正之人生深义。

与此同时，张广利用一个反面教育案例启迪教师：

一小学五年级学生用教师给的“人”字造了这样一个句子：“老师是人。”结果，这学生吃了教师的两根大红“甘蔗”（即一个大叉）。这学生不服气，斗胆去问他的这位老师：“我说‘老师是人’不对，那老师就不是人啰。”这下可不得了了，教师被气糊涂了，便口不择言地骂了“小流氓！混账”之类的脏话，而且还责令该学生在本班全体师生面前作检讨。该学生受到如此打击，却仍不服气，拒绝承认自己有错。这位教师便责令家长严加管教。

当下还有一些这样的教师仍然放不下师道尊严的架子，站在了学生的对立面。

张广利经常引用法国作家雨果“世界上最浩瀚的是海洋，比海洋更浩瀚的是天空，比天空更浩瀚的是人的心胸”这句话，既自勉又勉励教师们。他时时叮嘱，“作为一名教师，更应有宽厚、宽容之心。无论这学生是率性而为，还是别有心机，作为教师，都不应斤斤计较，更不能勃然大怒，言行失态。相反，应顺势引导，巧妙点拨，给学生上一堂关于‘人’的课，借此让学生认识到‘人’的真正含义”。

他还把自己亲身经历的一个故事以及由此引发的心灵感触《老师，你不该这样说》，放在自己的博客里与教师们分享：

我曾收到这样一封学生的来信，信中讲述了一位学生在课上问教师问题时所遭受的冷遇。

事情是这样的，一天上自习课，某教师照常到班上辅导学生。班里有一位学生举手向他请教问题，当期待教师解疑释惑时，这位学生却意外地听到了这样一句话：“这么简单的问题都不会？你是怎么学的？”教师说完便扬长而去。当时这位学生像当头挨了一棒，很长时间才反应过来，便一屁股坐在座位上，并低下了头。自这件事发生后，该学生便开始讨厌这位教师，并讨厌他的课，进而讨厌他所教的学科，而后再也没有问过他一个问题。这样以后，该生在本学科的学习上便一蹶不振，并失去了以往的自信。不到一年的时间，原本成绩中上游的学生竟成了一名“学困生”。

读完学生的来信，我久久不能平静。这位教师不负责任的一句话就导致了一名“学困生”的产生。我想，学生暂时的落后并不可怕，可怕的是学生对这一学科学习兴趣的丧失。在日常的教育教学过程中，学生可能向教师提出各种各样的问题，有的难，有的易，有的甚至很离奇。学生无论提出怎样的问题，只要他能提出问题，这本身就难能可贵，就值得我们去鼓励，去欣赏。教师一句鼓励的话可以激励一个学生积极进取，一句温暖的话可以挽救一颗冷漠的心，一句睿智的话可以照亮一个心灵暂时黑暗的一角。但一句生硬的讽刺挖苦的话，很可能会伤害学生的自尊心，伤害学生的感情，挫伤学生学习的积极性，甚至使学生终生蒙上阴影，并由此而导致学生不再自信，不再开朗，甚至是不再接受爱，也不再懂得付出爱。因此，无论教师有百般的理由，都不应该将不良的情绪或不愉快的心情带入课堂，传递给学生；更不应该因为一时的不负责任，一时的粗枝大叶，一时对学生的冷遇、讽刺，给学生纯真的心灵造成伤害。

作为一名教师，要真正完成教书育人的神圣使命，就必须热爱自己所从事的事业，热爱自己的本职工作，关心爱护自己的学生，并从自己的一言一行中，让学生感受到爱，感受到信任，感受到鼓励和期待……这是教师职业道德对每一位从教人员的基本要求，更是学生身心健康发展的需要。爱是教育的前提和基础，没有爱就没有真正的教育。教师只有对学生有爱心，才会在平时的教育教学工作中有耐心。

作为教师，我们必须明白这一点：让学生一生难以忘记的教师绝不是那些没有爱心、以刺激学生脆弱的心灵来促使他们“觉悟”的教师，也不是那些动辄冷言以对、孤立学生、让他们早早体验“师心”冷暖的教师，这样的教师在学生心里留下的只有恨，只有难以摆脱的自卑的阴影。一位哲人曾说过这样一句话：“爱自己的孩子是人，爱别人的孩子是‘神’。”作为教师，我们必须具有悦人之心、仁爱之怀、成人之美之善念。只有像爱自己的孩子那样去爱、去欣赏和赞美自己的学生，他们才能产生自尊之心、奋进之力、向上之志。学会欣赏是做人的一种美德，更是一种高尚的师德。为了每一个孩子的身心健康成长，老师，你不该说“这么简单的问题都不会？你是怎么学的”，你更不应该不顾学生的心理感受而扬长而去。

从张广利讲述的故事中，我们可以感受到两点：一是这位教师还没有意识到自己是学生的服务者。作为教师，解答学生的疑问是不能逃避、不能拒绝的义务；二是这位教师还不是一名很好的学生的引领者。不管这名学生平常表现如何，他愿意站起来提问，就充分说明他在追求上进，教师应该当机引导，给予表扬鼓励，引领学生追求更大的进步。很明显，这位教师不但没有抓住时机给予引领，却反其道而行之，打击挫伤了学生的自信心、上进心。所以，我们应引以为戒。

第三节 用爱心、知识和智慧点亮学生的心灵

一、爱心让教育有温度

张广利始终坚信，爱是生命的源泉，强烈的爱能创造奇迹。他曾和教师们分享一则古希腊神话故事：

塞浦路斯的国王皮格马利翁是一位有名的雕塑家。他精心地用象牙雕了一位美丽可爱的少女。他深深爱上了这个“少女”，并给他取名叫盖拉蒂。他还给盖拉蒂穿上美丽的长袍，并且拥抱它、亲吻它，他真诚地期望自己的爱能被“少女”接受。但它依然是一尊雕像。皮格马利翁感到很绝望，他不愿意再受这种单相思的煎熬，于是，他就带着丰盛的祭品来到阿佛洛狄忒的神殿向她求助，他祈求女神能赐给他一位如盖拉蒂一样优雅、美丽的妻子。他的真诚期望感动了阿佛洛狄忒女神，女神决定帮他。

皮格马利翁回到家后，径直走到雕像旁，凝视着它。这时，雕像发生了变化，它的脸颊慢慢地呈现出血色，它的眼睛开始释放光芒，它的嘴唇缓缓张开，露出了甜蜜的微笑。盖拉蒂向皮格马利翁走来，她用充满爱意的眼光看着他，浑身散发出温柔的气息。不久，盖拉蒂开始说话了。皮格马利翁惊呆了，一句话也说不出来。

皮格马利翁的雕塑成了他的妻子，皮格马利翁称他的妻子为伽拉忒亚。

人们从皮格马利翁的故事中总结出了“皮格马利翁效应”：期望、赞美和爱能产生奇迹。

与此同时，他也和教师们讨论了一个缺乏爱与尊重的反面案例：

我上初三的时候，新换了一个班主任，据说这位老师是学校的优秀班主任，因为我们班的纪律比较差，学校希望借此老师的力量来改造我们班。模拟考试前，班主任针对班纪律比较散漫的情况采取了一项措施，即把我这个“主要对象”（上课爱说话）的座位从教室中间位置挪到靠窗口那一排的第一

个，而且和第二个同学还隔一张空桌子。最糟糕的是，她在班上留了话："先考验她一段时间，如果她上课还说话，那就直接让她到前面——老师的讲台旁，让老师看着她。"

几天以后，快要放学时，班主任站在讲台前，非常民主地问："大家觉得该怎么处理她?"当时，一些同学开始起哄："让她坐在讲台旁边。"就这样，我含着眼泪把桌椅搬到了讲台旁。

从此，我的确不说话了，也不再有笑容了，每天只是吸8节课的粉笔灰，然后回家。日子如此漫长，我在当时的日记里写到：我恨老师。我至今也不明白她为什么要这样做，这样做的效果是为了什么。现在想来，她这样做的唯一效果是完完全全摧毁了我的全部骄傲和尊严。

模拟考试，我的成绩排名从年级五十多名落到了两百名以后。我的心情十分低落，回家后，我对母亲说：我不想上学了。第二天，我母亲找到我的班主任，想了解我不想上学的原因。

此时我就坐在教室后门旁边的座位上（这是我多次请求，老师发慈悲才同意的）。我看到了母亲离开教师办公室时伤心的表情以及她凝重的背影，看着让我心碎的画面，我的眼泪夺眶而出……

后来，班主任找到我，说："你妈妈发什么疯呢？让她别来找我。"原来，我妈在跟老师谈话的时候，讲述了我一个月来的不良状态，担心地哭了，而班主任却认为这是对她工作的责备，于是就说我母亲"发疯"。

再后来，我离开了那所重点学校。这是我初中生活中一段苦涩的记忆，只有我独自一人承受，希望没有和我一样的第二个人来承受这些。

从文中我们可以看出，这个学生学习成绩一开始并不差，心里装满了对母亲的爱，尽管因为自己爱说话这一小缺点而经受了残酷的打击，却依然希望没有和她一样的第二个人来承受这些。爱催生奇迹，无爱制造悲剧，摧毁的是人的尊严和希望。

对此，张广利评论说："教育是培养人的事业，爱是教育的灵魂。凡是伟大的教育家，没有不热爱教育事业、热爱孩子的。"然后，他列举了几位教育家的话，鞭挞案例中“班主任”的言行：

陶行知说：“爱是一种伟大的力量，没有爱就没有教育。”

夏丏尊说：“教育上的水是什么？就是情，就是爱。教育没有了情爱，就成了无水的池，任你四方形也罢，圆形也罢，总逃不了一个空虚。”

刘彭芝说：“爱，是教育的最高境界。有没有深爱、大爱，是教书匠和教育家的分野之一。有人说教育是事业，有人说教育是科学，有人说教育是艺术，这些都对。但在教育中概总一切、贯穿始终的，应该是爱。爱是自然流溢出来的奉献。有了爱，教育工作者才能视学校为家庭，视学生为子女，视同事为手足；才能有信念、有责任、有激情；才能拒绝平庸、追求卓越、出类拔萃；才能把教育事业当作人生大事，全心全意、坚定不移，无怨无悔。”

张广利十分注重以“爱”为主题的师德建设，工作中突出树立“爱”的典型，每年开展师德十佳、师德标兵、爱心奖、学生最喜爱的教师等评选活动，培养出了一大批一心向学、爱生如子的优秀教师。正是这些具有爱心的优秀教师带动了全校教师师德水平和思想境界的提升。

教师们爱心的付出也换来了许许多多学生教育难题的迎刃而解。其中，张兆琴、许玉琴、姚新梅、崔婧、王海龙、陈飞、石其刚、王燕、马邦勇、陈淑芬、燕飞、李艳梅等老师就是撒播爱的杰出代表。请听胜利四中教师讲述的张兆琴的教育故事：

张兆琴老师常年担任班主任工作。她曾教过一个名叫小宇（化名）的学生，该生父母离异，父亲再婚，他和继母生活在一起。虽然继母给予了他生活上无微不至的照顾，学习上细致入微的关怀，但他跟继母的关系一直疏远。他变得思想封闭，性格暴躁，爱发脾气，学习成绩也一落千丈，小错不断大错常犯，家长对他无可奈何。张老师懂得小宇的心结在于对父母离异的不满与反抗，且缺少应有的母爱。作为班主任，张老师在上学和放学的路上就主动与小宇一路同行并问寒问暖；有时还抚摸着小宇的头说：“小宇啊，你妈妈工作的地方离我们很远，有什么事，要是想妈妈了，就跟我说，我尽力帮助你。父母的离异也是有原因的，你现在还不懂，等你长大了，你就会慢慢理解他们的决定了。”

小宇感冒了，张老师送来药片；天气变冷了，张老师提醒他要多加衣服；学习成绩下降了，张老师送去了鼓励的言语，说：“没关系，还有下一次呢!”张老师就这样默默地充满信心和希望地关注、关心和关爱着小宇。一次次的沟通，一次次的失败，又一次次的关爱，也不知多少个来回，张老师始终就这样耐心地等待。功夫不负有心人，小宇的心结终于被张老师母亲般的爱给打开了，冷冻的心融化了，他懂得了什么是爱，也学会了怎样去爱别人。从此，他成了班级管理的骨干、班主任的得力助手，学习成绩稳步提高，终于以优异成绩考入了东营市胜利一中。

他的爸爸感激地说：“如果没有张老师的教导，绝没有我孩子的今天。”听了家长的话，她感到莫大的欣慰、无比的自豪。后来小宇也争气，又以优异的成绩考上大学，毕业后去美国留学深造了。自从小宇上了高中后，直到现在，每逢教师节和春节，他一直给张兆琴老师来信问候，每次信的开头，他都称张兆琴老师为妈妈老师，张老师每每看到这句称呼，就感到无比的欣慰，并更加坚定了“没有爱就没有真正的教育”的信念。

感受颇深的张老师认为：只要善于发现学生的闪光点，多夸几句，多关心他们几次，不仅能挖掘他们学习的潜能，而且使他们在做人方面也更加有人情味。“您的博爱使我的孩子找回了学习和发展的自信，您的鼓励和表扬为孩子在成长的道路上撑起了风帆。”这是一位学生家长发给张老师的短信。

张兆琴老师说：“爱心，是一缕阳光，她照亮了学生的心房；耐心，是一丝春雨，她滋润了学生的心田；信心，是一粒爱的种子，她会在学生的心中萌芽。在今后教书育人的道路上，我将永远带着这三颗心继续前行。”

张广利还与教师们分享了东营市育才学校崔婧老师的教育故事：

崔婧老师曾担任过两个班的班主任，她一直把学生当做自己的孩子看待，因为她深深懂得教育就是爱的事业，爱学生就要像母亲关爱自己的孩子一样。五年级（8）班苏雨琦同学在上楼梯时，因不小心将脚扭伤，治疗期间，崔婧老师每天打电话询问学生病情，并嘱咐学生不要担心功课，老师会为他补课。她还经常利用中午休息时间去看望学生。学生能到校上课时，她跟家长商量由她来负责苏雨琦的午餐，并让家长带被褥到学校，中午可以为他补课，然后让他在教室后面休息一下，下午放学后她负责把孩子送回去。面对教师这样的无私付出，家长十分感激，多次给学校打电话表达他们的心声，并写了表扬信寄给校长。信中这样写道："我孩子很幸运，能遇上这样一位负责任的班主任老师，在全市组织的'小手拉大手、共创文明城'活动期间乃至以后，我们也会像崔老师那样努力做文明的传播者。"

像这样的故事还有很多很多。正是教师们的关爱，才换来了社会和学生家长对张校长所在的东营市胜利四中、胜利六十二中和市育才学校的高度赞扬。

孩子对爱的渴望和需要，经常超过我们成年人的理解和想象。苏霍姆林斯基说过："有时，在我们成年人看来完全是微不足道的一件事，却会给孩子带来巨大的痛苦。有一个 5 岁的小女孩，当她知道有人把她的小朋友的洋娃娃放在露天下，而且被雨淋透了的时候，她一晚上没睡，不言不语也无泪，在默默地痛苦着。如果孩子孤独地忍受着自己的不幸，没有同情和怜悯，那她的心灵就会长期被一层冷漠的冰壳所覆盖。"

"教师对学生的爱并不仅仅是一种责任或义务。爱是沟通交流、心灵相通而产生的一种情感。教师之所以爱学生，是与学生长期相处、了解和交流后，从内心深处滋生的一种悦纳学生的内心体验，是心甘情愿的奉献。"富有仁爱之心的张广利如是说。

在张广利看来，爱首先意味着要有"捧着一颗心来，不带半根草去"的无私奉献精神。爱是一种态度，也是一种高尚的行动，它是无私、无条件的、不求回报的关心、奉献和宽容。要把全部精力和满腔真情奉献给学生，做善良的使者，挚爱的化身，为每一个学生涂抹人生幸福的底色。

作为教师，应以生为本、爱生如子，全心全意地为学生服务，为每一个学生打开成长发展的广阔空间。要宽容学生，允许学生犯错，不能对学生要求太苛刻。

作为教师，如果对教育缺乏忠诚与热爱，仅仅把教育当做一种谋生的职业、工具和手段，那么就无法带着感情、怀着热情、充满激情地从事这一解放心灵的伟大事业，就无法在生命和事业之间达成一种相互融合、相互滋养、相互成全的圆满状态。

教师对学生的爱不应该工具化，正如教育学者高伟所言："爱是一种关系品质。如果现代教育仍将学生视为塑造的对象，那么爱就永远只是一件合适的外衣。想一想在教育世界，多少恶是以爱的名义进行的！只有当教师将学生视为他生命中的部分时，教育才会是爱的；只有教师将教育作为天职，教育才会是有爱的。"

理性的张广利进一步意识到，教育之爱与一般的父母之爱有所不同，在感性之外，还应该有理性。教师对学生的爱和父母对孩子的爱是有差别的，教师的爱应当以尊重遵循学生身心发育规律和教育教学规律为前提，充满理性、建设性，不能在爱的名义下做出伤害学生之事。如教育家卢梭在《爱弥儿》一书中所说的："大自然希望儿童在成人以前就要像儿童的样子。如果我们打乱了这个秩序，我们就会造成一些早熟的果实，它们长得既不丰满也不甜美，而且很快就会腐烂：我们将造成一些年纪轻轻的博士和老态龙钟的儿童……儿童有他特有的看法、想法和感情。如果用我们的看法、想法和感情去代替他们的看法、想法和感情，那简直是最愚蠢的。"在现实中，的确有一些教师却好心地、认真地、努力地做着一些有害于学生健康成长、长远发展的、愚蠢的事情。这样的爱心、好心因缺乏理性而导致教育南辕北辙，是需要每个教师警惕的。

鉴于此，张广利告诫老师们，"爱除了意味着无私的奉献，还应对学生抱有充分的尊重。尊重也是一种爱"。

在澳大利亚进行教育培训与考察时，张广利就亲身感受过"尊重"的含义：

2009年11月23日晚上，Allen校长邀我观看阿德莱得市中小学的音乐义演，晚上7:00我们准时来到了阿德莱得市的音乐大厅，我们的座位正巧在前后两个区域的分隔处，紧挨着走道。看到许多观众从我们眼前静静走过，且很有秩序，我也自觉地屏住呼吸，静静地翻看着节目单，等待音乐会的开始。这时，Allen校长悄悄地告诉我：“今天晚上到场观看的大多是孩子的父母，也有学校的教师、社会上的一些观众和特邀的各界人士。”

我正在认真听着Allen校长的介绍，忽然听到全场掌声四起，我感到有点纳闷，怎么音乐会还未开始就鼓起掌来啦？Allen校长告诉我说：“参加演出的一部分学生来啦!”这时我才反应过来，也赶快跟着大家鼓起掌来。我鼓掌了一会儿便停了下来，没想到全场观众的鼓掌一直未停。我环顾四周，便很不好意思地又用力鼓起掌来。这时，我看到参加演出的孩子们身着校服，手握各式各样的乐器，在一片经久不息的掌声中非常自信地步入音乐大厅。当孩子们从我面前走过的时候，我看到他们个个精神焕发，脸上流露着自信、自豪和幸福的表情。

演奏一开始，第一个出场的是一个小学学生乐队演出的节目。演奏期间，全场上千人的音乐大厅鸦雀无声，一片寂静。所有观众的眼光都聚焦在了舞台上，并默默地欣赏着孩子们精彩的演奏。节目刚一结束，全场又是一片掌声，掌声又是经久不息，直到主持人报告下一个节目时，大家的掌声才由高到低慢慢平息，这时，又回到了一片寂静之中。在我观看演奏的整个晚上，全场观众一次次经久不息的掌声对我触动很大，并给我留下了极其深刻的印象。他们的掌声之所以能够引起我的触动，原因很简单，这里的观众发自内心的掌声与我在国内经常看到的那种敷衍了事的应付式鼓掌形成了鲜明的对比。从音乐厅里观众们起伏的掌声之中，我感受到了观众为孩子们的精彩演奏而感到高兴和自豪的心情，感受到了他们对孩子的那种尊重，而孩子们在这种备受尊重、鼓励和肯定的文化氛围中，伴随着这种受尊重和鼓励的情感体验，他们的自信也油然而生。

回国以后，我每每想起阿德莱得市音乐大厅里的那种掌声，就会有一种愧怍之感，因为以往面对孩子的表演或展示时，我的掌声有时并不那么响亮，鼓掌的时间也不长，有时也存在着应付的现象。年底我参加了一次全省性的教育会议，会议期间，承办地的教育局和学校为所有参会的代表准备了一场精彩的汇报演出。那天晚上，有的人就问："今天晚上还去看演出吗?"我下意识地说了句："孩子们都准备了，去欣赏一下吧!"于是我就带上照相机随车去了演出剧场。当我走进演播大厅时，观众稀稀拉拉，声音也十分嘈杂，这使我感到有点儿不太舒服。演出开始时，有的观众还在下面交头接耳，说个不停，演播大厅里还不时地传来接打手机的响声。不但如此，随着节目的一个个亮相，观众也在不断地离场。我尽管对这种影响演出的举动非常反感，但我还是坐在那儿一言不发，静静地欣赏着教师和学生们的精彩表演。说真心话，那天晚上的演出很精彩，每个节目各有特色，我一边忙着拍照，一边忙着鼓掌，孩子们的精彩展示也使我备受鼓舞。但令人遗憾的是，我不但没有听到阿德莱得市音乐大厅的那种掌声，更没有看到那种经久不息的掌声场面，也没有看到那种为孩子们的精彩表演而发自内心的欣赏与尊重。即使这样，我似乎已看到了孩子们在舞台上的那种自信和幸福的微笑。

有时，我在想：是什么原因使我们成年人面对孩子们的精彩表演而麻木不仁?是什么原因使我们面对生活的精彩而失去了应有的敏感性?又是什么原因使我们面对孩子们的劳动表现不出应有的尊重?我想，这不仅仅是一种文化的差异，更重要的是我们多年来教育没有回归其本真的价值。生活中，我们每个人都想受到人的尊重，但我们又都懒得去尊重别人，更谈不上尊重未成年的孩子了。我们每天就是这样地生活，这样地做事，这样地面对精彩而无动于衷，这样地面对生活而熟视无睹，而我们却还教育孩子要尊重师长、尊重他人。可以想象，这样的教育到底会有多大的成效和价值?因此，"尊重"必须从"我"做起，必须从尊重孩子的一点一滴做起。作为教师，我们更应该在教育教学的过程中学会尊重和欣赏孩子、鼓励和鞭策孩子，并以自己真实的教育行为去影响孩子，让他们在成长的过程中感受到我们尊重的存在、欣赏的陪伴和真诚的鼓励。只有这样，我们的孩子才能在这种文化的熏陶下，自信地成长，幸福地生活，勇敢地面对困难和挑战，成为文明的、有尊严的一代。也只有这样，我们才能建设一个文明的社会。

张广利认为，“教育如果不能触及孩子的心灵，引起孩子心灵深处的激荡和震撼，那就不是真正的教育”。他非常注重学校的“仪式文化”建设，每逢新生入校或毕业生离校，他和他的同事们都要为学生们准备一场别开生面的典礼。以每年的初中毕业典礼为例，整个典礼以“爱与感恩”为主题，分四个或五个篇章展开，典礼上有简单的优秀毕业生表彰，有校长激昂奋进的寄语，有告别母校的师生演出，有感谢师恩的内心表白，有相互拥抱的默默祝福，有毕业歌歌声的嘹亮回荡，还有共同走上红地毯的师生场面。张广利会与教师握手，并真诚地道一声“谢谢，辛苦啦”。之后，他一一给毕业的每一个学生颁发毕业证书，并合影留念。所有的校领导和教师都为每一个毕业的学生送上一句深深的祝福：“我们会想你们的，希望你们继续努力，我们期待着你们的喜讯……”红地毯两侧围观的学生和家长们也给学生们送上声声祝福。一个个即将离开校园的学生，眼含热泪，依依不舍，把他们对母校和老师的祝福和祝愿写到事先设计好的毕业纪念墙面上，并深情地签上自己的名字。典礼上师生相互簇拥着，一声声祝福道不尽对母校的依依之情，一串串热泪诉不完对老师的深情厚意。学生的校服上写满了同学间祝福的话语和教师们真诚的祝愿！

在这样的典礼仪式上，家长们情不自禁地说：“这哪是毕业典礼啊！这简直就是爱的传递、情的延伸，学校为孩子们所做的一切让我们感动不已、难以言表。这才是真正的教育！”

“‘爱心最是有情物，化作春风更催人’。爱是一种信任，爱是一种尊重，爱是一种鞭策，爱是一种激情，爱更是一种能触及灵魂、动人心魄的教育过程。教师应当有爱的情感、爱的行为，更要有爱的艺术。爱心滋润教育，教育才会拥有温度，孵化出生命的光彩、温暖与幸福。”张广利也情不自禁地说。

二、知识让教育有力量

张广利有一句警示自己也激励他人的话："在知识日新月异的时代，教师要想履行好教书育人的职责，就必须树立终身学习理念，温故知新，学新知新，学以致用，用以促学，不断拓宽知识视野，更新知识结构，做热爱学习的楷模。"

张广利也经常用著名教育家的有关论述与教师共勉。如：苏霍姆林斯基的教导："应当在你所教的那门科学领域里，使学校教科书里包含的那点科学基础知识，对你来说只不过是入门的常识。在你的科学知识的大海里，你所教给学生的教科书里的那点基础知识，应当只是沧海之一粟。"于漪的反复告诫："教师的学习、教师的智力生活一刻也不能停止。一个学识干瘪、枯竭的教师不可能带领学生在知识的海洋里扬帆远航。"

张广利始终认为，教师要想驾驭好自己的课堂教学，做一名学生尊重的优秀教师，就必须具有像泉水一样涌流的教育教学智慧。教师的这种"智如泉涌"必须有源头活水，其源头活水就是不断地研究和学习。作为一名教师，如果整天沉溺于自满当中，学习及适应能力的发展就会受到阻碍。无论你现在有多么成功，都要对自己的师德修养和专业发展不断倾注心力，否则，教学工作就无法突破，终将陷入停滞甚至是倒退的境地。

张广利在任职的每一所学校，都大力倡导教师在学中做、在做中研、在研中探、在探中鉴、在实践中不断体验成功的愉悦。

在学中做。即认真组织全体教师及管理人员重新学习和研究校本教研的有关知识，明确校本教研的概念和内涵，深刻领会校本教研的实质。要清楚校本教研是教师为了改进自己的教学，在自己的教学中发现某个具体问题，并在自己的教学过程中以"追踪"或汲取"他人的经验"等方式去解决问题。必须遵循"为了教学"、"在教学中"、"通过教学（教师）"的校本教研思路，扎实开展好教学研究工作。

“为了教学”即校本教研的主要目的不在于验证某个教学理论，而在于“改进”、“解决”教学中的实际问题，提升教学工作效率，实现质量提高之目的。

“在教学中”即校本教研主要是研究教学之内的问题而不是研究教学之外的问题，是研究自己的教学里发生的教学问题而不是研究别人的问题，是研究现实的教学问题而不是研究某种教学理论假设。

“通过教学”即校本教研就在日常教学的过程中由教师本人亲自解决问题，而不是让教师将自己的日常教学工作放在一边，到另外一个领域去做研究，也不是让教师放弃解决问题的责任而完全由别人来帮助解决问题，而是与其他教师一起合作或借鉴他人的研究成果去解决问题。

基于以上认识，张广利努力在转变教师的观念、激发教师的积极性上下工夫，认真组织教师开展以“教育教学典型案例”为主要内容的校本研训活动。在组织培训时，要求对培训活动认真设计，精心准备，选好典型课例、案例，并采取“自主、合作、探究”的方式进行，让教师在这种课改模式中亲身体验、感受课堂，并引领教师将课改教学模式与传统课堂教学模式进行对比。“在这种对比和体验中，进一步促进教师观念的转变，消除教师课改的担忧，激发教师课改的欲望，提高教师对课改势在必行的认识，进而指导教师走进课堂，大胆进行尝试。”市育才学校副校长刘江说。

在做中研。在进行课改的尝试中，教师可能会遇到问题和困惑，这时教师最容易打退堂鼓，学校要不失时机地引导教师开展对课堂教学细节的研究，尤其是研究课堂细节的处理策略。

比如，在进行小组合作学习时，研究的教学细节有：如何对学生进行异质分组；座位如何摆放更适宜学生讨论；如何解决合作讨论中的跑题现象；有的学生不合作怎么办；如何解决合作讨论中的“语霸”问题；对于不屑一顾的优等生不参与合作讨论怎么办；对无法参与讨论的后进生又该如何对待；

在合作学习小组内、外建立怎样的激励机制更有效等。

针对每一个细节如何解决，又出现了细节处理操作层面的技巧问题，如在解决学生不合作这一问题时，首先要分析：这些学生为什么不合作？是会了不乐意帮助别人、怕耽误时间，还是由于自己的基础较差、无话可说？还是有话可说，但由于自信心不足、性格内向或怕别人嘲笑自己答错而不敢发言？针对不合作的学生，我们采取什么样的策略解决呢？我们可以想出许多办法，如：合理编组，将不合作的学生分配到各组中，并要求小组成员必须每个人都发言。遇到不发言的学生，讨论时，指定专人帮助他，或在小组内给他一定的时间进行思考后再让其先发言。若他还不发言，将小组内研究出的问题记录下来，让他代表小组读记录，只要他能读，教师就给以鼓励。在小组讨论中落实“兵教兵”战术，优等生不乐意充当“小先生”时，教师要在课后给他讲清当“小先生”最受益的不是别人，而是他自己，因为他教的过程是帮助自己进一步理解、巩固和内化所学知识的过程，通过教育引导，使其愉快接受任务。

此外，可能还有更多的细节能解决以上问题。再往深处研究，如在小组内记录，由谁记录，怎么记录，记录很多怎么办，怎么记录更有条理、更能抓住重点等等。就这样，不断地“追问”，层层深入，步步逼近，直到问题解决为止。

在研中探。即指在具体细节的研究中，不断探讨解决问题的具体办法和策略，不断培养教师探究问题的能力。在对课堂细节进行层层研究和追问的过程中，我们对细节的研究也会不断深入，并形成具体的解决问题的策略和做法。这时要注意做好及时的总结与交流工作。这些小的策略和办法究竟在实际应用中是否有效、管用呢？这还需要教师深入课堂再进一步实践，在实践中再进一步地探索，发现问题再进行修改和调整。若不能解决问题，教师在课后反思中要记录下来，以备进一步的研究。这样的研究、实践、再研究、再实践的过程，使教师自觉不自觉地已经进入了校本研究的状态。教师在这种自然的研究状态中，探索、解决问题的能力也会不断增强。

在探中鉴。是指在开展课堂细节研究中，教师仅以个人的经验是不可能解决所遇到的所有问题的。当教师凭借自己的经验，无法解决某个问题时，就需要借鉴“他人的经验”，通过汲取“他人的经验”来获得解决新问题的新思路，或通过开展教师集体合作研究，找出解决新问题的具体技巧和策略。

“他人的经验”，尤其是某些有价值的经验和智慧，可能隐含在专家的报告或录像里，教师可以通过听专家的报告或看专家的学术报告录像来学习借鉴。有些有价值的经验可能在他人的著作里，教师可以阅读与自己要解决的问题有关的文章，查阅相关的书籍，从中汲取经验。

“他人的经验”更可能在同事的课堂里。教师可以到同事的教室里听课，听课后与同事一起分享、交流自己的问题和想法，或向同事请教解决问题的办法。

“他人的经验”也可能就在他人的脑海中。教师可以利用集体备课或其他课余时间提出问题，一方面大家可以讨论，另一方面可以与同事交流或向他们请教。

“一位有责任感的教师，一位教研主动的教师总是想方设法研究教学，这就意味着他既反思自己的经验，又琢磨他人的经验。当教师将自己的经验与他人的做法与经验相比较时，自己的教学与技能就有了很大的提高。”张广利谆谆告诫着教师们。

在实践中体验。指教师在尝试自主、合作、探究课堂教学改革的实践中，在关注课堂教学的细节、研究教学细节处理的策略和具体解决办法时，通过发现、反思、研究、解决等环节，体验研究取得成功的愉悦，体验问题解决时的兴奋，体验策略运用于课堂时收到的实效，体验通过研究、实践换来的课堂生机，体验教学质量提高的欣喜。

“通过这样不断地实践和体验，教师就会产生从事校本研究的动力，他们不再因为感到教科研离他们太远而对此不感兴趣，不再因教科研不能为其教学解决问题而回避。他们会主动站到校本研究的最前沿，主动对教学中的问题进行研究、总结、反思和实践。”张广利深有感触地说。

因为校本研究尤其是对课堂细节困惑的研究解决了教师教学中的实际问题，解决了他们的教学所需。这样，在实践中体验，在体验中进取，教师就会步入校本研究的良性循环，而课堂细节研究的直接结果会使教师不再惧怕课堂教学实践的困惑，也不会在面对各种教学细节的困惑时望而却步。

以上几个环节中，张广利对“研中探”深有体会。他认为，研究是教师工作的幸福之源。没有研究，教师工作的激情和幸福就会在日复一日的重复中渐渐消磨殆尽。在澳大利亚进行教育考察与培训期间，澳大利亚教师把教育视为研究的做法，给张广利留下了深刻印象：

我在南澳洲公立学校——阿波福园园区中学（Aberforle Park High School）跟岗见习期间，这里的教师认真负责、主动服务、勤于交流、乐于研究，他们的这种工作状态给我留下了深刻的印象。他们这样做的背后究竟有什么样的运行机制和保障措施呢？这是我学习时一直深究的问题之一。

起初，我想也许是因为这里教师的工作量不大、工作清闲吧？可事实上，这里每位教师每学期至少承担2～3门学科的教学任务，工作量可想而知。接下来，我想也许是因为他们的工作岗位实行动态管理、竞争很激烈吧？很快，我自己否定了这个猜想，因为那里的教师一旦受聘就是10年，每年晋升一级，一直升到十级教师。只有工作10年以上且极其优秀的教师才能晋升为特一级、特二级教师。不但如此，公立学校的校长是无权辞退教师的，因此，教师可以说没有下岗、解聘的后顾之忧。然后，我又想，是因为他们工作环境优越和薪酬较高吧？众所周知，澳大利亚是个发达国家，学校设施先进、环境优雅，想必大家都能想象得到。说到薪水，南澳的教师与澳大利亚其他地方的教师一样，工资待遇已经足够保障教师们相当高的生活质量，教师们的薪酬不敢说让他们锦衣玉食，也完全可以说是衣食无忧。优越的条件就容易让教师那样地乐此不疲、积极进取吗？如果是，恐怕这也不是唯一的原因。

经过访谈和反复了解，我发现教师们对教育教学中的实际问题研究得很多，并经常进行不同形式的交流。每当他们通过研究解决一个问题时，我总是看到他们会因此兴奋不已。对他们来说，教育就是研究，研究就等同于教育。他们把自己的本职工作已经看成研究的任务。因此，他们才会表现出感染我的那种爱岗敬业和乐于研究的工作状态。当我问教师们为什么那样痴迷地研究教育问题时，他们却反问了我一句：“教育不就是一项研究工作吗？”是啊，在教师们看来，他们的本职工作就是研究如何教育好每一个孩子，而在研究的成败中，他们也在不断体验着成功所带来的喜悦和受挫给他们所带来的挑战。挑战似乎更加激起了他们研究的兴趣。

一天，爱伦校长（Allen）把我们领到“缺陷儿童教育”的专用教室参观学习。在这里，“教育就是研究”又得到了一次淋漓尽致的验证。在澳大利亚，只有缺陷严重的学生才上特殊学校就读，而其他有各种功能缺陷的儿童都需要在普通学校就读学习。所以，这个学校尽管是一所普通中学，仍有70名有缺陷的儿童在校就读。这70人中，有的听力有问题，有的视力存在障碍，有的身体有缺陷，有的是疾病留下的后遗症……就是这样一群孩子，学校专门为其设计了专用的教室，专门配备了两名专任教师，其他的学科教师是从各年级部选派来的。对这些孩子，上课已不再是传统意义上的课堂学习了，教师对他们的教学几乎都是一对一的辅导。何况大多数的教师同时教着两三门学科，他们的工作量可想而知。

尽管这些孩子学得很慢，有时一个非常简单的问题也需要教师不厌其烦地教他们几遍，甚至是几十遍。但是在这里上课的教师，教得是那样津津有味，乐此不疲，仿佛把上课当成一种享受。不仅如此，有的孩子因为身体残障，别说接受知识，甚至上厕所也需要教师们帮扶。这些教师不但没有嫌弃，没有厌烦，反而做了大量的研究工作。首先他们对世界上所有有身体缺陷的著名演员、发明家、科学家、艺术家、建筑设计专家、著名律师、音乐家、作曲家、政治家、商业家、著名电影制片人、著名作家等等都进行了归类整理和系统研究，然后得出了这样一个结论：身体有一定缺陷的人，必定在另一方面优于常人。只要他们能够得到很好的培养和教育，这些特殊的天赋就会被释放出来，并会在某一方面取得突出的成就。

说实在的，这样的结论正确与否并不那么重要。我认为更重要的是，这些负责"缺陷儿童教育"的教师通过研究，他们在内心深处建立了一种坚定的信念，那就是他们坚信这些身体有缺陷的孩子都能得到不同程度的发展，说不定科学家、著名作家、发明家及其他有成就的人就在他们中间。通过研究建立的这种信念，使他们像在挖宝藏一样勤奋地工作着。针对这些孩子的兴趣、爱好和特长，他们设计和开发了个别化的特色课程，并十分耐心地教育着每一个孩子。而每当这些孩子出现一点点进步时，教师们就像哥伦布发现了新大陆、爱迪生创造了一项新发明那样地兴奋。兴奋的同时，教师们也在收获这些孩子进步所带给他们的幸福。不仅如此，教师们还对取得进步孩子的情况进行着跟踪研究，以便为下一步的教育制定更加科学有效的实施方案。他们进行的这种研究也就是我们常说的行动研究。当凯瑟琳·菲舍老师(Katherine Fisher) 给我们拿出一大堆他们的研究资料时，尽管她的介绍我不能全部听懂，但面对教师们所做的大量研究工作，面对他们不知疲倦和兴奋的工作状态，面对他们脸上露出的幸福笑容，面对他们向我们展现研究成果和获得的最高教育奖殊荣时的那种自豪感和喜悦心情，我已无法用语言来表达对他们的敬佩之情。所有这一切使我真正看到了"研究是教师工作的幸福之源"的真实场景，也再一次地深切感受到教育研究带给教师们的无穷魅力。

"尊重与关爱"成为澳大利亚学校师生的情感连结，"认真与负责"已成为教师工作的基本规范和自律行动，"教育研究"已成为他们的自觉行动和本职工作。工作着并享受着，是对他们教育生活的真实写照。

三、智慧让教育有品位

“教育的目标是培养有智慧的人，为此，也需要有智慧的教育。”张广利的这种认识，不只是源于自己的实践，更源于自己的思考，源于名家的有关论说。张广利有时候把这些名家的论述摘抄下来，放在博客群里，与同仁们共享：

克里希那穆提指出：“知识无法与智慧相比，知识不等于智慧。”智慧高的人，知识越多越好，因为他善用知识；智慧低的人，知识越多反而越有可能成为书呆子，那些知识非但无助于智慧的增长，反而会阻滞生命的灵性、善意和智慧的闪现。

爱因斯坦说：“知识是死的，而学校却是在为活人服务……学校要求教师在他的工作范围内是一位艺术家。”如果教师仅仅满足于让学生把所教的知识背过记住，那就等于把学生当作了一种死的容器，知识的积累越多，学生的负担就越重。

教育家杜威指出：“教育要区分两种人：一种是拥有许多知识的人，另一种是睿智的人……教育活动的目的应该是培养睿智的人。”知识是有限的，智慧是无限的，培养学生的智慧，等于为学生锻造了一把打开无限知识宝库的万能钥匙。

叶澜教授认为，智慧不是简单的、一般的逻辑思维能力。在实践中的智慧是透视实践、改造经验、提升自我的能力，它往往表现为怎样处理鲜活的、具体复杂情境和过程中的各种情况，在这个过程中不断形成新的理解、新的思想。具有了这种创造智慧，才能达到一种通达洒脱的境界。要达到这样的教育境界，需要教师有很高的综合素质，需要教师在教育、教学实践中培育自己的创造精神。

张广利的理解是，具有教育智慧，是教师专业素养达到成熟水平的标志。它是教师长期全身心地投入教育实践，不断反思、探索、创造所付出的心血之结晶。具有教育智慧的教师，举重若轻，游刃有余，感受敏锐，机智灵活，能够迅速感知学生心理变化，及时把握教育时机，准确作出行为决策，让自身的工作进入到科学和艺术相结合的境界。

“智慧是一种难以言传的内心体悟。仅仅通过概念和定义，人们是很难真正理解什么是教育智慧的，教育智慧更多地体现在生动的教育实践中。”张广利如是说。

张广利曾经和教师们分享以下几个故事，共同参悟什么是教育智慧。

故事一：送一轮明月给你

一个山中修行的老僧，月夜散步归来，碰上一个小偷。他知道小偷在茅屋里找不到任何值钱的东西，便脱下身上的大衣，披在惊魂未定的小偷身上，说：“你走这么远的山路来探望我，总不能让你空手回去啊！”小偷愕然。望着消失在夜色中的小偷，老和尚高兴地说：“可怜的人呀，但愿我能送一轮明月给你！”第二天早上，老和尚一醒来便看见自己的那件大衣叠得整整齐齐地放在门口。老和尚感慨：“我终于送了他一轮明月！”

老僧在唤醒小偷良知的过程中，没有长篇大论的教训说理，只是抱着一颗慈悲救人之心，用一个感人肺腑的举动，让小偷归去后幡然悔悟，看到了“心灵的明月”。

故事二：心灵答卷

有位班主任，为了培养学生的自觉性，在自修课上组织了一次无人监考的英语测验。

测验结束后班长向他汇报，说测验情况一切正常。但是，班主任感到这个班学生行为规范的水平还不能达到在无人监考下一切正常的程度。后来经了解，这次测验作弊的人不少，连班干部也作弊了。

第二天，这位班主任在黑板上写了汤姆斯·麦考莱的一句名言：“在真相肯定是永远无人知道的情况下，一个人的所作所为，能显示他的品格。”他要求学生把这句名言背下来，同时讲了一个在学生时代作弊过的人三十年后悔恨心情的故事，要求每个学生都写一篇体会，题目是《心灵答卷》。

在答卷中，有的学生写道：“作弊发生后，老师没有批评我们，但在背名言时，我的心比挨了打还难受。我将永远记住这次错误，永远记住这句名言的教导。”有的写道：“教师在与不在一个样，说说容易，做到却不简单。测验时我有一道得10分的题目做不出，分数的诱惑使我一念之差，犯了终身懊悔的错误——偷看了书本。我的英语考卷虽然得了高分，但我在道德答卷中得了零分。”还有学生写道：“本来我不打算看书的，但是看到有的同学看书时，我也跟着看书了，我感到内心有愧。”全班共有22个学生在答卷中承认了测验时翻书作弊的错误。

班主任又把这些答卷制成了录音带，取名《心声》，让学生在听录音时再一次接受教育。

对于学生的作弊行为，有的教师可能会火冒三丈，严加训斥，教育方式简单粗暴。但这位教师却不温不火，因势利导，让学生在自我反思中认识到自己的错误。

故事三：一场别开生面的生物课

《鸟类》是七年级生物学中的一节课，主要学习鸟类与飞翔生活相适应的形态结构和生理特点。一位教师精心准备了惟妙惟肖的飞鸟模具，打算让学生通过观察思考和合作交流而完成学习任务。

但走进教室后，教师发现学生们吵吵嚷嚷，兴奋异常，有些学生还在乱扔纸叠飞机。原来上节课是体育课，学生们还沉浸在室外活动的兴奋之中呢。看来，飞鸟模具的吸引力也大打折扣了。这时，一架冲向她的纸飞机让她的灵光一闪，何不借用一下呢？

于是，一上课她便让学生们比赛扔纸飞机，看谁的飞机飞得又快又稳又远。学生们兴高采烈地玩过后，她不失时机地抛出了一个问题：请同学们静下来想一想，什么样的飞机才能飞得又快又稳又远呢？教室逐渐安静下来，学生们陷入了思考。几分钟过后，一片森林般的小手举起来，学生们各抒己见，从飞机的形状、结构、大小、对称、材料、重量等各方面提出了自己的观点。“那么，同学们再想一想，鸟儿要飞得稳、快、远，又要具备什么样的生理特征呢?”顺乎自然地，她引导学生由飞机迁移到了鸟类。这时，飞鸟模具的魅力重新焕发了。学生们仔细地观察、讨论、交流，轻松愉快地掌握了鸟类的结构和特征。

临近下课，这位教师望着一张张笑脸，深情地说：“同学们，我祝愿你们永远像健康的小鸟一样，长着结实、美丽的翅膀，飞得更稳，飞得更快，飞得更远!”教室里响起了一片热烈的掌声。

课堂、讲堂本质上是学堂，没有学生的积极参与，课堂、讲堂将是沉闷的。只有让学生积极地参与课堂生成，课堂才会成为一场随时可能发现意外通道和美丽图景的旅行，释放出生命的温度和活力。

作为一名老教育工作者，张广利对教育智慧有着深刻的理解。他认为，教育的智慧往往体现在应学生而动，应情境而变，而非完全按照某个固定标准或根据预定的计划安排而行动。

张广利发现，孔子在教育学生时，就充满了教育智慧，学生问同一个问题，孔子的回答却不一样。子路问孔子：“听到一个道理就马上去实行吗?”孔子说：“有父兄在，怎么能够听到了就去实行呢?”冉求问同一问题，孔子却说：“对，马上去实行。”孔子解释说：“冉求一向行动迟缓，所以我鼓励他大胆干；子路一向胆大好胜，所以我要他请示父兄。”同样问孝，孔子的回答也不尽相同。孟懿问孔子：“怎么才算孝?”孔子答：“无违。”意思是，无论在父母生前死后，都要依照周礼的规定行事，这才算是孝。孟武伯问怎么才算孝。孔子答：“父母唯其疾之忧。”意思是说，要关心父母的健康情况，这是针对这位阔少爷不关心父母的冷暖疾病而说的。子游问孝，孔子认为子游对父母的生活还注意照顾，于是进一步提出要加强对父母的恭敬，说：“今之孝者是谓能养。至于犬马，皆能有养；不敬，何以别乎?”子夏问孝，孔子回答曰：“色难。”意思是，仅仅帮助父母做事，供父母吃住，还不算完全尽孝，重要的是对父母的态度要和颜悦色。

张广利在胜利四中担任校长时，带领全校教师构建了“自主课堂”教学模式。这种课堂与传统教师讲、学生听的课堂不同，倡导的学习方式是自主的、合作的、探究的。他认为，这种课堂由于有了学生的积极参与，充满了更多的不确定性，更需要教师发挥智慧，正确把握预设与生成的关系。这样的课堂不再是简单地执行教案，而是经常“节外生枝”，课堂呈现出丰富性、多变性和生成性，经常是曲径通幽，柳暗花明，充满了意想不到的惊喜和精彩。

下面，让我们一起分享一个十分精彩的教学案例：

在学习了测量知识以后，一位教师布置学生回家测量自己的腰围。第二天汇报时，有个学生突然发问：“老师，您的腰围是多少?”学生们顿时一阵哄笑，他们笑得那么开心是因为这位教师比较胖。但是这位教师很坦然，虽然不是她事先设想的教学内容，但她还是笑着说：“你们先估计一下!”

这时一个学生提问了：“老师，您先说您有没有怀孕。假如人怀孕，腰围就会比平常人多出几十厘米。”

教师笑着摇摇头：“没有。不过说明你平时挺爱观察，喜欢想问题。”

学生们估了一阵子，教师又说：“估得准不准还得动手量一量才知道。但今天只有直尺，没有卷尺，怎么办?”

没有解决不了的问题，学生们又开动了脑筋。

生$_1$跑上讲台，拿着米尺，小心谨慎地围着这位教师的腰绕了一圈，一看，83厘米。

生$_2$的办法是：“我想用一根长长的纸条，对着米尺，把刻度画下来，就可以当卷尺用了。”

自己制作一根软尺，想得真绝。

生$_3$：我可以拿一根绳子，围着你的腰绕一圈，再量一量这根绳子就可以了。

这已经是这位教师心目中理想的答案了。正准备结束这个插曲时，这位教师发现一个学生还在一个劲地举手示意，于是教师决定给他一次发言的机会。

生$_4$：我只要把老师的皮带取下来量一量就知道了，这办法挺简单的。

生$_5$接着说：我一拃有10厘米长，看看你腰围有几拃就可以了。

真是活学活用。

这些都是这位教师没有想到的答案。

就这样，学生们用他们想出来的各种办法，在这位教师的腰上折腾了好一阵子，最后得出一个结论："老师，你该减肥了。"

张广利认为，这堂与原计划完全不同的课，因为最大限度地满足了学生的需要，学生学得特别主动，智慧也得到了充分的展示。同时，也使教师再一次感受到学生身上不可估量的巨大创造力。

一个教师如何才能做到有智慧地驾驭教育教学工作呢？张广利曾经在《"智如泉涌"方为师》一文中这样写道：

教师要想驾驭好自己的课堂教学，做一名学生尊重的优秀教师，就必须具有像泉水一样涌流的教育教学智慧。教师的这种"智如泉涌"必须有源头活水，其源头活水就是不断地研究和学习。于漪在上海杨浦高级中学担任校长时，她结合自己成长的经历反复告诫大家："教师的学习，教师的智力生活一刻也不能停止。一个学识干瘪、枯竭的教师不可能带领学生在知识的海洋里扬帆远航。"

目前，我国社会正处在转型期，在思想多元、文化多元的今天，教师职业生活也像其他人的职业生活一样充满了太多的"喧哗与骚动"，许多教师的思想和行为也慢慢地变浮躁起来，正在心安理得地降低着作为一名人类灵魂工程师的精神尺度，逐渐远离本应属于教师职业的"寂寞"。在新课改日益推进的今天，每一名教师又面临着一次挑战，这一挑战来自教育改革对教师素质的更高要求，来自课程体系的深刻变革，来自教育对象的时代变化，来自社会发展和教育改革对教师自身专业化发展的客观推动。在这种形势下，要真正履行好我们教师的职责，完成历史赋予教师的神圣使命，“智如泉涌”的专业水平对每一名教师来说，就显得尤为重要。因此，在课改的道路上，我们能否坚持严谨的治学精神，全身心地投入其中，不断地进行自修和研究，发挥自己的潜能，使自己的课堂更加生动、更富激情、更具智慧魅力，让自己在课堂上自由地施展，这是对我们教师的一个考验。

教师要想达到“智如泉涌”的专业程度，首先，要转变自己的工作观念。只有抱着“为自己工作”的心态，从自己的内心深处真正承认并接受“在为他人工作的同时，也在为自己工作”这样一个朴素的理念，责任、忠诚、敬业、进取才不再是一句空话；解除困惑、调整心态、重燃教书育人的激情，使人生从平庸走向杰出才会成为我们的自觉行动。因此，每一位教师的工作观念和心态是干好本职工作的前提，没有了这个前提，一切都无从谈起。

其次，要有足够的勇气。因为一个人最难以改变的是自己，一方面教师不是生活在真空之中，社会上的各种思想、文化和世俗的环境会时常干扰教师本应平静的职业生活，生活其中，又尽量避免干扰，就需要耐得住“寂寞”，守得住“清贫”，这对每一位教师来说都是一种挑战。另一方面，我们已经习惯了沿用多年的传统教学方式和教学模式，要推陈出新，实现自我的重新塑造谈何容易？这就需要自己有相当大的勇气。

第三，要有坚强的毅力。学习也好，改革也好，干任何事情都不会一帆风顺，在前进的道路上，很可能会遇上这样那样的困难和挫折，这时，就需要我们勇敢地去面对困难，不言退缩，敢于迎接各种挑战。退一步讲，即使未遇上多大的困难，能否坚持到底也是对教师的一种考验。学一点知识并不难，难的是天天学、永不停止地学。

第四，要有强烈的反思意识和反思行为。一位教师如果在平时工作中不注意总结、反思，他就看不到自己工作中存在的不足，更谈不上修正和改进。没有反思就没有积累，没有积累就没有提高，没有提高哪儿来的教育智慧？奥利弗·克伦威尔于17世纪初期曾经说过：“不求自我提醒的人，到最后只会落得退化的命运。”

第五，要有经久不衰的学习内驱力。教师经久不衰的学习内驱力来源于对事业的热爱，来源于对工作的高度负责，来源于自己对课堂永不停滞的生命体验，来源于对教师职业幸福感的体味，来源于师生互动、教学相长的情感依恋，来源于对自己学习和工作的永不满足和对“自我实现”的不懈追求。因此，教师学习的动力得靠自己点燃内心深处的火苗，如果要靠别人为你煽风点火，这把火恐怕没多久就会熄灭。

作为一名教师，要善于将工作的压力、追求、体验和责任等转化为自己专业成长的推动力，将自己的工作过程转变为学习、研究、成长的过程。只有这样，教师的专业学习才能充满自我向上的不竭动力，才能以此更好地支撑自己的专业成长与发展。

我国著名教育家陶行知在《答山西铭贤学校徐正之先生书》中写道：“要想学生好学，必须先生好学。唯有学而不厌的先生才能教出学而不厌的学生。”作为一名教师，要想教出好的学生，就必须培养学生的好学精神；要培养学生的好学精神，教师首先要好学和博学。教师只有好学和博学，才能真正使自己拥有“智如泉涌”的教育智慧，才能更好地胜任教师的职责。“智如泉涌”应成为每一名教师永远追求的专业境界。

张广利校长询问学生选修轮滑课程学习的情况。

第四章 课程观

——让教育与学生的生命同行

张广利的课程观：

让教育与学生的生命同行

课程应从人的整体发展出发，综合考虑学生多方面发展的需要；要把学生看作是一个完整意义上的生命，不应看作是知识的附庸。

课程对于学生来说，是需要调动自身的生活体验全身心地参与和创造的过程。学生通过这一参与和创造课程的过程，不断增加自己的生活经验，获得丰富的成功体验，并使之成为自己生命结构中的有机组成部分。

课程要以丰富和发展学生的生命为起点，努力增强学习过程的生命内涵。要突出课程的整体性和过程性，强调对教育中个体生命的关注和生命增值，促进学生生命自由、完善地发展，促进教师职业和个体生命的充实和升华。

张广利一直认为，有什么样的课程，就有什么样的教育。所以，作为校长的他，一直在思考“今天的国家需要什么样的课程”、“今天的教育需要什么样的课程”、“今天的孩子需要什么样的课程”。从自身的角色来说，他更深知，校长有什么样的课程观，就决定了学校有怎样的课程。

因为，对于教育人来说，课程的概念如何强调都不为过。事实是，世界上各个国家和地区，都把课程作为提高人才培养质量的关键，都把课程改革放在基础教育改革的突出位置上。所以，课程是国家意志的体现、教育工作的核心、学校教育教学活动的依据、学生成长成才的保障。

但长久以来，我们的课程观出现很大问题，过度强调知识和记忆，过于强调学科本位，过分强调接受学习、死记硬背、机械训练，结果导致在“难”、“繁”、“偏”、“旧”的内容之下，学生失去了求知兴趣，失去了习得活力，窒息了创新思维，沦为学习的机器和工具。或许正是基于这样的一种现状，国家启动了新一轮的基础教育课程改革。

张广利一直记得这场改革的核心目标：从单纯注重传授知识转变为引导学生学会学习，学会合作，学会生存，学会做人，打破传统的基于升学取向的过于狭窄的课程定位，而关注学生的“全人”发展和生命成长。

而且，从东营市胜利四中（包括兼任胜利六十二中校长）到东营市育才学校，他对这种“关注”的“思”与“行”，一直没有停止，其促进学生“全人”发展和生命成长的理性实践，一直没有停歇。

第一节 课程改革的行动基点：以生为本

当中小学校长们裹挟在全国新课程改革潮流中的时候，有的校长却未必能认识到这场改革对于激荡教育创新的意义，这种身处其中而“处变不惊”的校长不在少数。有的懵懂少知，无所作为；有的认识肤浅，不能作为；有的穷于应付，不想作为。考察张广利参与课改和教改的行迹与成果可知，他不仅是这场改革的切实参与者，所在学校课改的有力领导者，而且他本人的专业成长也伴随着新课改的发展而得以大发展，成长为闻名遐迩的齐鲁名校长。

从1999年新课程改革发轫到2001年全国全面启动，学术敏感力极强的张广利，就义无反顾、专心致志地投入到了这场引领中国教育教学改革的行动中，而且一直以来成为东营市乃至全省践行新课改理念、推动新课改的积极分子。之所以能在课改行动中敢作为、会作为，并且逐渐成为一个专业实践者，创造出了属于自己的“学术品牌”，无疑源于他对课程及其改革的深刻理解和认识。

一、建构基于“全人教育”和“生命教育”的课程观

张广利是一个勤于思考、善于思考的人。他的思考首先附丽于读书。据他说，无论工作多忙多累，一天不读书，一天不写作，就感觉这一天过得空空落落，有一种时间白白流失的恐慌。读书已不仅是他的一种爱好，应该说是他的一种嗜好，一种不能更改的生活方式。也正因为此，他对课程、对课程改革有自己的认识。

譬如对“课程”的理解。他认为，如果仅仅把“课程”理解为“教学内容和进程的总和”，是极其简单甚或肤浅的。他也不赞同将课程等同于课堂教学的全部信息，或学生在学校学到的全部知识，即学科内容和教学题材。在他看来，这种课程概念更是对新课程改革的革命性质缺乏应有的判断。

作为东营市“张广利名校长工作室”主持人和山东省中小学校长培训基地校长影子培训的导师，在一次课程与教学改革研讨会上，侃侃而谈的张广利，向他带的徒弟介绍了“全人教育”对课程的定义。他说，在“全人教育”的思想资源里，对课程乃至教育的理解已经溢出了课堂甚至学校的边界。于是，他娓娓道来：

怀特海认为，“教育的题材只有一个，那就是生活的所有表现形式”。

人类学家巴特森则认为，在西方现代工业文明之下建立的教育系统往往

以一种十分狭隘的方式定义课程，“而在其他文明或时代中，大部分教育活动往往发生在贴上教育标签的其他情境之中，生活和学习无处不在，无时不有”。

博耶和勒温则提出，“课程应关注人类所共享的基本关系、共同经历和共同关怀。我们可以试着下这样一个定义：课程就是每一个学生通过感受、观察、思考和参与所体验到的学习生活的总和”。

在克拉克看来，“全人教育”的“课程”概念应该像博耶和勒温所定义的那样，但是他又认为，这个定义仍然无法完全反映“课程应关注人类所共享的基本关系、共同经历和共同关怀”的思想，因此最好把课程定义为“生活的所有表现形式”，而传统上对教室的定义也要随之发生改变。

“关系”、“联系”是“全人教育”理论与“全人教育”课程的基础。按照“全人教育”的课程观，教室应包括家庭、社区和世界，在这样的大教室里，每个人都既是教育者又是学习者，而传统教育中占主导地位的学科内容在这里却变得无足轻重了。

在学习和领悟以上观点的基础上，张广利谈了自己对“全人教育”课程观的理解：

第一，为了反映生活，课程应在界限分明的各学科之间建立起广泛的联系。虽然科学、历史、数学和艺术等学科看待生活的视角截然不同，但它们关注的对象都是生活，因此必然存在着相同点和关联性，而不同学科的不同视角还可以互相补充、互相融合。

第二，课程还必须在课堂与外部世界间建立联系。外部世界变化万千，以学生的兴趣和关注点为中心的课程都应该基于具体情境，脱离了具体情境，课程就没有任何意义。因此，教师必须根据当时当地的具体情况，自己动手设计课程。

第三，“全人教育”课程的实施对象是生活在信息全球化社会中的学生，因此学生本人应该尽可能地参与课程的设计，并根据他们的学习需求对课程设计提出自己的意见和建议。

第四，“全人教育”课程的内容是丰富多彩的生活，生活又处在千变万化之中，因此在设计关于生活的课程时，教师不应拘泥于固定的规则和确定的内容，而应提供在任何时候都可通用的模型和策略。

基于以上理解，结合素质教育精神和课程改革理念，张广利对作为一种教育理论的“全人教育”的特征把握就更深入、更到位了：

一是“全人教育”强调教育的目的是促进人的整体发展，包括人的智力、情感、社交能力、身体、创造力、直觉、审美和精神潜能的发展。

二是“全人教育”强调联系、关系的概念，这其中包括学习者之间、年轻人与成人之间的关系。全人教育主张，师生关系应是平等、开放、有活力的，强调建立一种开放而平等的学习群落。

三是“全人教育”关注人生经验，而不是狭窄的“基本技能”，它强调教育是成长，是发现，是视野的开阔，是参与世界，探寻理解和意义。这种对理解和意义的探寻远远超出了传统的课程、课本和标准考试的有限视野。

四是“全人教育”使学习者对它们身处其间的文化、道德、政治环境进行批判性思考，使他们致力于创造和改造人类文化，而不仅仅是复制现有文化。

所有这些，为张广利建构自己的课程观做了理论上的准备和行动上的支持。

张广利不仅注重学习借鉴国外学者关于“课程”的解释，从中汲取养料，更关注国内学者对“课程”的研究与解读。借助与专家的“对话”，成为他融会百家、扬长避短、自成一家的重要表征；这种通过“读书→思考→实践∽实践→思考→读书”的求知方式，已经成为张广利式的追求专业发展的标志性模式。

如，他一直关注国内冯建军、张文质等专家对“生命教育”的研究。基于“生命教育”研究与实践，让他建立了“让教育与学生的生命同行”的课程观。

张广利十分赞同梁漱溟先生的话：“生命与生活，实际上是纯然一回事；一为表体，一为表用而已，‘生’与‘活’二字，意义相同，生即活，活亦即生。”“生命就是活的延续。”因为，生命的动态表现就是生活；生命发展的唯一方式就是生活，生活不止，生命不息。生命的教育，必须通过生活，使课程成为一种生活。

他把叶澜教授对“教育”的定义写在自己听课本的首页：“教育是直面人的生命，通过人的生命，为了人生命质量的提高而进行的社会活动。”并且随后写下了自己的感悟：生命是教育的基点，教育应在起点直面人的生命；在过程中通过人的生命，依循生命发展的规律；在结果上促进生命的发展，提高生命质量，使生命增值。

张广利也十分欣赏冯建军教授的见地：生命教育理念下的课程，以生命为原点，基于生命发展的需要，遵循生命发展的特点。生命的特性决定了生命课程必然是生活的课程、完整的课程、经验的课程、过程的课程和个性化的课程。如此多的课程定位，并非孤立，更非矛盾，它们都是基于生命的要求，是生命特性在课程中的诗意存在。我们的教育需要回归生命，我们的课程更需要以生命为核心，走向生命课程。

对此，张广利的理解是：生命在生活中，课程必须是生活课程；生命是完整的，课程必须是完整的课程；生命是自主的、活动的、涌现的，课程必须是经验的课程、过程的课程；生命是独特的，课程必须是个性化的课程。一句话，生命课程是人的课程，是活生生的课程。课程只有以生命为核心，教育只有以生命课程为载体，才能使教育真正回归生命，成为人的教育。

所以，“让教育与学生的生命同行”课程观，不仅深深植根于张广利的教育思想中，而且成为他践行课程改革的行动纲领。

无论是“全人教育”，还是“生命教育”，其丰富的思想内涵和实践要义，不仅成为张广利自我建构课程观的理论基点，更成为他检视“人本教育”课程观是否落实的实践标尺。

【亲历者言】

在校长张广利的指导下，作为一名普普通通的语文教师，我对课程有了更为深入的理解。原先对“课程”懵懵懂懂的模糊认识，现在逐步清晰起来，而且有了自己的见解。也正因为对“课程”有了深入理解，我们的教书育人工作更理性，更有效率，也更有境界。

课程是什么？我们认为，它首先是学生成长时空的整合。课程是为学生生命成长进行选择和确定的学习领域，及对教与学程序、进度所作的规定与安排。有专家认为它有三个不可或缺的维度：一是空间维度，即学习领域，通常称为教学内容，指为学生选择的学习内容；二是时序维度，即学习进程，指学习内容的时间安排，反映出课程本身的动态性；三是价值维度，指面对社会和个人越来越复杂的教育需求和激烈剧增的文化遗产时，课程的取舍程度。基于以上的认识，我们相信：校园中的一事一物、一景一色、一时一季，都有其深刻的课程意义。第二，课程也是学校办学理念的载体。一所优秀的学校，在课程设计中一定会考虑学校实际，满足不同学生的需求，让学生有选择的机会，让学生的积极性和创造性得到发挥，实现个性化教育的目的。因此，课程设计更多地凸显学校的办学理念。

对我们教师而言，国家课程的校本化和校本课程的开发实施，不仅仅是认识上要到位，也不仅仅是行动框架的搭建，而是实践、实践、再实践。所以，我们始终围绕课程谈语文教学改革，围绕课程谈教师发展，提高学生语文素养，课程的专业化研究让我们的语文教学不断实现新的突破。

总之，语文课程建设，是语文教学的永恒主题。如果说，课程是一条跑道，我们希望，属于孩子们的这条跑通，一路洒满阳光，让孩子们的成长始终充满幸福的味道。

（东营市胜利四中语文教师、市教学能手、现校务部主任　魏绪新）

在参与学校课程改革的实践中，我越来越意识到，一个优秀的教师必须具有课程意识。这既是优秀教师专业发展的标杆，也是教师自我完善的重要标志之一。

什么是课程意识，有专家对此有明白的解释：课程意识或称课程觉察或课程自觉，就是教师对课程的特点、意义、功能等等有一定的认知，并将这种认知，较为自觉地应用到实际教学过程中，再通过教师的总结、反思与提升，使课程意识与教学实践相结合，从而促进教师专业快速成长。

理论与实践研究证明，教学意识与课程意识是息息相关、相辅相成的，课程意识通过教学意识来实现，没有教学过程，课程意识也就得不到体现。它们既相互作用又有所区别，教学意识更多地关注教学过程中所体现的技术问题，即关注教师“教什么”的问题；而课程意识则更多的是关注教师的价值取向，即关注教师“为什么教”的问题。课程意识同时也决定着教师的教学理念、教学方式、角色定位以及教师的情感态度等内容。课程意识还涉及教师如何重新构想课程，如何使构想的课程在实践中发挥其积极作用，这些都会直接影响着教师的教学观、教学质量观以及教育评价观。

具有课程意识的教师，会将“跑道”的课程形象，转换为以知性、文化为经验的快乐之“旅途”，以教师为“向导”，使学生获得知识的共鸣。

那么如何强化教师的课程意识呢？我们认为有三条途径：

一是获得专业自主权，提升课程参与意识。一方面，学校要赋予教师相应的专业自主权，鼓励教师积极参与到课程开发和创新中去；另一方面，教师获得专业发展权后，也要履行自己的职责，本着一切为了学生发展的原则，审视课程目标的合理性和课程内容的价值，思考课程实施的方式和方法，反思课程实践中的得失。

二是转变课程观，提升课程生成意识。只有课程观念发生了合理的转变，才可能提升课程意识。教师必须抛弃各种偏执的课程观，整合生成新的课程观。新的课程观与教师的教育理念、学生的生活经验以及真实的教育情境紧密结合，这样更有利于处理好课程内容与学生经验、社会发展需要的关系，促进学生的全面发展。

三是培养反思能力，提升课程反思意识。意识的强化离不开教师教育实践中的反思意识。因此，教师应自觉培养反思能力，提升课程反思意识，成为反思型实践者。

（东营市胜利六十二中政治教师、校务部主任　张学义）

二、课程改革的根本目的是促进学生发展

“以生为本”的理念，早已被每个教育人所熟悉，这四个字甚或时时被我们挂在嘴边，然而到底什么是“以生为本”？如何“以生为本”建构课程呢？对此，张广利的理解和体悟或许比别人更真切、更深刻。

这种“真切”来自于他作为齐鲁名校长对国外先进教育的学习与吸纳。

他曾多次向“张广利名校长工作室”成员讲过这样的一个教育故事。一位中国校长到美国一所学校参观，看到楼道的墙壁上挂有一些学生照片，照片下面有一些文字，于是在交流的时候就问美国校长，是不是利用宣传栏在宣传优秀学生，以起到榜样的示范带动作用？美国校长回答说：不是宣传栏，是我们学校身体不好的几位学生的照片，下面的文字是说明他们发病时的表现以及救助方法，让所有的教师和学生都了解，以便他们出现危险时大家能及时抢救。

他也多次向本校的教师们叙说过这样的一个教学故事。一次中美课堂教学交流，彼此都把自己认为好的课通过网络发给了对方，各自看完后，进行交流。美国的课堂非常活跃，学生在课堂上可以随便乱动。我们的教师看后马上提出疑问，他们为什么可以这样上课，他们的课堂教学评价是什么？我们给美国选送的是一节六年级的数学课，内容是通分，我们40多个学生，在课堂上坐得非常端正，回答问题积极踊跃，大多数时候回答教师的问题是异口同声。一堂课下来，不但都学会了，而且课堂上学生很高兴。美国教师看完课后，非常奇怪，他们的疑问是：40个孩子，40分钟，坐在那里学这么枯燥的内容，你们是怎么让他们坐得那么好？学得那么快？而且是那么的快乐？学生有问必答，似乎是没有什么学习障碍？

张广利是在用这两个美国的教育故事启迪人们：美国教育的“以生为本”是深入骨髓的。他们的每项举措，哪怕是极细微的举措，都关注到每个孩子，何况是课程建设？可以说，美国的教育特别是课程建设不是面向“全体”，而

是面向“个体”。“少数服从多数”不属于美国教育！美国教育提倡“一个都不能少”！这就是美国教育的“以生为本”！

英国教育倡导“每个孩子都重要”，通过满足学生的不同需求，体现“以生为本”的教育理念。

张广利不只在本校的课程改革研讨会上向大家介绍英国政府发布的“每个孩子都重要”的教育政策，而且在全校家长会上多次进行介绍和说明。英国“每个孩子都重要”政策的核心内容是，提出了学校教育工作的五项预期成果，促使学生在以下的方面得到发展：安全（包括感觉安全、知道寻求帮助）、积极贡献（包括他能参与学校的生活、社区的活动、对学习质量和赋予的话语权）、收获和享受（包括尽可能达到最高标准、积极的学习体验）、健康（包括身体和心理、情感，积极的状态去发展）、改善生活（包括开启美好生活，充分发挥潜力，通过自己的努力，获得好的工作，团队合作）。这五项预期是将儿童作为一个人的全面发展去考虑的，“每个孩子都重要”实际上涵盖了学校工作的方方面面，英国教育标准局就此进行专项的督导。

而且，“每个孩子都重要”政策，还体现在英国的“全纳的教育”政策上。“全纳”是一个非常重要的教育理念，它倡导不管背景、族裔、宗教、籍贯以及能力水平，都有权利得到教育。有特殊教育需要的孩子都能得到满足，充分尊重家长的意见和期待，家长在儿童教育过程中扮演至关重要的角色。并且，督导有针对“全纳教育”的专项评估，在督导中学校将回答以下的问题：所有的孩子都得到了最大化的发展吗？如果没有，是哪些学生？学校有没有注意到这些差异？学生能否对这些差异作出解释？采取了哪些措施？有效吗？给出的答案是不是证据充足并令人信服？这些问题也是帮助校长进行反思的内容，以此来促进学校的改进和发展。

这种“深刻”，更来自于张广利对澳大利亚教育的实地考察和现场感受。

在澳期间，他们听取了南澳教育部国际培训中心提供的“关于澳大利亚教育和文化”的三个专题讲座，并实地考察了南澳的 Brighton Secondary

School（布莱特恩中学）、Aberfoyle Park High School（阿波福园园区中学）、Belair Primary School（碧莱尔小学）、Adelaide High School（阿德莱德中学）、Glenuga International High School（格勒能加国际中学）、Woodcraft Primary School（伍德库洛夫小学）、Blackwood High School（布莱克伍德中学）、Austrilian Science and Maths School（澳洲数理精英中学）、Hallett Cove High School（哈利特寇五中学）等九所中学，以及墨尔本大学、悉尼大学等高校，到阿波福园园区中学进行了为期一周的跟训。参观与考察、学习与跟训期间，他撰写了《创造适合每个孩子充分发展的教育——赴澳学习考察报告》，详细呈现了澳洲“以生为本”教育的实践情况，重点介绍了南澳教育中“以生为本”的学校建筑风格，以学生发展为本的管理，个性化的课程设计，没有后进生的评价理念，合作探究的教学方式，在学中做、做中学的生活教育，普通学校的缺陷儿童教育，人生职业教育和面向学生个性发展的高考制度等。

张广利在其《赴澳学习考察报告》第二部分“面向学生发展的个性化课程及管理”，对澳洲教育特别是课程建设如何凸显“以生为本”理念，作了真实呈现：

澳大利亚各州的基础教育体制和课程有一些差异，其学制一般为十三年。儿童五岁时入读幼儿园或预备班，之后学习12年的中小学课程。在我学习的南澳州，小学一般是一至七年级（含学前一年级），八至十二年级就相当于我国的初中和高中，义务教育是一至十年级。学生完成小学课程后就近入读中学。十年级时有一次统一的义务教育结业考试，学生均可获得由州教育部颁发的完成国家规定的十年义务教育毕业证书。有的学生可直接进入社会就业，绝大多数学生继续在校学习直到参加高考。因此，学生没有什么中考，更谈不上中考的压力了。

各学段的课程设置情况如下：小学一至四年级重点是培养学生的英语表达能力和识字的基本技能、简单的算术运算能力，对学生进行一些社会教育、健康教育，开展一些启发学生智力的活动；在五至七年级，除了进一步发展低年级所学到的技能及知识外，还学习英语、数学、社会学、健康、自然科学等课程。有的还开设了外语、乐器和宗教课程。还有很多课外兴趣小组供学生选择参与。

初中是七或八至十年级，主要开设英语、数学、科学、人类社会与环境、外语、科技和应用（含木工和铁工)、艺术及个人发展、健康教育和体育。七年级开设的全部是必修课。大多数学校从高年级开始让学生选修一些实用技术课程，也有的学校从七年级或八年级开始就开设选修课。选修课包括：外语、人文社会学、商业、艺术、音乐、家政学、经济学、手工艺、演讲、打字、计算机、速记、消费教育、地理和历史等。

高中是十一至十二年级。除了学习英语和数学以外，其余大都为选修课，如：外语（德语、意大利语、日语、法语、希腊语、中文等)、商业、法律、经济学、工程技术、电脑及电子技术等课程。学校还开设了有关就业需要的课程。同时，十一至十二年级的优秀学生也可以选修部分大学基础课程，并获得学分，进入大学后就可以减免相应的课程和学分。

在澳大利亚，为了满足学生在升学、就业和继续教育等方面的不同需要，许多州设有专门的机构负责中学课程的设置工作，中学课程一般分为两大类，一类是专门为打算毕业后升大学的学生设置的，另一类则是为打算毕业后就业的学生设置的。

基于以上现实考察，张广利总结出澳大利亚教育在彰显“以生为本”理念的前提下，课程设置有以下四个特点。

特点一：课程计划是教师教学的依据而不是教材。每学年，学校的首要任务就是开学前根据州统一制定的学科大纲制定课程计划；课程计划编印成册后印发给学生和家长，以方便学生选课。学校还配备了选课的指导教师，对学生的选课进行具体的指导。选修什么课程，学生可以与家长商议，更多的情况下是由学生说了算。平时教师就按照学校制定的课程计划进行教学，因此，多数课程没有什么教材。我在澳大利亚阿波福园园区中学跟训期间，每天深入课堂听课，但很少看到学生使用教材，看到学生上课都是他们事先在网络上搜来的有关某一问题的研究资料。

特点二：学生有更大的课程选择权。澳大利亚的中小学非常注重学生个性特长的培养，在这种理念的指导下，他们从小学起就十分注意保护学生的兴趣和爱好，在学习必要的课程外，根据学生的兴趣和爱好开展了一系列有趣的活动，并建立了许多学生兴趣小组，开展研究性学习和社团活动，让学生们广泛参与到学校的管理事务之中。到了七至十年级（初中），依据学生的爱好，学校开设了大量的选修课程，并加强了学生们的职业指导；到了十一至十二年级（高中），学生除学习英语之外，其他课程的学习都是学生选择。学生对自已上大学学习什么专业已十分明确，可以说高中学生已基本完成了专业定向任务。而到了大学，学生对自己从事的专业已开始进行深入的学习和研究。这种给学生更大课程选择权的人才培养模式，有利于释放和培养学生的创造力。

特点三：灵活和动态的课程管理。在澳大利亚，中小学每个年级、每年的课程计划并不是一成不变的，学校可以依据实际需要对课程进行必要的微调。淘汰一些不必要的选修课程或课程的某些内容，增设新的课程或课程的某些新内容，这样以保持课程与学生的实际生活和社会发展的适应性。

特点四：以学生发展为本的个性化学业评价。学生在校学习的学业成绩的管理是以学分制进行的，每个学段学生必须修满一定的学分。课程的学分管理也有很大的灵活性，尤其是在选修课程方面。在我跟训的阿波福园园区中学，全校在校生1200余名，其中有四个孩子喜欢训导盲犬，学校就为他们开设了导盲犬课程，并为这四名学生从校外聘请了导盲犬训练师。这四名学生的导盲犬训练成绩就是他们一门选修课的学分。这种以学生发展为本的个性化评价，有力地促进了学生的个性发展。

张广利的《赴澳学习考察报告》第六部分“绝不放弃每一个孩子——缺陷儿童的教育”，更是通过对澳大利亚在课程设计和选择上“以缺陷儿童为本”的教育现实，进一步凸显了“决不放弃每一个孩子”的教育理念。

在《赴澳学习考察报告》中，张广利先对他跟训学习的学校——阿波福园园区中学缺陷儿童的教育状况进行了客观记述：

所谓“缺陷儿童”，他们称之为 disability children，即没有学习能力的儿童。在我跟训学习的学校——阿波福园园区中学就负责着本辖区 70 名“缺陷儿童”的教育工作。他们中有听力不好的、有讲话口吃严重的、有视力严重不足的、有严重学习心理障碍的、有身体残疾不能正常学习的，也有由于种种原因导致学业很差的学生。这 70 名“缺陷儿童”分布在学校的各个年级，每个年级有一个班，班额大约有 8 到 14 名不等的学生。每天上学，除一小部分有缺陷的学生能够自己到校外，大多数的学生每天上午由家长将他们送到学校，下午放学再由家长将他们接回，还有少数这样的学生由学校负责派车接送。这些孩子在校一天的学习和生活就由专门的教师负责。

之后，从“课程设计和选择”等方面，张广利陈述了澳大利亚是如何“以生为本”，切实落实“绝不放弃每一个孩子”这一教育理念的。

“绝不放弃每一个孩子”理念的落实不仅体现在教育资源的配置上，更重要的是体现在面向每一个学生的课程设计和选择上，体现在教师面向每一个学生的教学上，体现在教师对每一个学生的耐心教育和辅导中。这一点在阿波福园园区中学参观考察时，我有了更加深切的感受和体验。该校教师对缺陷儿童抱有的坚定信念和实施的爱心教育行动，无不引起我心灵的震撼，并给我留下了难以忘怀的记忆。

有一个名叫斯蒂文的孩子，由于他全身肌肉萎缩，腿部和手的大部分功能已经丧失，他的脑部还安有助听的装置，每天只能坐着轮椅到学校来上课。为了方便他的大小便，在他的轮椅下边还安装有一个马桶。在校学习期间，教师不但要负责对他的教学，还要负责他的生活，尤其是这个孩子的大小便也需要教师的照顾。

据教师介绍，虽然斯蒂文身体有残疾，但他很聪明，他不能写字，但他可以说话，他的作业就由教师为他代笔。根据大夫的预测，斯蒂文可能最多活到20岁。就是这样一个孩子，教师们依然没有放弃对他的学习辅导和智力开发。

负责“缺陷儿童”教育的菲舍老师告诉我，他们的责任就是让斯蒂文每天愉快地学习与生活，让他感受到生命的意义。

还有一位名叫Joshua Allanson的男孩，他有严重的学习心理障碍，平时一进教室就情绪烦躁、头疼、脾气暴躁，并经常出现逃学现象，他在校已经不能坚持正常学习了。但这个孩子有一个爱好，就是他非常喜欢房屋设计。于是，年级部的老师就将他转到了“缺陷儿童”班学习。教师们根据Joshua Allanson的兴趣，就专门为他开设了建筑设计的课程，经过一段时间的心理疏导和学习辅导工作，他设计的作品在洲中学生创新设计比赛中获奖。

在这样一种个性化的教育中，Joshua Allanson逐渐有了自己的学习自信，原来的学习障碍也有了很大的改善，在年度学业考核中他的成绩依然不错。

不仅在对“缺陷儿童”的教育中，学校依据孩子们的兴趣、爱好和特长，设计个性化的课程，开展有针对性的教学，因势利导，扬其所长。就是在对普通学生的教育上亦是如此。学校每年都制定各年级的课程计划，课程有必修课和选修课，选修课的开设是依据各年级学生的兴趣和爱好而定的，而不是学校开什么选修课，学生就上什么选修课。这一点给我们的印象最深。

这种面向每一个学生发展的课程设计，为每一个孩子的充分发展创造了适宜的发展环境和条件。而在课程实施的过程中，教师们的创造性又得到了充分的发挥。在教师的眼里，没有什么后进学生，只有发展不同的学生，每个学生都有自己强势的一面。

于是，在“绝不放弃每一个孩子——缺陷儿童的教育”这部分的最后，张广利不仅是有感而发，而且是动情地对澳大利亚落实“决不放弃每一个孩子”的教育理念进行了高度评价。

在澳大利亚，“绝不放弃每一个孩子”不是学校教育的一句口号，而是学校教育的一种理念，更是他们实实在在的教育行动。相信每一个孩子的潜能，为“缺陷儿童”配备最好的教师，让“缺陷儿童”生活得更加自信，为他们提供个性化的课程与教学服务，这些都是他们为了每一位缺陷儿童的发展而采取的具体行动。

所以，每当我回想起阿波福园园区中学的那些教师们的动人事迹，想起他们对每一个孩子的尊重，想起他们对每一个孩子的爱护，想起他们对孩子辅导的那种耐心，想起他们乐此不疲的工作状态，想起他们对教育研究的执著追求，尤其是想起他们对那些缺陷儿童的施教场景时，我就想起了一位哲人说的话，“爱自己的孩子是人，爱别人的孩子是神”。那爱别人有缺陷的孩子的人又是什么样的人呢？在学习考察期间，我深切地感受到，他们带着爱心进行教育的每一个细节，无不闪烁着人性的伟大光辉。

是的，澳大利亚全国人口不过2300万，但是他们却教育培养出了8位诺贝尔奖获得者。就是这样，澳人也不认为他们的教育就是完美无缺陷的，所以澳大利亚的教育仍然行走在改革的道路上，继续创造适合每个孩子充分发展的教育。澳洲的教育实践给张广利留下了极其深刻的印象，也给了他很多的启示，更引发了他对我国的教育现状，对他领导的东营市育才学校的教育改革，有了更多宏观的、中观的尤其是微观的思考。所以，在《赴澳学习考察报告》最后一部分“澳大利亚的教育给我们的启示”中，张广利呈现的第一个启示可谓切中肯綮：

澳大利亚基础教育改革中这种自始至终尊重学生，尤其尊重学生依据自己的兴趣爱好做出选择的教育，有利于学生个性的发展和潜能的发挥，这实质上是一种有利于学生创新能力培养的教育模式。在这一人才培养模式中，小学生的兴趣和爱好得到了很好保护，初中学生借助课程的选择培养了自己的良好个性，高中时学生已经能确定他未来学习的基本走向，大学学生一开始就能从事研究工作。而我们尽管实施了课程改革，但由于不同地区间、城乡之间、学校之间办学条件存在的不均衡性，高考制度改革与课程改革的不协调性，课改实施层面推进的艰巨性以及发展的不平衡性等因素，致使我们的人才培养模式尚未实现根本性的转变。因此，以学生发展为本，改革我们的人才培养模式，应该是我们改革教育的头等大事。打造适合每个孩子充分发展的教育，应该成为我们实施素质教育和推进课程改革的永恒追求目标。

【亲历者言】

教师如何做到“以生为本”，让每一位学生都有充分发展的时间和空间，让学生感受到教师的关爱之情呢？这是每一个胜利四中人必须思考的问题。

最近，在张广利校长召集的教师座谈会上，通过张校长结合先进国家的实践经验，对践行“以人为本”教育理念的讲解，我对“以生为本”的“本”有了新的感悟。

感悟一：“本”在责任。苏霍姆林斯基曾经在《要相信孩子》一书中说道：“在影响学生的内心世界时，不应挫伤他们心灵中最敏感的一个角落——自尊心。”教师应以责任为基点，对学生开展教育的同时，要懂得如何尊重学生，保护学生的内在潜力，做到不放弃、不讨厌、不歧视和不排斥。

感悟二：“本”在赏识。教育需要的是赏识，学生渴望的是被赏识。作为一名教育工作者就应该懂得以博大宏阔的胸襟、海纳百川的情怀去接纳每一位学生，尤其是接纳他们的错误与缺点。在实际的学生教育与管理中，“以情动人”、“循循善诱”不可少，如果一味地凭借制度、凭严苛的压制，对学生的教育可能会适得其反。教师应该懂得倾听学生的诉说，及时发现他们细微的表现、情感的变化，才可以在思想与行为上对学生采取针对性的教育与引导。赏识，就是要多倾听、多谈心，多鼓励，多肯定，多赞许，了解学生的一切，在对学生的激励和引导中，使其逐渐步入良性健康的发展轨道。当然，赏识也不能过度，如果无论什么优点都不加思考地随意赏识，所带来的结果只会让学生信心过于膨胀，产生自负的心理，最后得不偿失。

感悟三：“本”在信任。有这样一位学生，学习成绩一般，可是在一次考试中他考得出奇的好。有学生报告我，怀疑他是抄袭的。我立刻叫他来办公室，问他这次考试是不是都是自己写的？说完我就后悔了，因为我看到了他眼中的泪水，他哭着说："我成绩是不好，但我懂得'不做假'是做人的基本的人格。"说完他头也不回地跑出了办公室。这一刻，我头脑中闪现出了两个字"信任"，没有经过调查、了解，怎么能如此轻易得出结论？之后，我主动找他谈心，了解到他最近如何补拙，付出了多少努力。我诚恳地向他道歉："你最近的努力很有收获。老师相信你会有更大的进步！"我的认可与鼓励，让他信心更足了。我们聊了很久。经过这件事，我认识到信任是一种力量，是激励学生前进的动力。

（东营市胜利四中物理教师、胜利名师、年级部主任　李丽）

三、建设学生喜欢的课程

"建设学生喜欢的课程"一直是张广利实施课程改革的梦想。为了实现这一梦想，张广利和他的团队从未停止过探索和实践。

他懂得，一粒种子的成长，不仅需要基础的土壤、空气和水，更需要特定的养分、经历与环境。一个生命的发展，不仅需要最基础的国家规定开设的必修课程，更需要有符合生命特质、激发学生个性发展的选修课程。

他深知，课程改革的最终目的，是促进每一个学生生命的自由充分发展；最终使命，是寻找适合每一个学生的教育，尽可能让每一个学生优选最佳发展道路；最高价值，是使教育对象获得自我教育、自我发展的能力。

张广利常和同事们说，"学生喜欢的课程，必须是属于学生的课程。我们开设的课程能否具有生命力，关键在于学生是否喜欢和有需求"。因此，开发学校课程之前，学校开展面向学生和家长的"东营市育才学校课程开设意向"调查。通过统计分析，了解广大学生的兴趣和家长的建议，然后再有针对性地进行开发。"只有学生喜欢并适应了，课程才能凸显其价值。"课程部主任任华中说。

怎样才能有效促进每个学生的发展呢？从课程设置的角度来看，统一要求的共性课程是非常重要的，因为这是学生终身发展的基础。但是，仅有共性课程显然不能做到因材施教、发展学生个性，因此，必须寻求构建个性化课程的途径。“建设学生喜欢的课程”，就是张广利基于落实“尊重差异、发展个性”的办学理念，实施差异教育改革，建设差异课程体系而提出的一种构想。

因为，从学生自我教育、自我发展能力的培养角度来看，一个人的发展方向、水平、能力等只有依靠本人的态度和行动。正如郭思乐教授所说的，“人的生命拓展只有人自身才能最后完成”。

只有学生本人才最清楚自己想成为什么样的人、能成为什么样的人和怎样才能成为这样的人，这是任何人不能替代也无法替代的。且任何个人都有实现他自身潜能和参与创造自己未来的权利，任何人、任何组织都不能剥夺他的这种权利。所以，“学校的课程设置应充分尊重学生的参与和选择的权利”，就成为张广利的行动准则。

他常常告诫教师，只有学生喜欢的课程，才能解除学生的过重负担和心灵枷锁，让学生心灵自由驰骋和个性充分发展，才会培养出富有活力和有创见的高素质公民。

也只有建设学生喜欢的课程，才能扩展学生自由发展的空间，培养学生自主学习、独立判断、自行选择、自主决定的态度、习惯和能力。

张广利进一步强调，我们这样做，从根本上讲，是对学生的基本人权（含学习权利）的尊重与归还；也只有这样做，才能张扬学生的个性，提升学生的自主性，才能让学生学会思考、判断、选择、决策、负责，从而培养出有个性、有创造活力而又负责任的合格公民。

那么，“什么样的课程才是学生喜欢的课程”呢？对此，在讨论的基础上，张广利和教师们认为，学生喜欢的课程必须着眼“以生为本”和“学生自主”两大要求。在实践探索的过程中，他和教师们在以下几个方面达成了共识：

首先，学生喜欢的课程必须是学生独立决策的课程。这样的课程是学生根据自己的兴趣、需要、意愿和经验，以及在此基础上形成的理想、信念、抱负、人生观、价值观等个人倾向，在全面了解和权衡自己的潜能、资质和特长等个人潜在价值的基础上，自行选择发展方向和确定学习内容的课程，也是一种完全自主的课程。尽管这种独立决策在有些阶段离不开教师和其他成人的指导与帮助，但最终是由学生自己独立做出的选择和决定。因此，相对于完全由政府部门和教育专家预先设定的、无选择的外源式必修课程而言，是一种内源式的、自我启动的自选与自修课程。

其次，学生喜欢的课程应该是以学生自我设计、自我实施为主的课程。学生喜欢的课程可以在更大程度上为其自我教育能力的形成提供一个广阔平台。从课程的设计来看，学生自行寻找和发现课程资源并对其进行选择、加工和设计，使之成为促进自我发展的课程。从课程的实施来看，学生完全根据自己的意愿，决定学习的时间、场所和进程、步骤等，自主决定学习方式，即自行探究还是约请教师或相关人员指导。因此可以说，学生喜欢的课程是一种“因材自教”的课程。

第三，学生喜欢的课程是以学生自我评价、自我管理为主的课程。学习由自己决策和设计的课程，学习过程中的收获、体验如何，最终获得了何种程度的发展，学生本人最清楚。因此，学生喜欢的课程虽然需要来自教师、同学、家长和社会各界的评价，但最有发言权和评价权的还是学生本人，所以，其评价应以学生本人为主，辅以他人的评价。从课程决策、目标确定、内容设计、实施路径与措施到评价方式，都是学生独立运作和自主进行的，充分体现了管理的自主性。

“如何建立学生喜欢的课程呢?”“张广利之问”进一步引爆了学校全体教师的思考与讨论。

东营市育才学校的教师们通过讨论，认为：建立学生喜欢的课程虽然强调“学生自主”，但不能忽视教师的主导作用。学校是课程建设的规划者，教师是课程的建设者和实施者，学校课程的建设必须充分考虑到教师的智力优势和内在的积极性。教师自身潜能在传统的教学中并未完全释放，一旦他们认可学校课程并介入课程开发，教师会面临新的教学观念、材料和策略的挑战，并发挥更大的价值。

如，学校里有的教师有爱好围棋的专长，有的教师有剪纸的专长，有的教师擅长朗诵，有的教师擅长绘画等等，学校可充分利用和发挥教师的专长和潜能，让教师参与课程开发。因此，教师参与课程开发能增进教师对学校课程乃至整个学校的归属感，弭除职业倦怠，提高教师的工作满足感和责任感，提高专业能力，使教师对教学工作投入更多。

而育才学校在学生喜欢的课程开发中却出现了教师角色缺失的现象。分析造成这一现象的原因，教师们认为，教师角色的缺失表现在两方面。

一方面是学生喜欢的课程开发中存在课程重复设置现象。育才学校共开设了上百门学生喜欢的课程，这些课程虽然在名称上有些许差别，但内容上有重叠之处。原因是部分教师开发实施课程的动力不足，彼此之间合作不力。如教师甲提出要开的课，教师乙觉得自己也能上，而且相互间不愿意合作沟通。学校也没有进行必要的协调，没有对课程开发形成一个整体的、全局的、系统的观念，致使课程开发随意性强，其科学性没有得到有效保证。

另一方面，教师合作角色缺失体现在课程开发中课程整合不足上。课程开发以学校为基础，更容易体现课程设计与开发的灵活性和开拓性，体现新课程的思想和理念，但实际上课程开发中的课程整合还比较欠缺。在育才学校学生喜欢的课程开发中，只是出现了同科教师共同分担某一课程的初步合作，还未形成新课程所倡导的教师跨学科的合作。

张广利十分赞同教师们对“教师角色缺失”现象的分析，在鼓励教师同心协力、积极为“建立学生喜欢的课程”作出专业贡献的同时，代表学校向教师们承诺：一是为教师进行课程开发提供多方面支持，二是建立形成良好的管理机制，为课程开发提供制度保障。

他说，课程开发过程是一种持续进行、耗费时间且以课堂教学时间为基础的活动，因此在时间、经费、资源、教师考核与评价等方面，学校将给予充分支持，增强教师的信心。

针对第二个承诺，他说，课程的开发是基于学校而进行的，学校要确保教师的课程开发主体地位，以及促进教师承担起课程开发中的研究者、合作者及评价者等多种角色。这一切在很大程度上要靠学校的管理机制作后盾，所以，学校在学习借鉴先进经验的基础上，建立良好的课程开发实施的管理机制，从运行制度上保障课程开发实施的有机、有序和有效。

针对“张广利之问”，对“如何建立学生喜欢的课程”，育才学校开启了自己的实践探索。如，有的教师通过开发实施“兴趣课程”来落实学生“喜欢”的目标指向。

而教师们对“兴趣课程”的探索开发，又触动了张广利那根极其敏感的“课程”神经，引发了他对这一做法的“如何做得更有高度？怎样做才能更有深度”的思考。可以说，这种教师“实践”与张广利“思考”发生的碰撞和互动，对东营市育才学校“建立学生喜欢的课程”有了更进一步的促进。

于是，他和教师们开始寻找理论与实践的依据。斯宾塞和杜威的有关论述就成为他们开发实施“兴趣课程”的理论支撑。斯宾塞在《斯宾塞快乐教育书》中有言：“‘兴趣是求知和学习的最大动力’这不单单是一种方法，而且包含人类获取知识的一个充满智慧而古老的法则”。由此便“以是否能引起内心愉悦作为衡量教育内容和方法的标准”，主张“选择内容除了出于兴趣，还要考虑到为实现人生幸福的目的”。

杜威在《我的教育信条》中表示，兴趣显示着最初出现的能力，经常而细致观察儿童的兴趣，对教育者最重要，“因此，教育必须从探索儿童的能量、兴趣和习惯开始，它的每个方面都必须参照这些考虑加以掌握”。

反观十多年来我国中小学关于兴趣课程教学改革实验，如兴趣教育、愉快教育、综合实践活动课程、校本课程等，加之各地一直热热闹闹的“兴趣课”、“兴趣小组”或“兴趣班”，只能说是学科课程教学的点缀和陪衬，还没有真正规范的兴趣课程。

由此，张广利和他的教师们对教育专家张楚廷的呼吁更加认同：“兴趣课程不应当只看作是课程开发中的一个辅助物，它应当是课程的组成部分”；“兴趣是应当从课程的编制到课程的实施中均予以实实在在考虑的”。

从此，开发实施“兴趣课程”就成为育才学校“建立学生喜欢的课程”的重要行动之一。教师们主动走出教材，整合国家和地方课程；根据学生学习需要增设选修课程；组织社团，开发兴趣课程。这种以国家和地方课程校本化为基础，以学生兴趣为导向的选修课程为补充的课程体系开发与建设，使得东营市育才学校的学生生命得以全面、个性地和谐发展，从而真正实现了课程为生命增值的目的。

【亲历者言】

学校教育面对的是一个个独特的生命，承认和尊重生命的独特性，促进其成长、发展，是教育对待生命最基本的态度。我校提出了“尊重差异，发展个性”的育人理念，使做人、学习、生命三位一体，相得益彰。基于此，我们以校为本、以生为本，开发实施了一百多门学生喜欢的课程。下面以艺术课程发展研究中心指导的“绘画兴趣课程”开发实施为例。

首先，组织绘画社团。学期初，在学校社团纳新大会上，开展绘画艺术宣传，之后组织绘画社团。

其次，开展社团活动。起草绘画社章程，并确定每周二、四下午课外活动时间为社团活动日。

第三，确定社团活动内容。(1) 观看画展。观看东营市美术家协会举办的画展。(2) 观看绘画视频。(3) 读名家的画谱。(4) 观看高年级同学现场绘画。(5) 在教师指导下临摹、写生。

第四，举办学生绘画展，参加绘画比赛等。通过绘画展览和参加比赛，增强学生的自信心和成就感。

第五，反思总结，形成课程。每一次参加画展或比赛后，我们都要求学生就自己的经历写出反思总结，这些反思总结汇集起来，就成了绘画兴趣社团最大的课程资源。

第六，教师在学生课程资源的基础上，结合自己的指导与学生的实践，形成绘画兴趣社团的课程体系。

绘画兴趣课程的开发使我认识到，兴趣课程应定位在关注学生的个性特长，为学生的终身发展增值这一目标上。绘画兴趣课程主要通过组织学生社团，开展社团指导来实施。绘画兴趣课程的建构则以“感受观察＋教师指导＋实际练习＋反思总结＋形成课程”的方式进行。绘画兴趣课程的形成，可以说是教师心得和学生体会的集结。

由是，只有教师重视学生自身的资源开发，才能建立起属于学生自己的兴趣课程。

（东营市育才学校美术教师、学校艺术课程发展研究中心主任　张红）

四、学校课程：形成办学特色的重要支撑

张广利常说，“办学特色是提升学校办学内涵的支撑点，是拓宽学校办学境界的立足点，也是确保学校持续发展、和谐发展的生长点；而学校课程建设是树立特色学校品牌的重要保证”。

考察过多所国内外名校的张广利深知，一所名校一定有其独特的地方，或者说，名校都有其自身独有的特色。大量特色学校成功创建的经验证明，特色学校课程的构建是实现学校办学特色的重要载体，它能使学校的特色更具活力和竞争力。

他经常向学校领导班子成员传输这样一个观点：一所学校的特色是否鲜明、是否有内涵，很大程度上取决于课程，而课程建设也只有与学校的办学方向互为支撑，才能健康发展而又有生命力。

他反复强调，学校在进行课程建设时，应该充分认识到自己的特色，进行整体构建，并在此基础上进行有特色的学校课程开发。

其实，早在课程改革伊始，东营市育才学校就及时提出了抢占课程改革

制高点的工作目标。但在如何“占”，也就是如何“做”的问题上，缺乏顶层设计和系统的专业策划，只是在“点”上做文章，缺少“面”上整体规划和行动。

张广利由胜利四中调任东营市育才学校后，在继承前任领导实施课程改革的基础上，开始系统思考学校素质教育和课程改革的整体推进方案。

于是，他号召并激励教师主动调查研究、认真分析反思、积极借鉴吸纳，在充分厘清办学思想和办学目标、找准管理的机制性瓶颈、摸清师资状况与生源情况等基础上，集思广益，决心抓住课程改革这个契机，在积极实施国家课程和地方课程校本化、师本化、生本化，开齐开好这些课程的前提下，积极推进课程改革，把差异课程的开发实践作为主攻方向和重要策略，并借助差异走班教学改革，为实现学生的差异发展创造条件，搭建平台。

毕竟，学校是一个复杂的组织，学校与学校之间存在着地域文化、发展环境、团队文化水准和精神面貌等客观与主观方面的明显差异，这是学校课程开发过程中环境因素起着重要作用的原因。因此，环境分析是非常必要的，它决定了学校课程开发与实施的有效性和适用性。

正如斯基尔贝克所说的，“尽管选择目标的过程中涉及科目、学习理论以及对儿童的理解，但是课程目标不能仅仅从科目中推论出来，从学习理论中推理出来，或者从对儿童的理解中感受出来。相反，课程开发应该从考察学校层次的环境着手，因为每一所学校都是不同的，从一所学校获得的环境分析结果不能照搬到另一所学校。只有了解了本校的环境，才能开发出适合本校环境的课程”。

当把“课程改革”特别是“学校课程研发”这一主攻方向确定后，张广利就指导着学校课改的核心团队，通过文献分析和调查实践，对学校的外部环境和内部环境进行了认真梳理和科学分析：

东营市育才学校地处黄河三角洲，武圣孙子故里，所处地域人杰地灵，文化底蕴丰厚；既是河（黄河）海（渤海）交汇处，又是石油城、化工生产基地；独有的地理风貌和人文环境，使学校教育拥有独特的丰富资源。学校建有六泳道25米的游泳馆，教体结合有了一定的基础；教师教育教学能力较强，具备开发特色课程的基础条件；先后有四名教师援教美国、法国和英国，两名教师具有俄语、日语专业学历，使学校具有开发小语种特色课程的优势。这些条件性资源和优势，为学校特色课程的构建及办学特色的有效培育，提供了重要的活动载体。

在课程开发实践与探索的过程中，学校形成的“尊重差异，发展个性”这一办学理念愈发的清晰和明朗，“教什么”和“怎么教”的课程与教学问题也愈发明确。于是，课程目标（以促进学生发展为本）、课程内容（知识、技能、情感及应用四个层面的基本目标）及实施的方法和途径（重体验、重情感、重实践、重应用）等等，都开始落地并生根。

尤其在确定“差异教育”为特色办学目标后，东营市育才学校就把开设以“个性培养”为目标、以学生生活经验和兴趣特长培养为主要内容、以拓展和发展型选修课为主要形式的差异课程作为改革的突破口，从而使课程建设与实施成为彰显学校特色、落实学校特色建设目标的支撑体系之一。实践证明，只有开设的学校课程价值取向与学校特色目标一致，两者才能相得益彰。

对基于差异教育的差异课程开发，张广利要求体现以下几个原则：

一是，特色课程进课堂。作为学校特色的重要体现，开发与实施差异课程时，往往以一两项特色项目为主导，逐步拓展、不断深化。第一，学校在实施差异课程时一般每周都安排专门时间学习课程；第二，根据不同年级安排不同程度的课程内容及教学方式，课程实施注意层次性、连续性和完整性；第三，开发特色差异课程资源。

二是，显性课程与隐性课程并重。课程存在于学校的每一个角落。在开发差异课程中，不仅要注重显性课程，更要重视通过隐性课程的实施，改造及创新学校文化，塑造学校形象。第一，创设丰富的隐性学习环境，促进学校差异课程的实施；第二，通过各种活动及表演，尤其是每年一度的读书节、艺术节、体育节、科技节和英语节等展示活动，为学校课程实施直接提供体验学习的机会及个性展示的舞台；第三，注意与其他课程的整合和教学渗透，提高课程实施的实效性，以发挥课程教学的整体育人功能。

三是，在课程实施中评估。第一，评估方式多元化。在实施差异课程的评价时，关注学生在课程学习和活动中所表现出来的兴趣、态度和综合素质，注意结果评价与过程评价的结合，改变过去单一评价的弊端；第二，在学习情境中评估。学生是在一定情境中展开学习。既然学习是在一定情境中进行的，那么评估也应该在类似的情境中进行才有意义；第三，推行学分制度。让学生在课程学习和活动中，通过自我评价找到一条自主发展特长及个性的途径。

在张广利的课程领导下，东营市育才学校形成了以建构特色差异课程带动特色学校创建的四大策略。

策略一：基于学校，联系家长，联系社区。课程是体现学校办学特色的一项重要内容，通过学校课程开发、实施的全环节，可以实现学校全体成员的思想沟通，在相互交流中集思广益，总结学校课程建设的经验教训，厘清学校课程发展的走向，借助学校课程的合理定位及其功能的正常发挥，来实现学校的办学愿景、体现学校的办学特色。

张广利说，“学校课程是学校自己开发的课程，它植根于现实的教育情境，与学生、教师、学校、家长以及所在社区的实际有着千丝万缕的联系，这既是这些课程存在的理由，也是这些课程成立的条件”。因此，学校从实际出发，在课程开发中做到既能扬长避短，又能突出自己的特点和优势，形成有特色的课程。如，学校利用教师的爱好和特长，编制有特色的课程，像游泳、剪纸、书法、绘画、健美操、旅游、京剧、乐器、拉丁舞、足球、乒乓球、英语会话等，供学生学习，培养学生的兴趣爱好；通过发掘和利用所处黄河三角洲地区的课程资源，像文化古迹、风景名胜、民风民俗等，设计相关的课程，让学生了解社会生活、了解历史文化。

策略二：以教师为开发主体，实现多方力量协商对话。在课程开发实践中，有“专家决策”、“集体审议”、“学生自主”、“教师自主”等不同的开发模式，其中“教师自主”模式，对学校课程开发有着积极的作用。

教师是差异课程开发的主体，作为主体，一方面，需要教师在开发课程的实践中充分发挥自身的主观能动性，贡献自己的智慧和才干；另一方面，由于教师参与课程开发实践的机会有限、经验不足等，更需要教师在开发课程的实践中得到充分锻炼，不断提高自己开发课程的能力。为此，需要专业人士的指导帮助，需要相关人员的积极配合。“在寻求特色的过程中，校长、教师、家长、学生、专家等多方力量的协商对话，在交流分享中相互启发、达成共识，从而了解自身的优势，捕捉到具有特色的‘亮点’，并以此作为开发有特色的课程的‘生长点’。”张广利颇有感触地说。

策略三：将开发、实施、评价融入同一过程之中。张广利认为，课程的开发是一个渐进过程，尤其是特色的形成需要长期摸索和逐渐积累，所以有必要将开发、实施、评价融入同一过程之中，在尝试中发现问题，在反馈中及时修正，通过反复的实践，精心打造和完善具有学校特色的课程。

这些特色课程是否具有针对性和适切性，是否能够彰显特色，是要经过实践检验，用事实说话的。学生的反应、教师的感受、课程实施的可行性等相关信息，在一定程度上可以表明课程的适切性；学校课程能否得到学校师生的认同、能否在本社区得到理解和支持等，在一定程度上可以表明特色课程的针对性和独特性。

对此，张广利一再强调，这些都需要在实际的过程中掌握情况，调整改进，逐渐完善，使课程真正“植根本校”、“服务本校”。

策略四：完善差异课程开发的保障系统。张广利明白，开发差异课程、形成有特色的学校课程，有赖于相关条件的支撑，建立和完善本校课程开发的保障系统是必要的。具体涉及课程资源系统、师资队伍系统、评价管理系统等子系统。

所以，他常常以“三性”提醒自己：掌握本校、本地的课程资源，可以从学生实际发展需要出发因地制宜，提高本校课程开发的针对性；了解学校的师资力量，可以合理配置本校课程开发的人员队伍，明确分工，发挥课程开发者的能动作用，增强课程开发的可行性；而规范的制度、清楚的责权利划分，合理的评价标准和方式等，可以对课程开发起到监控、指导、激励的作用，保证课程开发的实效性。

在张广利的有效领导下，学校课程的开发过程成为学校特色的培育形成过程。他通过强化教师的课程意识，从学生学习与发展的需求和本校实际出发，充分挖掘、利用校内外有用的资源，精心策划，完善课程标准和评价办法，把师生的生活经验、特长爱好与学校特色紧密结合起来，既打造了特色学校课程，又促进了特色学校建设。

【亲历者言】

为学生成长提供有效的课程支撑，是张广利校长的一贯主张。为此，我校构建了以落实国家课程标准、坚持“尊重差异，发展个性”为核心的学校课程结构，形成了基础型课程、拓展型课程、发展型课程和生活型课程四类课程体系，这样一来，不但极大地丰富了学校的课程形式与内容，提高了课程的适切性，而且由此激发了学生兴趣，培养了学生的能力。

强化基础型课程的校本化实施。以基础型课程校本化实施为主线，夯实“双基”，着眼“四基”，提高教学质量，促进学生全面发展。我们知道，基础教育课程改革从提倡发展学生的“基本知识、基本技能”的“双基”基础上，增加了“基本思想、基本活动经验”（合称为“四基”），体现了当前课程改革的新进展。我们以“积累学科基本活动经验”为突破口，构建基于“四基”的差异课堂。这是针对我校农村学生和务工子女占多数的现状，分析他们在积累学科基本活动经验中的优势和不足，发现问题，积累方法和策略，丰富活动经验，探究在学科教学中积累学科活动经验的课堂特征，提高学生学科学习基本活动经验的积累能力，掌握科学的学习方法，促进学生健康成长。

在务实推进学科类拓展型课程建设的基础上，重点开展具有校本特色与区域特点的拓展型课程的开发工作。拓展型课程承担了基础课程的“课程补丁”作用，弥补学科逻辑脱环或跳环之处，及时反映社会、科技与学科的最新发展、时代精神与现实问题，以拓展课程内容的深度和广度，增强学科教学的吸引力，同时有效解决知识发展的超前性与学校既定课程内容的滞后性之间、学生需要学习的知能日益增多与学校教育时间有限之间的矛盾。

加强学校发展型课程建设。从学生的个人爱好和兴趣出发开发的课程和基于问题研究的研究性学习课程，极大地满足了学生的学习需要。学生知识和能力素养的积淀，增强了他们参与各类活动、展示自我风采的底气，从而不断超越自己、获得提升。这一切与学校加强差异教育课程建设，为学生提供自我规划、自主发展、自觉实践的良好氛围和多元平台，是密不可分的。

（东营市育才学校语文教师、市教学能手、校务部副主任　王海龙）

第二节　差异课程的文化实践：以需为本

教育是实践的，教育的最高智慧是实践的智慧。毋庸置疑，张广利是一个具有实践智慧的研究型校长。

对课程最本质的特点，张广利的参悟和理解是比较到位的。课程不只是学生成长时空的整合，更是教师与学生双方的生命体验。那种认为“课程仅是一堆知识的罗列”，显然是一种极其肤浅的认识。张广利说：“什么是具有育才学校特色的课程？如果我们把课程视为以活生生的人为中心，包括起点、目的地组成的道路和历程，那么，所谓特色课程，就是结合学校实际，最好地完成了课程的目的，最完美地实现了人的完整幸福。”所以，他十分推崇朱永新的“新教育实验”，对“新教育”的卓越课程体系架构给予充分认可，那就是以生命课程为基础，以公民课程（善）、艺术课程（美）、智识课程（真）为主干，以特色课程（个性）为必要补充。张广利构建的差异课程，更多地吸纳了这一课程体系的架构原则。

一、满足学生个体差异的“硬需求”

张广利经常揣摩山东省教育厅张志勇副厅长关于校本课程开设的一段精辟论说：“很多校长重视校本课程建设，这是非常可喜的现象。但必须明确：一是开设校本课程并不是课程改革的主要任务。不少校长谈到课程改革，其核心似乎都指向了校本课程。这是中小学课程改革的又一个严重的误区。说到底，校本课程就是国家课程校本化实施的具体形式。二是开设校本课程必须有清晰的教育价值定位。校本课程的价值定位包括突出国家课程价值，突出国家课程价值指导下的校本课程价值，突出学生的个体差异与个性发展等。三是开设校本课程根本目的是为了促进学生发展。许多学校认为，开设校本课程的目的是为了彰显学校特色。这是学校课程建设观的一种扭曲。学校课程建设的一切出发点都是为了促进学生全面、个性、自主、健康的发展。舍此，学校没有任何自身的功利目的。”

“张厅长话语谆谆。用张厅长的话检视‘尊重差异，发展个性’，说明我们的办学理念是正确的。”张广利更加坚定了自己的课改信念。

育才学校作为一所九年一贯制学校，因为处于城乡结合部，生源层次不同，家长的职业、文化层次、经济水平也呈多元化，经济状况较好而且文化层次较高的家庭所占比例较少，许多学生家长为农民，而且辖区内进城务工家长较多；同时，学生年龄跨度较大，学生处在不同的发展阶段，生理和心理特点有其阶段性特征，认知水平和接受能力也存在较大差异。

“我们把‘尊重差异，发展个性’这八个字放大，很醒目地竖在主体办公楼的上方，就是时时告诫我们的教师和学生，这就是我们的教育理念，也是我们的现实行动，更是我们的工作愿景和努力方向”，张广利不止一次地对来校参观考察的领导、专家和同道说，“差异课程是强调尊重和满足学生的差异性和多样化需求，为学生提供更多的课程选择权。所以，我们要立足学校实际，整合和规划校内外教育资源，以建设差异教育文化为主线，构建学校差异课程体系”。

他认为，学生群体既然存在这种差异，那么学校教育就要尊重差异，探求一种能够促进学生全面发展、个性充分张扬的课程模式，就是在差异教育课程观的指导下，将差异教育课程诸要素——课程目标、价值观、课程内容的选择与组织、课程的实施、课程的评价等组合成一个系统、科学、全面的课程组织形式，使课程既能促进学生在一般智力、各种能力、品格等方面的均衡发展，又能适应不同教育对象的个体差异，并有利于学生接受，促进学生的差异化发展。

“在教育中，最为重要的是什么？是否迥然不同的学生必须学习相同的内容？学生的情绪生活和情感体验是否应该得到关注？我们是否在以一个优秀生的标准要求一个后进学生？学生的差异是否得到尊重?”他说，“我们的课程设置是否忽略了作为受教育者个体的差异，忽略了‘人’的不同?”

因为，在差异课程的发展型课程研发之初，教师只是根据自己的特长和兴趣来开设课程，让学生进行自由选课，导致许多课程虽然教师充满热情，但在学生那里却受到冷遇，甚至没人申报。这让育才学校的教师认识到，如果忽视了学生的需求和个性差异，课程就会成为教师本位课程。因此，要做好发展型课程，就必须从调查了解和研究学生的需求开始。

如何了解学生的课程需求？教师们通过问卷、座谈、访谈等形式，展开调查，并进行合理的评估和分析。调查发现，学生的需求既有一致性，也有差异性。

学生的一致性主要集中在学习习惯养成、经典阅读、书法指导、心理素质、基本生活技能等方面；差异性则五花八门，如小语种、社交礼仪、盆景艺术、艺术审美、科技制作、机器人、球类运动等。针对学生相对集中的需求，统一开设必修课程。对于差异较大、种类较多的个性化需求，他们用校内选修和校外自修来补充。

如何才能真正尊重差异，并且让这种差异成为一种教育资源？张广利认为，必须通过课程这一载体，选择那些与学生的个人知识和直接经验高度相关的、面向学生生活世界的、与学生生活息息相关的课程内容，选择与现代社会和科技发展有密切联系的课程内容，并赋予学生充分的自主选择权，满足不同学生不同的爱好特长和发展需求，从而为其个性充分发展创造空间。

而且，对学生差异的“尊重”，基本的要求是把握“两性”，即趣味性和实践性。张广利强调说。

所谓“趣味性”，要体现学生的兴趣爱好，发展学生的能力和特长。张广利要求，在课程内容的立意上，充分考虑学生的兴趣和爱好，选择具有探究价值、学生参与程度高的主题。

于是在制定差异课程开发方案时，要进行学生问卷调查，切忌盲目设置课程。每个学期伊始，学校将课程以“菜单”的方式公示给学生，把课程的选择权交给学生，让学生根据自己的兴趣和爱好，选择自己感兴趣的课程。学期结束时，学校征询学生的意见，进行课程评估，淘汰不受学生欢迎、质量不高的课程。对学生喜欢和教学效果好的课程则给予各方面的支持，并打造成为特色课程。

所谓“实践性”，真正体现以培养学生特长和实践能力的课程宗旨。学校适应学生的能力、性别、经验和现实生活的需要，把最大限度地结合学生的现实需要、生活经验与文化背景作为差异课程开发的根本出发点。以学生的发展或社会问题为取向，把跨学科的内容组织成教学主题，培养学生融会贯通学科知识和综合分析、解决问题的能力。育才学校的差异课程开发涵盖了现实生活中的诸多领域，如科学、环保、生态和艺术等。“我校的差异课程开发与实施，注重彰显学生的个性，陶冶学生的性情，使所学的课程成为构建学生人格内涵的有机养料。我们不仅着眼于学生的现实生活，还立足于他们的未来发展，因此显示了蓬勃的生命力。”张广利很自信地说。

从哪里出发，走向哪里的问题弄清楚了，差异课程开发的实质性行动也就开始了。

在整合学科课程，建设好基础型课程的同时，根据学校实际和学生特点为学生发展“量身定制”课程，学生需要什么就开设什么，什么样的课程能够促进学生发展就提供什么样的课程——张广利的课程建设计划由此进入了实质性实施。

【亲历者言】

我们认为，将差异课程实践与学校文化建设有机结合起来，是张广利校长很有创意的做法；而在差异课程实践过程中，时时关注学生发展的个性需求，更是张校长办学视界之高的具体体现。

我们在参与差异课程实践过程中，认识到张校长的想法和做法，至少有以下三点意义。一是差异课程发展的目标更加明确，克服了差异课程实践的盲目性。只有站在学校“特色培育”、“文化发展”的高度来开展相应的实践活动，才能满足学生的兴趣需要，促进学生个性发展。二是差异课程发展的思路更加清晰，避免了差异课程实践的简单化。差异课程开发实施是一个系统工程，不能指望“一步到位”。三是在实践中完善差异课程发展的策略，使差异课程实践更具实效性。差异课程发展是带动学校整体发展的着力点，它所带来的观念碰撞、思想冲突、制度变革、行为方式转变等，势必对学校的发展产生深刻的影响。

实践中，我们也进一步认识到，学校教育面对的是一个个独特的生命，承认和尊重生命的独特性，促进其成长、发展，是教育对待生命最基本的态度。所以，用生命影响生命，按照生命发展的规律来开发差异课程，让每一个学生在校园里各取所需，各得其所，让每一个生命都精彩，使做人、学习、生命三位一体，就成为我校“尊重差异，发展个性”的重要内涵。尽管社会呼吁减负，但不能减学习的质量，学校应该尊重学生的个性差异，除了学习基础型的学科课程，还要为他们的成长提供更多的学习体验和愉快的经历，以满足他们不同的个性需求，让每一个学生做最好的自己，为自己一生的幸福奠基。

（东营市育才学校数学教师、市教学能手、教师发展部主任　高艳）

二、差异课程为每个学生的生命增值

张广利把基于差异教育的校本化课程简称为“差异课程”。

差异课程包括基础型课程、拓展型课程、发展型课程和生活型课程。张广利解释说，有些课改专家认为，基于学生需要的，教师利用现有的学校教育资源开发的，以实现学校办学目标为宗旨的课程就是校本化的课程。这就说明了校本课程包括校本化的国家课程和地方课程、学校课程，是指以学校为基地，在理解国家课程设置和培养目标的基础上，根据自身特点和资源，组织并实施的课程。

差异课程开发的出发点、立足点和落脚点是以学校为整体，以充分利用学校、教师、学生、家长和地方风俗、风景名胜、地理特点、社区等教育资源为基础，结合学校及学生的具体实际来实施的。

当有些教师不知道如何寻找差异课程资源时，张广利讲了一个教育故事：台湾的一所学校，学生都是渔民的子弟，所以学校把培养学生学会潜水作为基本的课程目标。毕业时教师把毕业证放在水中让学生去取，如果学生能潜到水中把毕业证拿上来就能毕业，否则就不能毕业。从这所学校课程开发的实例可以看出，教育资源是现成的，是随处都有的。

他由此告诫教师：我们在开发发展型课程时，可以因地制宜、有的放矢地借助与地方风俗有关的教育资源来开发；可以借助学校发展的历史资源来开发；可以借助爱国主义教育基地等资源来开发；还可以充分调动学生及家长的积极性和创造潜能，充分利用校内外教育资源来开发等。前提是，学生的“需求”是第一位的，学生的需求是课程设置的参照。

从此，育才学校进入到了课程研发的高发期。而且，经过多年的实践探索，学校初步形成了教师研发差异课程的可操作性流程：申报课程——制定课程纲要——设计课程研发方案——按照方案开发课程——实施课程——实施课程评价——反思与改进课程。到目前为止，学校在加强基础型课程建设的基础上，研发了拓展型、发展型和生活型课程，共计110多门。

“根据国家和地方要求实施的课程，结合学生相对集中的需求，学校统一开设基础型和生活型必修课程。对于差异较大、种类较多的个性化需求，则用校内发展型选修课程和校外发展型自修课程来补充。这样的课程结构既改变了课程单一而僵化的局面，又照顾到了学生的不同爱好与需求差异，为每名学生提供了适合自身发展需要的差异课程。”课程部主任高艳如是说。

高主任进一步介绍说，四类差异课程的目的指向各有侧重：

其一是基础型必修课程，这类课程定位于学生基础素质的培养。要求全体学生必修，主要开设国家规定的必修课程。

其二是拓展型课程，这类课程主要包括学科拓展课程、综合学习课程和综合实践活动课程。该课程中综合实践活动课程属必修课，其他两类为选修课程。该课程主要是定位于扩大学生的知识面，开阔学生视野，进一步提高学生综合运用知识的能力。如：经典阅读课程属语文拓展课程。经典阅读课程旨在拓宽学生的知识面，激发学生读书的兴趣，培养学生良好的读书习惯和能力，达到发展智力、陶冶情操的目的。每个年级的教师为学生提供可以自主选择的书单，要求每名学生每学期阅读一定数量的经典名著。

其三是发展型课程，这类课程主要包括综合素养课程和社团活动课程，属于选修课程。该课程定位于学生兴趣特长的培养，旨在满足学生个性化发展的需要。学生可依据自己的兴趣爱好进行选修，内容涉及人文素养、科学素养、身心健康、艺术审美等方面。例如，学校利用英语教师的第二外语和曾到国外执教过的优势，开设了法语、俄语、日语三门小语种特色课程。中高年级英语成绩好、学有余力的学生，可以选修小语种。这门课程通过生动有趣的图片、影像、对话交流和情境模拟等方式，学习基本用语和常用对话，了解外国的风俗文化、生活习惯等内容，为学生选修第二门外语提供了机会。

其四是生活型课程。该课程主要包括生活德育课程、安全教育课程、游泳课程和生活技能课程。这类课程都是必修课程，如：生活技能课程是针对当前学生绝大多数为独生子女，洗衣做饭、收拾房间、整理东西等生活技能较差、不会与人交流与相处等实际，以生活教育理念为主线，以生活自理技能、简单家务、安全使用炉具电器、做简单针线活、简单的餐饮制作、美化房间、管理零花钱、洗晾衣物、包煮水饺、蒸馒头、炒菜等为主要内容，建立生活技能教育实践体系，让学生通过对家庭事务的学习与实践，掌握日常生活和家庭经营等方面的基本知识和技能，树立美化生活的志趣与理想，培养适应现代生活的良好素质。作为校内学习课程的有机补充，此类课程虽然要求学生在家庭及校外进行自修，但学校统一组织考查，并将学习绩效记入学生成长档案。

为保障四类课程开发实施的科学、实用、有效，张广利也提出了“两性”之说，要求教师既重“主体性”，更要讲究“专业性”。

所谓“主体性”，即以生为本，以学生的需求为根本。课程的规划、设计、实施和评价都由学校、教师和学生协作进行。“这种以学生发展为本的差异课程开发，决定了学生不再是被动的知识受体，而是自我导向的、积极的知识探求者。每个学生都可以有自己的学习内容和学习方式，甚至对学习结果的评价也可以有自己的独特方式。”高艳主任深有体会地说。

教师的职责在于给学生创造一个适合的学习环境，让学生能够有效地进行学习。在学生选课上，将差异课程中的选修课程目录和课程简介印发给学生，供学生了解每门课程的内容，以便学生选择。学生在教师的指导下，根据自己的情况，以及结合家长的意见进行选课。每位学生每学年不少于2门。每门课程选课人数原则上控制在20～40人。少于20人的课程，也要开设，不足10人的原则上学生再重新选课。超出班级规模的课程，课程教学部可根据学生意向和学校教学条件，在充分尊重学生志愿的前提下，进行合理调剂。

所谓“专业性”，课程研发与实施要体现专业性，要有专家指导，专人负责，不能任意而为。学校按照有组织的自主开发原则，采用“自下而上”的课程开发机制，根据学生的整体情况设计方案。聘请有关课程专家作为课程开发的学术顾问，具体指导学校的差异课程开发工作。

“学校强化了对课程研发工作的管理，成立了差异课程开发领导小组，由校长任组长，负总责，教师发展部和课程部具体组织实施。既有学校层面的行政管理，又有教师发展部的技术指导和管理，还有年级部的微观管理。”初中课程部任华中主任介绍说。

学校建立了“育才学校差异课程开发指导小组”和“育才学校差异课程资源开发审定小组”，对全校的差异课程开发进行指导，审定差异课程开发的计划、评估申报方案等；教师发展部和课程部负责差异课程开发的培训、检查和指导。

教师发展部和课程部通过组织观摩课、典型课例研讨、经验交流和案例评比等形式，展示优秀的差异课程开发方案，发挥典型课程的示范作用。特别是典型课例的研讨活动，使学校的管理人员和骨干教师能够沟通交流、总结经验，反思问题、共同发展。

“我们这样做，保证了每一门差异课程的研发都能聚焦于学生的发展，保证让每一名学生找到个性发展的独特优势领域和生长点，从而帮助学生在无数的生活道路中，发现一条最能鲜明地发挥他个人的创造性和个性才能的道路”，张广利说，“形象地说，就是帮助每一名学生发现和找到其自身潜藏的、能在为社会谋福利的劳动中给他带来创造和欢乐的那条‘含金的矿脉’”。

【亲历者言】

随着参与学校差异课程建设活动的深入，我对差异课程本质的理解逐渐趋向完整，认识也越来越深刻。实践证明，我们的差异课程开发不是追风赶时髦，只追求数量的增长，像有的学校那样，选修课程大多表现为一种符号型消费，仅寻求表面意义而不在乎内涵，从而出现高数量、低质量的现象。

我校的差异课程开发之所以取得实效，产生了较好的教育效益，是因为始终按照张广利校长的要求，牢牢把握以下三点：

一是重心一直瞄准学生的发展。差异课程是为学生发展而开设的，关注课程与学生需要的适切程度，是我们做好课程研发工作的宗旨。所以，差异课程的建设尽量避免抽象、静态、文本知识的积累，避免课型单一，实践课、活动课较少；我们更注重学生的课程参与度和热情是否高涨，是否真正成为学生素质发展的助推力。

二是既关注课程的物质形态，更重视课程的价值建构。学校独特的课程价值观是差异课程建设的关键性“线索”，也是学校课程资源的内核所在。我们一直坚守这个内核，不让课程呈现为一种“壳化”的形态，成为一种装饰性的符号，使其具有较高的实践价值。

三是避免了课程开发的同质化现象。我们做到尽可能少地按照国家或地方课程的相关元素来制订差异课程，而是由师生共同探索和实践建立自主型课程，不复制其他学校的课程。

总之，我们关心的是课程中人的内在发展，不是课程外在的工具性价值。换言之，就是使差异课程不离开人，始终把对人的关照作为永恒的价值追求。

这就是我们的差异课程开发实践取得实效的经验所在。

（东营市育才学校教师发展部教师互助中心主任　宋延寿）

在整个学校课程建设中，张广利校长，一边做“加法”，同时还一边做“减法”。因为学生的学习时间和精力毕竟是有限的，一味地做“加法”，势必会增加学生的学习负担，况且课时安排也会遇到困难。他做“减法”的主要做法是：依据“尊重差异、发展个性”的办学理念和“爱责同行、个性鲜明的阳光学子”的学校培养目标，将国家课程、地方课程和校本课程作为一个整体来设计，通过课程整合的方式对学校的课程按照基础型课程、拓展型课程、发展型课程和生活型课程四类进行了整体建构优化。在课程整合和优化过程中，他们首先在课程专家的指导下，各学科组织专业教师依据国家课程标准，按照“学科宣言——总体思路——课程目标——课程内容——课程实施——课程评价——保障措施”的思路，认真研制学科课程纲要，其次每位教师再依据学科课程纲要，制定学期学科课程纲要（代替了原来的教学进度计划），通过研制学科课程纲要以实现对原有课程的改编、重构和再造，通过课程的优化整合，使差异课程中的基础型课程更加适应学生的学习。

东营市育才学校进行的基础型课程整合，分为单学科的课程整合和跨学科的课程整合。单学科的课程整合是通过调序、删减、增加等方式对学科课程进行基于课程标准下的纵向整合。如：小学六年级的英语课程，他们针对学生学习英语的两极分化问题，将七年级上册的语音部分调整到小学六年级第一学期学习，这样使每一个学生在新的起点上学习，个个过好语音关，为每一个学生的英语继续学习打好了基础，这样，不但增强了学生学习英语的信心，而且也缩小了两极分化的差距。

此外，为更好地实现小初的衔接，他们还开发了生活引桥课程、知识引桥课程、学法引桥课程、心理引桥课程。跨学科的课程整合是根据学生学习的需要，对国家课程、地方课程和学校开发的课程的相关内容通过移项、合并同类项、学科教学渗透等方式进行科学的横向整合，消除课程之间的割裂与重复，打通各类课程之间的关系，在学习中，教师通过以统一的主题、概念和基本学习内容连接不同学科，帮助学生建立系统的思维方式，体验知识间的联系。如：基于国家体育与健康课程标准的体育课和游泳课程的“2＋x”整合，即每个年级上2节体育课，其余的课时都改上游泳课，通过这一形式的整合，使学生体验其他运动和游泳强健体魄间的联系，在学生达到国家体育与健康的课程标准要求的同时，也学会了游泳自救和健身的技能，发展了学生的游泳特长。又如：将生物学科与地方课程《环境教育》的内容进行整合，语文学科与地方课程《传统文化》的内容进行整合，《安全教育》与主题班队会和安全教育活动进行整合等等。

在课程整合的改革中，东营市育才学校先后开展了体育选项走班教学改革，初中数学、英语选课走班教学，小学语文整体单元教学改革、学生自主作业改革，小班化教育改革等一系列改革举措，以更好地配合课程整合理念下的差异课程的实施与评价工作。东营市育才学校通过构建理想的学校差异课程体系，充分发挥了学校差异课程的整体育人功能，使学生的生命得以增值，较好地实现了深层减负提质的目的。

【亲历者言】

我们原来的语文教学每学期要细细品味教材上的一篇篇课文，生怕学生哪个知识点没有学会，知识的讲解就占据了学生在校的大部分时间。虽有各种语文竞赛活动、展示活动、读书笔记和手抄报评比等，但是我们也感觉到学生越来越累。怎么能让学生在减负的情况下，语文水平能够提高，语文素养得到提升呢？这是我们近几年一直思考的重点。2011年，张校长来到育才学校后，他用先进的课程理念，给我们进行了精心的规划，提出了“单元整合·海量阅读”的小学语文教学改革思路，指导教师充分利用教科书单元编排的特点，由单篇教学走向单元教学，跳出一篇课文教学的小圈子，站在提高语文素养、促进学生发展的高度，用整合的理念，探索语文课程教学改革的有效路径。

经过三年多的实践研究，我们一路摸索走来，在实践中不断发现、不断尝试，现已探索出“单元整合·海量阅读”课程教学的基本模式。

我校进行的小学语文“单元整合·海量阅读”课程教学改革，包括“教科书单元教学”即种子课程、“主题阅读教学”即营养课程、“综合实践活动教学”即生长课程三部分，各部分既横向联系，又有一个纵向的序列。设置都服从于单元的总体要求，且大体分为三个方面：主题、体裁、语文能力。整个过程都把学生放在学习者的位置上，让他们经历学习的过程，养成自主学习的意识，形成自主学习的习惯，培养他们自主学习的能力。

单元主题课程教学，因为年级不同表现形式也不同，精读指导重点也不同，低年级以“识字”为整合点，指导重点在比较词句中理解与朗读。单元整体识字，有益于把更多的字集中在一起，使低年级的学生不但能够认识更多的字，而且通过分析比较，让学生了解汉字构字规律，对汉字的特点有更深的体会；中年级，以单元主题为纲，整合课本内容，指导学生预习，指导重点在句段推敲中理解内容，体会情感，领悟表达效果；高年级，以单元主题为发散点，整合课内外内容，以学生自学为基础，指导重点在于通过句段和篇章的对比，体会情感，领悟表达。

正是有了张校长的先进课程管理理念，我们小学语文教师才能把大量的思想、文笔俱佳的文章放在学生面前，为他们阅读提供条件，让他们在漫长的学习生涯中慢慢消化，让学生的眼睛浸润在铅字中，耳朵浸润在书声中，心灵和大脑震荡在感动和思维活动中，这样，语文教学真正实现了由教课文向教语文的美丽转身，每一位语文教师也不断体验着成长的那份幸福。

（东营市育才学校语文教师、市教学能手、小学课程部副主任　宋团辉）

三、把课程选择权还给学生

张广利十分认同北京师范大学教授肖川的一句话，“校本课程建设的背后有民主观念的支撑，是民主观念进入学校的一种形式”。他说，“张志勇厅长一直强调，‘课程改革的本质就是课程民主’！我们把课程选择权还给学生，就是落实‘课程民主’的实际行动”。

因而，在差异课程建设过程中，为了彰显民主精神，体现师生意愿，育才学校经常围绕课程的培养目标、实施策略、支撑条件、保障机制、评价指向、队伍建设等问题进行了广泛讨论与交流。

在一次次的讨论中，学校明确了差异课程建设的一些操作要点：课程视野要开放，课程开发要体现学校优势，课程设计要体现学生个性，课程内容要激发学生兴趣，课程实施要尊重学生个性化的学习方式，课程评价要指向素养提升等。

当然，这些行动也源于张广利对“把课程选择权还给学生”有着自己的认识：从以学生发展为本的课程改革出发，向学生提供丰富多彩的差异化的拓展型和发展型课程，并保证其享有自主的选择权，学生想学什么就有相应的课程设置，向学生提供一个“课程超市”，这是一种很理想化的课程选择状态。实现这一理想需要一个漫长的过程。但是，为了让学生在真正意义上享有课程选择权，还需要各方面的配合，我们应该尽力满足其相应的条件要求。现阶段，我们要从五个方面做出努力：

第一，从学校层面来说，学校在对学生是否享有课程选择权的问题上有相当大的发言权。学校所拥有的条件以及经过努力所能提供的条件，都显而易见地制约着学生的课程选择，如学校没有天文学教师及天文观测站，学生选修天文学课程的可能性就很小甚至没有。

第二，从师资层面来说，作为实施课程主体的广大教师，只有很好地理解课程，才能实施课程。除了学校师资结构要合理，尽可能地涉及基础教育中的每一个学科，也要求教师具有广博的知识、丰富的技能，才能满足开设各类课程的需要。

第三，从学生层面来说，学生只有在选择生活型课程和基础型必修课的基础上，在学有余力的情况下，再去选择其他课程。否则，课程选择权就丧失了其应有的内涵。必修课都没有修好，超出自己的学习能力范围，一味地去追求课程的选择，为选择而选择，这种舍本逐末的做法其实是对学生享有课程选择权的误解。还有，要享有充足的选择权，学生必须对自身要有一个清醒的认识，对自己的特长、爱好、性格、潜力等有真正的了解，在此基础上，然后对各类课程作出合理地选择。

此外，学生的课程选择权还体现在，当学生发现自己第一次选择不妥当时可进行第二次选择，即可以有多次选择的机会。这样，学生的个性特长才会得到一定程度的张扬，这其实也是素质教育和课程改革的基本要求。

第四，从课程层面来说，学校丰富的课程设置是提供充足的选择机会的首要条件。基础型必修课是为学生打好共同的文化科学基础而开设的，每一个学生都必须修习；拓展型和发展型选修课是为了满足学生多样化发展需要而设置的，强调拓展学生的视野，培养个性。只有充足的课程才可供选择，有选择余地才谈得上有选择权。

第五，学校、家长、社会以及学生自己对学生的期望与评价，也深深地影响着对课程的选择。所以，对现行教育教学评价体系特别是考试制度进行改革，也是学生享有课程选择权的必备条件之一。

在张广利及其团队的努力下，学校研发了拓展型和发展型差异课程，共计110多门。由此，真正的“课程超市”在育才学校形成了。

每周二、四下午课外活动时间，是发展型和拓展型的选修课程的开课时间。这时候的校园，真正成为了学生们的乐园。学生们或三个一群，或五个一伙，有的奔向操场，有的走进音乐教室，有的醉心于机器人的操作与研究，有的两手泥巴在专心致志地做陶艺。这个教室里，学生们正在进行课本剧表演；那个教室里，选择了摄影课程的学生们正在进行构图设计讨论……这时的学生们，个个兴趣盎然；这时的教室里，处处洋溢着生机活力。

“这时的学生们都是一样的，他们有了一片光亮度一样的蓝天!”张广利自信地说。

打开这片蓝天的，是由校内必修、校内选修和校外自修的差异课程构成的“套餐式课程”和学生对“套餐”的自主选择权。

“学生作为受教育的对象，情况千差万别。而以前的课程设置和选择方式往往无视这种差异的存在，像机关食堂冷面孔的管理员，长年累月地提供固定几种饭菜，爱吃不吃，根本不去考虑食客的身体差异和口味不同。”张广利认为，改变了以往“柜台式”的单一选择模式，通过加大校内选修课的比例，提供菜单式的课程设置，让学生“点菜”，根据自己的特点选择适合自己的课程，这样才能够真正实现“创造适合学生发展的教育”这一办学目标。

为了便于学生选择，学校将《育才学校差异课程选课指南》印发给每名学生，便于学生了解选课目录和每门课程的内容。学生在教师的指导下，根据自己的情况，并结合家长的意见，自主选择适合自己兴趣、爱好、特长或需要的拓展型和发展型课程。每名学生每学年不少于两门，每门课程选课人数原则上控制在20～40人。超出班级规模的课程，课程教学部可根据学生意向和学校教学条件，在充分尊重学生志愿的前提下进行合理调剂。

学校小学课程部主任宋晓青介绍说：“学生选课方式分纸质选课和网上选课两种，这样有利于满足不同家庭孩子的选课需要。班主任对班级选课情况进行汇总，填写班级选课汇总表上交年级部；年级部将选课情况上交课程部；课程部把全校学生填报的志愿反馈给任课教师；任课教师通过申报情况初步确定人数和名单后再上报课程部，由课程部进行公示。”

学生根据自己的选课，在规定的时间内进行走班上课。为顺利实施走班上课，学校每周二、四下午各安排最后一节为选修课程时间。在统一时间的前提下，学校充分利用普通教室和舞蹈房、计算机教室、游泳馆、篮球馆、乒乓球馆、图书馆、科学探究室等 50 多处场所开课。每个教室都是“一个教室，两套牌子”，既是班级教室、功能教室，同时又是差异课程教室，为选课走班提供了充分的空间和地点保证。

张广利自豪地说：“我们将选课的时间、空间障碍打通以后，学生不仅可以在年级内部选课，也可以跨年级自由选课。这种独具创意的‘课程超市’，在让学生们拥有更多学习自主权、选择权的同时，个性差异得到了充分的尊重。”这也让张广利更加坚定了学校课程建设的方向。

每学期末，学校开展拓展型和发展型课程实施的问卷调研，进行课程评估，对学生认为兴趣不浓、收获不大、价值不高的课程，直接从下学期选课目录中去除；对学生喜欢和教学效果好的课程，则给予各方面支持，并打造成为特色课程。

【亲历者言】

在张广利校长的倡导下，我校在差异课程开发与实施方面，走出了一条特色之路，形成了自己的课程改革品牌。其中，为强化学生选择课程权利而培植的“课程超市”，为学生成长提供了有意义的活动载体。

所谓“课程超市”，就是指根据学生的不同学习需求和个性发展需要，由学校设置或由教师或学生创设的课程的组合，学生有权力根据自己的兴趣、爱好、特长、潜能和个性发展的需要，自主选择修习几门课程。“课程超市”的目标定位于：营造一个开放、受教育者主动参与学习设计的课程环境，以课程组合的多样性来适应学生个性发展的多元化，通过有的放矢的选择，学生安排自己的课程结构，实现既掌握知识技能又充分发展学习特长的教育目的。同时通过自主选择激发学习动机的持久性，增强自我发展的目的性，提高学生的学习力。

实践证明，“课程超市”的设立对学生而言意义重大。

一是培养学生学会选择、主动学习的意识和能力。“课程超市”满足了学生个性发展需要，提高了学习的主动性和积极性。在这一过程中，学生作为能动的主体出现，用自己的意志说话，他们掌握了话语权，充分体现了对学生主体地位的尊重，而学习的主动性则会进一步提高教学效率。

二是有利于学生获得成功感，树立自信心。许多发展型课程是学生自己设立的，他们感兴趣，参与积极，易出成果，这种成功的体验极大地增长了自信心，这种自信会波及诸多的方面，促进学生的全面成功。

三是培养学生形成合作进取的精神。其实许多课程是考验学生的团队合作精神的，如许多拓展训练课等。当学生明白“一束筷子比一根筷子更不易折断”的道理时，他就已经具有了团队合作能力，这种能力的培养将惠及他们以后的社会生活。

四是培养学生形成创新精神和实践能力。“课程超市”中的课程相当一部分来源于学生的创造，创造的过程也是学习的过程，也是培养实践能力的过程，更是成长的过程。

五是有利于学生个性特长的发挥，提高学生全面参与社会活动的能力。在“课程超市”中，学生可以根据自己的爱好与特长进行选择，而他们所选择的也是他们能够积极努力参与的，比如有的学生组织能力比较强，就可以在社会实践活动中发挥特长，同时，走进社区等类似课程可以让学生接近社会，了解社会真实的生活面貌，促进他们的全面发展与进步。

（东营市育才学校副校长、山东省特级教师、齐鲁名师　刘江）

四、用评价“杠杆”撬动课程学习

“评价决定着差异课程开发与实施的走向。”在差异课程开发之初，张广利就将评价作为课程建设的重要内容来设计。

他深知，评价作为课程开发中一个必不可少的组成部分，它既是一种保障机制，又是一种导向机制，而如何更好地把握课程评价的特点，选用有效的评价方法，是差异课程开发中的一个主要课题。

基于研究与实践的需要，他首先要求学校差异课程开发的核心成员必须弄清并理解“差异课程评价”的内涵要义。并再三嘱告他们，差异课程评价作为课程开发的一项主要活动，舍此，课程改革就不是一项完整的教育活动。

因此，必须把握差异课程评价的主要意旨：①在学校现场发生并展开的，以国家及地方制定的课程纲要的基本精神为指导的课程活动；②依据学校自身的性质、特点、条件以及可利用和开发的资源，由学校成员自愿、自主、独立，或与校外团体或个人合作开展的课程活动；③必须满足本校所有学生需要的一切形式；④是一个持续和动态的课程改进过程。并要认识到：评价不是差异课程的最后一步和最终目的，它是对整个课程实施过程的监督，对实施结果的检测，更是今后改正的一个有用工具。

在此基础上，张广利要求差异课程评价的制订与操作，要把握好五个方向。

一是关注差异。“以校为本”和“以生为本”是差异课程开发实施所秉持的理念，学生个性发展的差异性，是其考虑的重要因素。不同的学生，成长背景和知识结构都不尽相同，在对他们进行评价时应该注意他们之间的差异。每个学生的评价都应是独特的，不能用一个统一的标准来要求所有学生，这样才能鼓励学生个性而全面的发展。

二是指向发展。差异课程评价是一种发展性评价，它区别于选拔性评价和水平性评价，更注重诊断、激励和发展。差异课程评价要关注学生的需要，关注学生的体验和感受，注重发挥评价的促进作用；在学生评价上，注重将评价结果恰当、及时地反馈给学生，从而对自身有个全面、客观的认识，并以此为依据，完善自身的不足，得到进一步的发展。

三是强调多元。是指评价对象、评价主体和评价方法的多元化。评价的对象的多元化，是指不仅要对差异课程开发的情境和目标定位进行评价，还要对差异课程方案的可行性进行评价；评价主体多元化，是指评价不应该仅由学校和教师执行，学生也是评价主体的一部分，他们也是差异课程评价的主体。此外，家长和社区成员的评价也应该考虑纳入评价体系。

差异课程较多的运用形成性评价，以内部评价为主，又同时运用诊断性评价和终结性评价，还有外部评价的方法。要把这么多的评价方法进行有机结合，设计出一套良好的评价方案，切实体现出评价促进教学改进和学生发展的作用。

四是突出育人。当今社会，一个人的成功不仅通过学业和事业成果体现，道德这一项也被考量进判断人的范畴。很多单位或者公司在聘用人才时，可能较多考虑应聘者的学识、能力，但他们也绝对不会忽视、甚至更加注重对聘用人才的道德品质的考察。因此，在进行差异课程评价时尤其要注重道德品质的评价，以便给学生发展确立一个良好的导向。

五是为了“全人”。所谓“全人”，指的是把学生视为一个在发展中的个体，不仅要注重他们的学习结果，还要注重他们的学习过程，即通过学习，学生的品德、世界观、价值观、审美观和健康等方面都能得到全面的发展。

经过多年实践，育才学校逐渐摸索出了过程性评价与终结性评价相结合、质性评价与量化评价相结合，评价主体多元、评价方法多样、突出个性评价等差异课程评价策略。同时，将差异课程评价纳入学生综合素质评价，如科学素养类课程分别列入小学的“科技之星”和“智慧之星”评价，在初中分别列入学习能力或者公民素养评价等，极大地调动了教师和学生的积极性。

像课程门类的多元化一样，课程学习结果评价的方式也是多元的。

他们采用等级制来评价学生的基础型必修课程，而拓展型和发展型的校内选修和校外自修课程则采用学分制。每名学生九年所修课程的最低总学分为100分，其中校内选修课程为32学分，校外自修课程为68学分，未达到规定分数者，必须补修，否则不予毕业。对校外自修课程，学生自修后经学校考查，成绩优秀得3学分，合格得2学分。拓展型和发展型课程学分根据学生出勤率、学习过程和考查成绩进行评价，每学期末由课程教学部统一登记并存档管理。评价结果记入学生成长档案，评价结果与评优挂钩，学分高者评优时优先考虑，学期学分不满4分者，不具备评优资格。

为了培养和鼓励学生发展自己的特长，学校实行学分奖励制度——在市级以上各类竞赛中获奖、通过特长考级或取得其他突出成绩的学生，可以申请自修同类拓展型和发展型课程，申请自修的学生可以直接参加结业考查，成绩优秀者得3学分，合格者得2学分，以此作为多元评价的有益补充。

在评价学生拓展型和发展型课程的学习效果时，注重评价方式的灵活多样，实行过程性与终结性相结合，减少量化评价，多进行质性评价，并尽可能在学生活动的情境中进行评价，根据不同学生的实际背景实施个性化评价，并且联系日常生活，进行表现性评价。如在“我爱东营”这一课程中，教师要求学生调查东营的风景名胜，设计一个集生态旅游和文化旅游于一体，包括吃、住、行、购、娱等方面的旅游方案。通过观察，运用多重评估标准对学生学习状况进行评估。

同时，重视学生课程学习的过程，进行成长记录袋评价，展示学生课程学习成果，记录学生所付出的努力，显示令人满意或不满意的学习经验，表明学生的学习方式和个性发展。

除了日常性评价，学校还结合重大节日，为学生创设自我展示的舞台，对学生的课程学习成果进行展示性评价。学校以读书节、科技节、艺术节、体育节、英语节等为载体，定期举行图书超市、电脑绘画比赛、书画展示、才艺展示、卡拉OK校园歌手大赛、小品大赛、体质达标运动会、记单词比赛等，为学生提供了展示自我、张扬个性的平台，使学生在被欣赏中体验到课程学习给自己带来的快乐与满足。

如利用“六一”儿童节庆祝活动，举办了各类主题展示活动，邀请家长与社区人士参与，既让家长们了解学生学习状况，又利用这个机会争取他们的支持与帮助，听取他们的意见，了解他们的需求和期望。活动那天，所有学生都以不同的形式展示了自己的学习成果。

一门课程学习结束后，学校要对学生学习情况进行一个全面的考查，了解他们的实际学习水平，进行终结性的评价。终结性评价主要结合期末考查、出勤、日常表现（参看成长记录）、获奖情况等方面，全面考查学生的发展和进步状况。小学一般采取等级加评语，初中一般采取学分加评语的方式记录评价的结果，并将其记入成长档案，不仅能为学生下次选课提供参考，而且能帮助教师改进相关课程的开发。

“差异课程评价作为一个贯穿差异课程开发始终的一个重要组成部分，既是保证差异课程开发质量的前提条件，也是一个充分体现学校、教师首创精神的过程，也是要求学校、教师增加自我责任意识和面对新课程改革增强自身适应性的过程。育才学校基于自己的课程实践，结合先进学校的成功做法，有效地进行差异课程的评价，让每一位教师在评价中获得发展，让每一位学生在评价中感受成功，让每一门差异课程在评价中得到提升。”张广利颇有感慨、由衷地表达着自己的体会。

【亲历者言】

认识到课程评价的重要性，是在跟随张广利校长实施差异课程的过程中生发并不断得到强化的。

我原先任职的学校，比较重视校本课程研发的，尤其重视校本课程实施这一环节，但对课程评价缺少应有的研究。校本课程及其评价作为一项理论性和操作性很强的工作，如何有效地检验校本课程的开发、实施效果？又如何提供真实的反馈信息，进一步提高和改进校本课程的质量？这些本应是校本课程评价所关注的问题，过去在我的思想意识中并没有充分引起我的注意。

来育才学校任职后，在张广利校长的指导下，在实施差异教育校本行动研究中，我校把国家课程、地方课程和校本课程进行了统整，逐步构建起了包括基础型课程、拓展型课程、发展型课程和生活型课程在内的差异课程体系，这不但使我对课程有了更加深刻的理解，而且使我对如何搞好差异课程评价、尤其是发展性评价有了更新更高的认识。

差异课程是一种人性化的课程，那么差异课程评价就要关注学生的需要，关注学生的体验和感受，注重发挥评价的促进作用，着眼于学生的成长，促进学生的发展。正如北师大董奇校长所说，“它区别于选拔性评价和水平性评价，注重诊断、激励和发展”。这是发展性课程评价的重要功用。

评价的目的不在于证实，而在于改进。发展性课程评价不仅重视结果，更重视发展变化的过程。泰勒指出：“评价应该是一个过程，而不仅仅是一两个测验。评价过程中不仅要报告学生的学习成绩，更要描述教育结果与教育目标的一致性程度，从而发现问题、不断地改进课程教材和教育教学方案。”实施评价的目的是为了更好地促进学生的成长，促进教师教育教学水平的提高，促进差异课程研发和实施的适切性，提高和改进差异课程的质量。

当然，由于差异课程本身的开放性、民主性特点，对于它的评价很难用某种统一的模式或方法加以规约，差异课程评价有着自己特有的规律，这些规律需要我们今后进一步的探索、认识。

（东营市育才学校副校长、东营名师　赵文刚）

第三节 创树义务教育学校课程开发的范例

一、学生的喜人变化来自理想的课程

“假期里，孩子们在家看电视、打电脑游戏的少了，到书店、图书馆买书和读书的多了。就连在饭桌上，孩子与家长谈论读书的话题也多了。”从学生细微的变化里，教师们切实感受“经典阅读”和“书香家庭”课程在学生们身上引发的变化。

在张广利看来，学生的这种变化是差异课程建设水到渠成的结果。

课程“供给”与学生个体“需求”的有效对接，让学生的成功和改变有了依托。从人文素养类的《古诗文诵读》、《浪漫俄罗斯》到科学素养类的《科技小制作》、《电脑机器人》、《黄河口湿地鸟类》，从身心健康类的《心理成长》、《足球》、《太极拳》、《舞蹈》、《轮滑》到生活技能类的《剪纸》、《缝纫》、《十字绣》、《小小美食家》，从艺术审美类的《摄影》、《二胡》《电子琴》、《拉丁舞》、《古筝》、《儿童画》、《集邮》、《陶艺》到学科拓展类的《聪明故事屋》、《生活数学》、《英文欣赏》、《趣味地理》、《生活物理》、《交际英语》、《俄语》、《法语》等等，丰富多样的课程改变着学生学习的内涵，也改变着学校在学生心目中的印象。学生们的变化，也就在一门门课程的学习中，在一次次的投入和努力之中，不知不觉地发生了。

一名初一男生性格很内向，开学第一天，教师让他上讲台做自我介绍，可是不管怎么劝，他就是坐在座位上不动，脸红得像一块红布。同学们也都好心劝他，鼓励他，可他最后竟然哭了起来。后来在选修拓展型和发展型课程时，他在教师的指导下选择了《主持与朗诵》。从那以后，教师渐渐地发现了他的变化——开始与同学有交流了，有时甚至还开玩笑。在期末考查时，他选择了一首弗罗斯特的诗《未选择的路》，竟然非常熟练地脱稿朗诵，还加上了一些动作，让大家非常吃惊。后来，他在日记里写道：“是老师的鼓励让

我战胜了自卑，是同学们的帮助让我找到了自信，是《主持和朗诵》课程让我真正地了解了我自己。”

“现在孩子吃饭不挑食了，原来为了吃饭没少和孩子吵吵，自从孩子练习了游泳，回家就嚷着饿，吃啥啥香。看着孩子狼吞虎咽的样子，我们都怕他噎着。”说起学校的游泳课程给孩子带来的变化，家长的欣喜之情溢于言表。

对课程学习带来的这种变化，学生们的感受更真切：

“自从学习《趣味数学》拓展型课程以来，我感觉自己的思维比以前活跃多了，最起码不钻牛角尖了。过去总是揪着一种方法不放，现在知道如果一种方法不行，可以用另一种方法。而且我还学会了用列表格解决问题的方法，这种方法清晰明了，一看便知。”

“我选修的是《摄影》发展型课程。这门课的学习让我改变了许多——懂得了如何使用单反相机，学会了如何拍出美丽的照片。最重要的是，它让我知道了怎样去发现身边的美，丰富了我的生活，让我放松了身心。”

……

“怎么才能让这么多不同的人喜欢学校?”如今面对这样的问题，张广利已经不再像刚刚来到育才学校时那样困惑了。他说，几年间的课程建设，一路走来，他的心底里对此已经有了更为明确的答案。

二、创树义务教育学校课程开发范例

在张广利的领导下，东营市育才学校的课程开发建设取得了显著成效和突出成果，被山东省教育厅副厅长张志勇研究员誉为“义务教育学校课程开发的一个范例”。张厅长不仅仅是一个教育大省的行政官员，而且是公认的极富学识学养、影响全国的教育专家，以他的视界眼力对东营市育才学校做出如此评价，这不只是对育才学校开发差异课程行动与实绩的称赞，对痴迷教育改革的张广利校长的激赏和关护，更重要的是对张广利及其麾下敢于担当、勇于创新、善于作为的充分肯定。有了张厅长的这篇序言，对张广利的评价就无需再饶舌了。下面，全文呈现张厅长为张广利编著、福建教育出版社出版发行的《校本课程开发的实践与思考》一书写的序言。

义务教育学校课程开发的一个范例

张志勇

作为“齐鲁名校长建设工程”人选，东营市育才学校张广利校长卓越的办学理念、治校策略早有耳闻。他邀我为学校关于校本课程建设的书稿写几句话，我满口答应下来。

打开张广利校长的书稿，他给了我一个惊喜：这是我看过的为数不多的一本有思想、有理论、有创新，立足学校实际、着眼学生个性发展，且取得丰硕成果的关于校本课程开发的书。完全可以说，它是义务教育学校课程开发的一个范例！

一、建立了自己的课程开发哲学

每个学生都是具有独立人格、巨大潜能和个性差异的人。美国学者汤姆林森（Tomlinson・C・A）在其《多元能力课堂中的差异教学》一书中指出：“差异教育的核心思想是，将学生个别差异视为教育的组成要素，从学生不同的准备水平、兴趣和风格出发来设计差异化的教学内容、过程与结果，最终促进所有学生在原有水平上得到应有的发展。”

课程是随“具体的儿童”而来的，它将“具体的儿童”引入由成人把持的教育殿堂，只有关注“具体的儿童”的人才会有课程意识。每个“具体的儿童”都是不同的，课程开发的出发点和归宿点就是为了满足“具体的儿童”健康发展的需要。

基于此，育才学校确立了“自下而上”的课程开发策略，根据学生的实际需求开发课程，从课程的规划、设计到实施、评价，都由学校、教师和学生合作进行。这种以学生发展为本的校本课程开发，决定了学生不再是被动的知识受体，而是自我导向的、积极的知识的追求者。每个学生都可以有自己的学习课程和学习方式，甚至对学习结果的评价也可以有自己的独特方式。

教师的职责在于给学生创造一个适合的学习课程和环境，让每个学生全面而有个性地有效学习。

二、形成了健全的课程开发机制

自2001年以来，国家启动了新一轮基础教育课程改革，确立了校本课程开发的理念。在这一变革中，学校历史性地拥有了课程开发的自主权，学校尤其是教师的角色和职责发生了重要的转变，教师不仅是课程实施者，更是课程开发者。

为了保障校本课程的开发与实施，育才学校成立了由校长负总责的校本课程委员会，它是一个致力于校本课程建设的研究型组织、学习型组织、发展型组织、开放型组织，专门负责校本课程开发，对全校校本课程开发工作进行指导，审定校本课程开发的计划、评估申报方案等。在学校校本课程委员会领导下，学校建立了“校本课程开发指导小组”和“校本课程开发教材审定小组”。同时，学校聘请有关课程专家作为校本课程开发的学术顾问，具体指导学校的校本课程开发工作。

校本课程开发方案设计是校本课程开发实施的起点。为了确保校本课程的开发实施做到目标清晰明确、管理规范有序、评价科学有效，学校制定了适合学校实际、突显学校教育哲学和特色、体现时代特点的校本课程开发方案。《校本课程开发方案》是在国家课程方案和课程标准指导下形成的学校自主开发的课程计划，包括需求评估、校本课程开发的总体目标、校本课程的结构与课程门类、课程实施与评价的设想、保障措施等。建立了校本课程开发方案审议制度，只有经过学校课程审查委员会审议通过后的校本课程开发方案，才能发布和实施。

在学校校本课程委员会领导下，学校教师发展部和课程部具体负责校本课程开发的组织实施，包括培训、检查和指导。教师发展部和课程部通过组织观摩课、典型课例研讨、经验交流、案例评比等形式，展示优秀校本课程开发成果，发挥典型课程的示范作用。通过多年的实践探索，学校初步探索形成了教师开发校本课程的可操作性流程：申报课程→制定课程纲要→设计课程开发方案→实施课程→反思及改进课程。

校本课程开发的日常管理工作由课程教学部负责，具体负责计划、执行、检查、评估各门课程，协调各类课程的时间、空间安排，督促教师高效、优质地完成课程开发任务。由校长、教师代表、学生代表组成的校本课程审议委员会，其主要职能是审议学校《校本课程开发指南》与教师申报的课程，检查、监督校本课程方案的施行情况。

为保障校本课程的有效实施，学校制定了《校本课程开发与实施管理办法》、《校本课程指南》，包括：校本课程开发与实施管理办法、校内选修校本课程开设科目、开设课程简介、校本课程开发申报表、学生校本课程选课意向表、校本课程开发方案评价表、学生评教表、课堂教学评价表等实践操作方法，在评价上注重过程评价，实施学分制管理。

在校本课程开发实施过程中，必须认真做好调查研究工作，不断提高校本课程开发建设的针对性和实效性，建立和完善课程评价制度，选择与校本课程开发相适应的评价方法。只有选择与课程相适应的评价方法，才能最终将校本课程开发和实施落到实处。校本课程开发的具体实施情况要科学检查、监督、测评。

三、积累了丰硕的课程开发成果

自2002年以来，育才学校围绕“促进学生的个性和谐全面发展”这一目标，开发形成了具有自身特色的校本课程体系，到目前为止，已形成了校内必修课、校内选修课和校外自修课三类校本课程，共计110多门，内容涉及人文素养、科学素养、身心健康、生活技能、艺术审美、学科拓展等六方面。人文素养类——如诗词鉴赏、名著欣赏、传统文化、时政分析、人文资源考察等；科学素养类——如自然资源的考察、环境保护、应用物理实验、网页制作、电脑机器人等；身心健康类——如安全教育、心理辅导、体育类等；生活技能类——如家政礼仪、社交礼仪、自我保护、烹饪、集邮、刺绣、园艺、消费理财等；艺术审美类——如音乐、美术、舞蹈、课本剧、文学创作等；学科拓展类——如交际英语、俄语、法语、日语、数学思维训练、语文写作、物理实验、演讲与口才、小记者等。

在丰富多彩的校本课程资源的基础上，育才学校建立了完善的学校“选课走班”教学制度。为了便于学生选择，学校将校本课程选课目录和课程简介印发给学生，供学生了解每门校本课程的内容。学生在教师的指导下，根据自己的情况，结合家长的意见进行选课。每位学生每学年不少于2门，其中必修、选修不少于1门。每门课程选课人数原则上控制在20～40人。超出班级规模的课程，课程教学部可根据学生意向和学校教学条件，在充分尊重学生志愿的前提下，进行合理调剂。

育才学校的课程改革实践告诉我们：课程开发使学校拥有了比过去更大的课程决策权，突破了国家教科书的限制，弥补了国家课程的缺陷，彰显了学校特色，促进了教育教学方式的创新，提高了教师的专业地位和专业素养。当然，校本课程开发最大的受益者还是学生，校本课程为学生提供了一个自主、合作、综合的学习机会和空间，使其将知识学习、实践体验、习惯养成、能力培养等统一起来，促进了学生综合素质的发展。

总之，本书从理论和实践两个维度，系统阐述了一所九年义务教育学校校本课程开发的实践成果和探索历程，生动再现了校本课程行动研究的全过程，全面总结了富有学科特色的实践经验与成效，为中小学的校本课程开发提供了有益的理论指导和丰富的实践成果。

希望越来越多的中小学校能从校本课程开发入手，树立正确的课程观，充分发挥教师群体的创造性，构建开放民主科学的课程，带动学校内部变革，促进学校内涵发展，培养全面而有个性的学生。

张广利校长向学生了解自主课堂改革情况，并就如何推进倾听学生们的意见和建议。

第五章　教学观

——课堂是促进学生生命成长的场域

张广利的教学观：
课堂是促进学生生命成长的场域

课堂教学是师生生命及其在校生活生存方式的重要组成部分，也是教育直面生命、为了生命、提升生命，由理想转化为现实的主渠道。

教学的主旨要指向“人”，指向“生本”，指向“生本发展”。也就是说，教学不只是智力发展的过程，也是人的身体、情感、德性、灵性等各方面发展的过程。

教学活动中，教师应力求使教学过程诸要素之间与教学环境之间始终处于一种协调、平衡的状态，从而提高教学质量，培养学生的创新精神、实践能力和自学能力，使学生的基本素质和个性品质得到全面、和谐、充分的发展。

“课堂是素质教育的主阵地”，这应该是教育工作者、尤其是一线教师耳熟能详的一句话。毕竟学生在校的大部分时间是在教室里抑或说是在课堂中度过的。“课堂生活质量既决定着学生当下或未来学习生活的走向，也决定着学生素质的发展趋势”，深谙其中旨理的张广利常常提醒学校教学管理者和教师，“如何在课堂教学中有效实施素质教育，在扩增学生知识、增长学生能力、提升学生智慧的基础上真正提高学生素质，提高学生的生活质量和生命品质，将是我们必须思考并孜孜以求的目标”。

张广利深知，要想把素质教育真正落实到课堂上，不能只靠喊口号、贴标签、说几句时髦的空话、作假作秀地玩花样，必须在先进理念引领下，扎扎实实地落实到教学改革行动上。只有真正落实到行动上，素质教育才能在课堂上落地生根、开花结果。

于是，从在东营市胜利四中有章有法地实施“分层递进教学”改革，继而开展“自主课堂”实践探索，再到在胜利六十二中开展“问题导学式生态课堂”建设，乃至在东营市育才学校轰轰烈烈地开展“差异教学”改革研究与实践，张广利在不断追求教学转型的过程中，始终把精力聚焦于课堂，聚焦于课堂教学如何促进学生的智慧发展和生命成长上。

第一节　教学改革永远是学校教育工作的核心

随着素质教育和课程改革的深入推进，人们越来越认识到教学改革之于教育改革的重要性。“教学改革是教育事业蓬勃发展的主旋律”，这是教育理论与教学实践工作者的共识。对此，张广利把它理解为：教学改革永远是学校教育工作的核心与主题。

“课堂教学是课程实施的基本途径。尤其是当课程方案确定后，教学改革就成了课程改革与实践的关键”，张广利对教学改革重要性的认识更为实际，“新课程改革对教学改革提出了更为严峻的挑战。教学改革是一场更持久、更复杂的攻坚战”。由是，有理想、有思想、有作为的张广利在教学改革的路上不倦地探索着，不懈地实践着。

一、以"生本发展"理念领导教学改革

有专家认为，教学是人类特有的实践，是"人为"的和"为人"的活动。作为一项复杂的人类活动，教学的改革发展总是在传统和变革的互动中进行的，其中"以生为本"的观念转变和理念更新应为第一要义。

张广利深深懂得，理念与实践两者之间是"知"和"行"的关系。理念是行动的先导，有怎样的教学理念就有怎样的教学实践；教学实践是教学理念的反映和体现。

教学实践是教师在教学中所采取的各种措施、策略等，主要是指"在教学过程中做了什么"的问题。教学理念在整个教学过程中具有方向性、主导性的作用，是教学行为的灵魂，它为教师指明"在教学过程中为什么这样做"的问题。所以，学习并掌握先进的教育教学理念，对教师的教学实践之重要性不言而喻。

张广利不只认识到理念之于实践的重要，而且在自身参与并指导本校教师实施课改与教改的行动中，对教学改革、尤其是课堂变革有着自己的理解。智慧的张广利在新课程改革发轫之时就敏锐地抓住了课堂变革的实质，那就是坚持"以生为本"的教学理念：从教师本位转向学生本位，从重教法转向重学法，从就课堂而课堂转向关注学生的收获乃至发展的过程。

因此，张广利比较早地认识到了把学校比作工厂的教育观念的局限性乃至错误性，认识到了传统课堂教学存在的弊端——亦如后来华中师大教育学院岳伟博士所总结的"传统课堂教学的表征和危害"：

一是，课堂是一个孤立、封闭、机械运转的实体，很少有人把课堂放在整个教育系统中去考虑，更没有把课堂放在教育者和受教育者的整个人生中去思考，致使先进的教育理念和鲜活的现实生活无法进入课堂，课堂成了一潭不起波澜的死水。

二是，课堂实践成为一种机械操作的物化劳动过程。由于对教学阶段或环节的僵化理解，课堂实践最终演化为一套专门化的机械操作。机械化的课堂最终使教育者和受教育者都机械化和物化了。

三是，强调教学的秩序和确定性，追求课堂的整齐划一。在课堂教学中，讲究师道尊严的教师，往往剔除了那些偶发的并对学生能够产生积极影响的“事件”，喜欢采用纪律约束和惩罚的方式来维护教学秩序，竭力消除课堂的不和谐声音。这样，丰富多彩、变化多端的复杂课堂被规范得井然有序、整齐划一，课堂成为一个预设的表演舞台，因此也就失去了新奇和刺激，想象力和创造性也随之消失殆尽。

四是，课堂失去了对话的基础，教学成了教师对学生的改造和训练。对此，叶澜教授有过描述：“学生在学校里的生活大多是被动的、程序化的，尤其在课堂上。孩子们不仅要按照课程表的规定和手中的教科书上课，而且一切行动要按照教师的指令。在这里，教师是学生精神王国的主宰者，学生是教师意志的服从者……学生只是教育这台机器上的一个个‘零件’，活生生的‘人’被埋没和忽略了。”也就是说，学生失去了学习的自主性和平等对话的权利，课堂教学因此演变成了单向的独白和灌输，演变成了教师对学生的规训和改造。在机械论范式中，课堂的有机性被肢解了，生命的活力消失了。

张广利深知，课程与教学作为学校教育工作的两大核心，彼此之间是紧密联系、有机互动、整体运行的，缺彼少此，或重此轻彼，都将影响学校教学改革的效能。当“以人为本”成为张广利统领并支撑学校课程改革的主旨理念时，“生本发展”自然就成为领导其开展教学改革的行动理念与实践方针。

由此，洞悉课堂教学现状的张广利，其认识更直接也更到位：陈旧的教学观导致课堂缺少“生本”理念，缺少“联系”和“整体”的系统运行，更缺少对学生人格的尊重和生命的关照。三个“缺少”使教学行动指向不能做到以学生发展为根本。

所以，他极力向教师们传播“全人教育”教学观。他一而再、再而三地和教师们一道参悟“整合学习”这一“全人教育”教学观的本质：

所谓“整合学习”，是“基于相互联系与整体性的原则之上的”，它把学生视为身体、心灵、情感和精神完整发展的整体的人，它通过多种形式的共同体，发展一种在学科之间、学习者之间建立关联的教学方式。整合学习还寻求学习情境中内容与过程、学习评价、分析性思维与创造性思维等因素之间的动态平衡。最后，整合学习还具有包容性，它面向各种各样的学生，采用各种各样的学习策略，以满足学生多样化的学习要求。“整合学习”的目的，是通过在知识内容与技能以及不同主题的内容之间建立广泛联系，促进学生知识与技能的相互迁移，培养他们的分析性思维与创造性思维，使他们的多种能力得到发展。

结合教学改革实践，张广利和他的同道们对“整合学习”的目的有了更深入的理解：

学习的主旨要指向“人”，指向“生本”，指向“生本发展”。也就是说，学习不只是智力发展的过程，也是学生的身体、情感、德性、灵性等各方面发展的过程。学习过程是各种认知方式共同参与的过程，涉及身体、情感、思维、想象、直觉等方面。指导整合学习的教师必须是“全人教师”。“真实”和“关怀”是“全人教师”的最重要的两个素质。对“全人教育”而言，教师的教学策略、方法并不是最主要的，过于注重技巧反而会削弱教师的真实性。面对学生，教师应以自己真实的内心去影响学生。教师如果是真实的，那么他就必定关怀学生，关怀是一种最真实的存在。

张广利不仅仅拘囿于此，在实践“生本发展”教学理念的过程中，他通过不断学习和吸纳先进教育教学思想来丰富和强化自己的理解。从苏格拉底把教育转向对人的重视，到孔子向往的理想人格；从卢梭、裴斯泰洛齐倡导尊崇自然的原则、杜威提出“以学生为中心”，到蔡元培推崇的“教育者，养成人格之事业也”；从罗杰斯提出的非指导性教学，到如今的主体性教育、人文教育，以及“生本发展”教学，都把目光集中于“人的发展与完善”。

虽然不同学科领域对“生本”作出不同阐释，但都把学生作为人来看待，主张弘扬人性，强调学生的地位、价值与尊严。不过，张广利所理解的“以生为本”的思想与人本主义、人道主义、人文主义又有着本质区别，他所理解与践行的“生本”理念是一种看待教学与实施教学的态度和观点。

2009年11月，实地考察澳大利亚教育后，张广利更加坚定了以“生本发展”理念指导教学改革的方向和信心。他在《赴澳学习考察报告》第四部分“以生为本的课堂教学生活”中，对澳洲教育践行“以生为本”教学理念的做法作了如下评述：

在澳大利亚，一般州政府有统一的教学大纲。教学大纲非常详细，每个知识点都有具体的表达；大纲每1—2年就会做出调整。但澳洲没有统一的教材，选哪种教材一般由教师、家长和学校来决定。课堂上很少用教材，只是由教师复印或打印一些材料发给学生。即使有教材的学科，教材也只是作为课后强化复习的资料使用。

在平时的教学过程中，很少看到教师布置什么作业。学生课前围绕着问题搜集材料、制定问题解决方案；课上围绕着问题解决与本组的同学研究方案，向全班同学展示解决的方案，同学和老师点评方案；课后学生进一步完善问题解决方案。这样的教学过程似乎已成为师生习惯的教学流程。课堂教学方式多为对话式、分组探究式或自主合作式，很少看到教师的讲解，教师只是参与到各小组的讨论之中，与学生平等的交流与对话。学生不用教师批准可随意向教师提出问题。对于带有普遍性的问题，或教师认为有必要讲的内容，教师也会进行讲解，但讲解时间并不长。课堂的大部分时间就是学生根据教师的安排自己组织活动，分组讨论和探究问题，各小组向全班同学展示自己的学习成果。学生在课堂上的权利和自由度较大，学与不学是学生的权利，学什么和怎么学也是学生的权利，可以说，学生有充分的选择权、表达权。教师在课堂上必须尽可能地满足学生的这种选择，并不断地激发学生探究的欲望。因此，对教师而言，激发学生的学习兴趣，引导学生进行探究学习，是教学的首要任务。他们真正做到了把时间还给孩子、把能力还给孩子。

由于多数课堂教学是以问题解决为主线进行的，所以，课下围绕问题解决，学生自行组建了不同形式的学习共同体（类似于我们的学习小组）。学习共同体的建立都是以学生的居住区域来划分的。在同一个学习共同体内部，各个成员都有明确的分工，搜索什么样的资料也都分工到每一个成员。共同体有专人汇总大家的意见和方案，以便上课讨论时使用。围绕一个问题的解决，学习共同体的每一个成员有时也各自行动，每人拿出一个解决问题的方案。这样，同一个共同体针对一个相同的问题，就会有不同的解决方案。这种活动方式，在培养学生合作精神的同时，也培养了学生发散思维和创造性解决问题的能力。不仅如此，学习共同体在课外也自行组织一些调查或实践活动，有时还开展体育活动。

以问题解决为主线的课堂教学，是澳大利亚中小学课堂教学的一大特色，也正是这一特色的课堂和教学过程，不但培养了学生的问题意识和学习兴趣，而且也培养了学生的合作意识和探究能力。

由是，对澳大利亚教学实践的现实考察，更加深化了张广利对“以生为本”教学理念的理解，也更加印证了他践行“生本发展”教学理念的确实方向。

由“知”到“行”，是一个人做事的常态；由“行”再到“知”，且“知”后又“行”，是善于反思、乐于实践者的聪明所为。而勤于学习、敏于思考、勇于实践的张广利，却能做到“知”、“行”结合、“知行本一”，他在学习借鉴国内外先进教育教学理念的同时，对自己倡行的“生本发展”教学理念，有了更加明确、更加理性，也更加清晰与务实的思考与建构。

于是，“聚焦学生的生命发展与人格完善”，成为他深入践行“生本发展”教学理念的目标愿景。他说：“我理解的‘以生为本’的思想，就是坚持以自然属性与社会属性相统一的‘学生’为本，以这样的学生的主体存在、需要满足和发展完善为中心，倡导人人平等，以学生本身为目的的思想或观念。由此，我倡导的‘生本发展’教学的实质是，一切课堂活动都要以师生的生活与生命、安全与自尊、发展与完善的需要为出发点和归宿。”

张广利进一步解释“生本发展”教学的内涵：

“生本发展”教学以追求学生的不断发展与完善为终极目标，不仅要求学生掌握知识、发展技能，而且追求学生人格心灵的完整、个性的发展、品质的提升、人格的圆满、情感与兴趣的满足。为使学生得到不断发展与完善，“生本发展”教学要求从根本上尊重学生、理解学生，真正将学生的主体性置于主导的位置。这就要求教师与学生彼此之间相互包容、相互尊重，不把事先确定的、不易被人接受的观点强加于对方。

鉴于以上要求，“生本发展”教学就绝不是传统意义上教师教、学生学的过程，而是促使学生在积极的情感体验、完善的人格成长、充分的个性发展、愉悦的生命幸福的基础上，给予教师职业生活的满足，使师生双方都得以发展的教与学的过程。

而在实践的过程中，“生本发展”教学彰显出自身的“四性”特征，即教学目标的全面性，教学内容的多样性，教学过程的开放性，师生关系的民主性。

基于“生本发展”教学理念的内涵和特征，在具体实践过程中，张广利先后指导教师们通过分层教学、自主课堂和差异教学改革，使“生本发展”教学理念逐渐落地生根、开花结果。

【亲历者言】

在教学实践过程中，我对“生本教学”、“以生为本”有了较为深入的认识。所谓“以生为本”，就是让学生成为学习的真正主人。具体地说，就是教学中确认学生是学习的主体，把学生视为平等的学习者、课堂活动的主体、完成课堂教学任务的合作者；就是要尊重学生参与课堂教学的主体权力，把教师的教转化为学生的学，使教师的“教”适合学生的“学”。

“以生为本”的教学观符合时代发展的要求。而新形势新背景要求学生必须更新学习方式，“新课标”要求学生“改变课程实施过于接受学习、死记硬背、机械训练的现状，倡导学生主动参与，乐于探究，勤于动手，培养学生搜集和处理信息的能力、获取新知识的能力、分析和解决问题的能力以及交流与合作的能力”。这种新的学习方式形成与掌握，需要教师的引领与培养。“新课标”把语文教学的终极目标定位在“人”及“人的发展”上。也就是说，“新课标”倡导的是“人本教学”。要实现学生性格健全发展的教学目标，就必须以学习者作为活动及其全过程的中心。但是，由于每个学生的成长环境、认知结构、人生态度、性格爱好以及阅读经验的不同，所以他们获取的感受和结论也就不会完全相同，对文本的理解自然存在差异。为了实现“生本教育”所追求的教育目标，必须采取既符合“生本教育”精神，又具有针对性的教学策略。

在教学活动中，教师应坚持以学生为主体，使他们自始至终充当着主人的角色，无论是阅读教学，还是作文教学，都要力求做到充分发挥学生的主体性，让他们畅所欲言。只有这样，才有利于培养学生的学习自主性，有利于培养学生独立思考、主动求知、积极探索等主体性人格素质。我们知道，人格在一个人的心理素质中处于核心地位，如果一个人的人格不健全，其文化、智能、劳动、生理等方面也不可能得到最好的发展。从这个意义上说，我们坚持“以生为本”，就一定要重视在课堂上对学生的人格教育和培养。

联合国教科文组织的一份报告指出：“未来的学校必须把教育的对象变成自己教育自己的主体。”“教师的职责越来越少地传递知识，而越来越多地激励思考；除他的正式职能，他将越来越成为一位顾问，一位交换意见的参加者，一位帮助发现矛盾焦点，而不是拿出现成真理的人。”要使每一个学生都得到发展，那就要求我们每一个教师在教学过程中必须坚持“以生为本”的教学思想。

（东营市胜利四中副校长、市语文特级教师、东营名师　商虹）

二、致力于教学生态的经营与优化

每一个与张广利有接触的教育人，都感受到他对课堂、对课堂教学、对课堂教学改革有着自己的理解。

受“全人教育”教学观的浸润，积极倡行“生本教学”理念的张广利，总是把课堂教学置放在“关系”、“联系”中去思考，去规划指引教师的教学改革实践。这种对教学的系统性思考与整体化行动，源于他对教育生态观念和生态教育理念的学习与吸纳。

他懂得，课堂教学不是一种独立的存在，而是一种复合的行为现象。于是，他积极倡导以课堂教学为轴心，同时将知识学习的半径宽度延伸至生活中的方方面面，使学生的知识学习不再局限于书本，而是走进生活，使知识学习与他们的校园生活、家庭生活、社会生活紧密相连。这就为学生的知识学习构建了广阔的社会平台，创设了绿色健康、活力勃发的学习环境生态场。

张广利对先进教育教学理论的广采博取，不仅使他开拓了改革教学的视野，也为他有效建构“生本发展”教学提供了多种理念、方法和策略等的支持。正如捷克教育学家夸美纽斯在《大教学论》中所说的，“寻找一种把一切事物教给一切人们的全部艺术，这是一种教起来准有把握，因而准有结果的艺术；并且，它又是一种教起来使人感到愉快的艺术，就是说，它不会使教员感到烦恼，或使学生感到厌恶，它能使教员和学生都得到最大的快乐。此外，它又是一种教得彻底、不肤浅、不铺张，却能使人获得真实的知识、高尚的行谊和最深刻的虔信的艺术”。这也成为张广利经营与优化教学生态的一种教育追求，更成为他所追求的理想教学状态。

由是，在自我建构“生本发展”教育教学中，张广利创新性地注入生态教育学和生态化教学理念，用其思想和方法来研究教学，面向教育教学根本，体验教育教学真实情境，反思教学现状，寻求教育教学改革的全新视角。与此同时，在教育教学研究与实践过程中，不断改进“生本发展”教育教学理念和方法，在不断反思与改革中找寻更加理想、更加人本与生态的教育教学发展途径，不断贴近理想的高效教学状态，最终实现“教育是一种生命的表达，一种主体的呼唤，一种意义的阐释，一种历史的回声，一种价值的建构，一种理想的追求”① 的意旨。

所以，张广利要求教师摆正对于教学本质的认识态度，客观看待教学本质；要求教师从生态理论的角度审视教学，匡正自身的教学认识与实践。

张广利不断提醒教师，作为教学活动系统，其最本质的特征就是生态性，或称生命性，它不是僵化的物质系统，而是具有生命活力的生态系统。建构“生本发展”的课堂，或称生本化生态教学，课堂教学必须具有科学的生态思维方式，既表现出对学生的作用、学生的未来的关注，也表现出对生态系统、生命体的多样性及生命体活动环境的关切。

因此，基于生本发展的生态化教学，就要把生态学的理念渗透到教学活动中，用生态学的理念和方法去思考、认识和解决教育教学中的问题，挖掘教学活动自身的生态性，使生态理念成为教学活动的普遍指导，利用对教学活动最本真的认识，处理好教学活动中的复杂关系，使人、自然、社会三者在教学中和谐共生。

这样的课堂教学，就彰显了寻求生命体和谐发展的本质，即尊重教学中的生命意义，让教师与学生共同参与教学活动，体现生命的自主能动性和创造性，共同构建对人、社会、自然等生态关系的科学认识，丰富生命个体的内涵，体现其价值，以促进教师和学生生命个体的整体和谐发展。

在张广利的引领下，无论是开展“分层递进教学”改革、“自主课堂”建设的东营市胜利四中，还是开展“问题导学式生态课堂”建设的胜利六十二中，还是开展“差异教学”改革的东营市育才学校，教师心目中都有一个共同的教学信念，那就是：促进“生本发展”的理想教学生态，是尊重每一个学生生命个体，关注其全程、全域、全面；彰显学生的自主性，促进个体间

① 石中英：《教育学的文化性格》. 太原：山西教育出版社，2003，189.

的和谐发展、差异发展；助力学生打通智慧发展、生命成长的通道，营造起绿色、开放、和谐的成长生态……

当然，伴随着教学的发展和进步，不同时段或时期会出现不同的问题。这些问题，一方面在某种意义上阻碍了教学改革的进程，遮蔽了教学的本真；另一方面又是教学改革的动力，促进着教育教学的不断变革。

因此，加强诊断教学实践中存在的诸多生态化缺失的问题，找准那些新生的临床课堂非生态状况，既为教师经营与优化教学生态扫除障碍，又为学生提供一个学习的"生态园区"，这不仅是教学改革创新的必然要求，也是师生成长和发展的共同需要。

于是，在建构基于"生本发展"教学生态场的过程中，张广利把带领教师探寻教学实践中的问题，分析、认识教学中存在着的诸多不和谐的非生态现象，作为教学改革中的重要环节。

在探寻教学实践问题和困惑的过程中，受学者王潇枭先生关于生态化视野下中学语文课堂教学研究成果的启迪，育才学校在教学实践中确认了三个不和谐的非生态现象：

一是，缺乏"生本发展"意识。受应试教育的影响，考试内容成了教师重点讲授、学生全力习得的对象，考试考什么，教师就讲什么，课堂所学知识成了专门为考试服务的工具，一些学生喜闻乐见、与生活密切相关，对培养学生的思辨能力、创新能力和实际操作能力都起着桥梁作用的知识，由于与实际考试无关，而被直接忽略。

对此，张广利直斥其害："教师和学生都是为了知识的传递和掌握而存在，而不是为了自我生命价值的实现和完善而存在。"

为了强化教师们对此种教学危害性的认识，他还经常引述中外学者的评说，在思想和理论上指导教师进一步看透课堂教学非生态的不平衡状态及其危害性。

张广君说："对学生来说，目的是根本，学生和学习反而成了手段；对教师来说，作为组织者和主要责任人，为了最大限度地达到教学的合理性、有效性，而将一切可以利用的东西都‘合理’地作为手段运用于教学过程中，甚至将包括自身在内的一切都视为并作为工具来加以利用，人与人的教学世界成了纯粹理性的抽象的自然世界。”

池田大作在和汤因比的对话中也曾深刻地揭露了这一事实，“现代教育陷入了功利主义，这是件可悲的事情。这种风气带来了两个弊端，一是学问成了政治和经济的工具，失去了本来应该有的主动性，因而也失去了尊严性；另一个是认为唯有实利的知识和技术才有价值，所以做这种学问的人都成了知识和技术的奴隶，由此产生的结果就是人类尊严的丧失”。无疑，这样的教学是与教学本身发展方向相背而驰的，是一种缺乏生本发展意识、非生态的教学模式。

二是，教学缺乏生成性。在传统的教学活动中，教师对生成性的教学情境和教学问题常常是视而不见。一些教师常常是“以不变应万变”，一成不变地按照课前预设的教学设计开展教学活动，甚至一份教案一用就是几年。这样的教学活动，闭塞了教学生成的空间，成了教师讲、学生听的过程，学生失去了参与教学活动、主动探究的权利，久而久之，学生也就失去了发现问题和表达不同想法的兴趣和热情。

正如中国教科院邓友超研究员所说的：“在为数不少的教学实践中，我们发现，这种刚性教育常规就像一把尺子，确实在裁剪着不同教师、不同学生、不同班级以及不同学科可能会遇到的各种具体的、特殊的教育情境的差异。这给人的印象是，教师似乎是技术执行者，而教育似乎是技术性工程。”

针对此，在每一次课堂观察后，张广利总是向授课教师传递这样的教学旨理：基于“生本发展”的生态化教学是一个“对话”的过程。教学对话应是开放的、自由的、不确定的，虽然教师每节课都要预设教学活动的内容、主题和进程，但在实际的教学活动中，教学对话的生成是无止境的，也正是教学活动的生成性，使得教学活动充满生机与活力。

三是，对教材的理解和开发不够。课堂教学的主要载体无疑是教材，这种教材文本，是“一种脱离了社会、历史、文化和读者的所有因素的自足独立的客体，是一种具有自身审美目的的符号结构或者符号体系，似乎不管有没有人去阅读和理解它，它都始终保持着其恒定的意义和价值。”① 在教师和学生对教材这种文本理解的过程中，教师和学生的视域应该与文本作者、教材编写者的视域不断交流，不断生成、扩大和丰富，最终达到“视域融合”。

但是长期以来，更多的教师往往把知识看成是静态的，不具有相关联系性的。于是，他们将教材视为至高无上、不可随意更改的东西，教师的教学按照教材预先设定好的进程或“跑道”来进行，完全按照教参规定的课时进行。正如有学者所指出的那样：“迄今为止的课程，大多是训练我们成为预定的‘真理’的被动接受者，而不是知识的积极创造者。”② 为了让学生尽可能充分、完全彻底地掌握教材中的内容，教师还常常尽可能地理解教材知识点的“本意”，再传输给学生。书本成为传授的经典，供记忆的知识仓库。

对这种从书本到书本的教学，张广利要求教师们在实践中尽可能有所改变。他告诫教师，“在教学活动中以书本为中心，进行闭锁式的小循环，学生的学习场所同现实生活严重分离。教师只要求学生掌握现成的结论，总结答题技巧和套路，不要求洞察结论产生的过程，就会导致教学内容与学生的经验世界脱节，使学生所学的东西除了应付考试，不能学以致用，这样严重挫伤了学生的学习积极性。教学生态的个体和群体的创造性、逻辑思维能力、实践能力和开拓进取精神都被压制住了”。

他要求教师们牢记叶澜教授对教学过程的基本任务的释解，并努力在教学实践中加以落实：“使学生努力学会不断地从不同方面丰富自己的经验世界，努力学会实现个人的经验世界与社会共有的‘精神文化世界’的沟通和富有创造性的转换；逐渐完成个人精神世界对社会共有精神财富富有个性化和创生性的占有；充分发挥人类创造的文化和科学对学生‘主动、健康发展’

---

① 李建盛：《理解事件与文本意义——文字解释学》，上海译文出版社，2002，72页。

② ［美］小威廉姆 E. 多尔，王红宇译：《后现代课程观》. 北京：教育科学出版社，2000，12 页.

的教育价值。”

对课堂教学不和谐的非生态现象的把握，使张广利及其麾下的教师对如何建构基于生本发展的教学生态，思想和认识都了很大的提升。

而且，对后现代课程观关于课程与教学的有关理论有了更深的理解：课程是一个生态系统，是教师、学生、教学媒介以及教学环境共同组成的一个有机系统。教师与学生是教学的有机组成部分，是相互作用的主体。教学过程是师生、生生“交往互动”的过程，教师与学生在沟通对话中，凭借自己的经验，用各自独特的精神表现方式，通过双方心灵的对接、意见的交流、思想的碰撞以及合作的探究，来实现知识的共同拥有与个性的全面发展。“所谓的教育生态，我们应该把它看作是一种学生发展的条件系统或环境系统。”①良好的教学生态是师生关系、教学目标、教学方式、教学活动、教学环境等诸多因素能够互利共生、协调发展的一种“生态”。

为此，在经营和优化基于“生本发展”的教学生态时，张广利要求教师们努力做到以下几点。

第一，教学生态观要体现整体统一性。“‘生本发展’的教学生态系统是由系统内部各要素同外部多维生态环境中的各生态因子共同构成的生态网络，是一个统一不可分割的整体。”张广利强调说。

教学这一整体由七大部分组成，包括教师、学生、教学目标、教学方法、教学内容、教学环境和教学评价。教学过程的各个要素相互关联，共同构成一个有机的整体。而且，教学系统中的七个要素有着不同的地位和作用，但都是不可缺少，紧密联系、相互作用的。

第二，教学生态关系要凸显协变共生性。共生性是自然生态中的一种十分重要的相互关系，在教学生态中也存在着这样的共生关系，教师、学生、教学内容、教学环境等构成了生态化教学的生态系统，多元、异质的教学因素，共同存在于教学生态系统中，并通过教学活动相互关联。

---

① 郭思乐：《素质教育的生命发展意义》，教育研究，2003（3）：2.

在教学生态中，作为课堂生态主体的教师和学生在情绪和情感上的变化也具有协同性，教师与学生的情绪情感相互交织，形成一个生态性的心理张力场，相互影响，协同变化。所以，张广利常说，教师与学生情感情绪的变化，即使是微弱的变化，都有可能使处于同一心理张力场中的其他学生产生情感情绪上的协同变化。

张广利认为，教师精神饱满、情绪激昂，常常会在不经意间使学生进入情感情绪的唤醒状态，而教师如果情绪低落，精神不振，也会使学生由激情状态转入正常或休眠状态。同时，如果面对一群情绪低落惆怅的学生，即使教师处于激情状态也会被感染；同样，学生之间也存在着这种情绪和情感上的协同变化。学生之间相互切磋合作，彼此参照，相互砥砺，交互影响，互利共生。

第三，教学元素要具有开放真实性。一个生态系统也只有是开放的，与外界有信息和能量的交换才能有序发展。生本化生态教学作为一个生态系统，不仅有教学系统与外界（自然环境、社会、文化等）的信息交流，同时还有系统内部各子系统（教师、学生以及师生和环境）之间不断进行的物质、信息和情感的交流。生本化的生态教学的开放性主要表现在以下三个方面：

首先是教学主体的开放性；其次是教学课程的开放性，即课程内容与课程实施的开放性；再次是教学环境的开放性。

第四，教学过程要关注动态生成性。生本化的生态教学不是只有知识传递的运输道，机械进行，一成不变。教学中师生双方的思想交流碰撞、情感体验，都具有非预设性、随机生成性和创生性等特点，教学过程中的语言、内容、节奏乃至教学中相应的活动都是充满着变化。

因此，张广利要求教师，要及时捕捉教学中随时出现的教学资源展开再教学，开发教学的深层意蕴，使教学充满变化、创造和灵动。不能把教学作为知识复制和传递的过程，而是要作为师生双方创造和分享的过程，在追求自然、真实、和谐的教学过程中，营造师生共识、共享、共进的理想教学氛围，共同培育生命价值成长。

教学由单一、封闭、静止走向多元、开放和动态建构，师生在共创共生中形成良性的生态循环，“通过教师、学生、教科书编者以及文本之间多重观点和解释的碰撞、消解和转化，走向融合和升华，在探究的过程中激发生命智慧和创造潜能”。①

第五，教学主体要重视体验探究性。德国哲学家狄尔泰也曾经说过，“只有体验才能将活生生的生命意义和本质穷尽，只有通过体验，人才能真切而又内在地置身于自身生命之流中，并与他人的生命融合在一起”。人本化生态教学就是要让作为教学主体的教师和学生都能够以参与者的姿态去体验，这不仅是一种经历、一种成长，同时也是一种感悟，是让每一个生命体都得到开发的生态形式。

在张广利的指导下，他麾下的教师努力通过创设人与人、人与自然、人与社会甚至个体与自我心灵的交往情境，让学生能够在体验中对话、感悟、反思，生成新的教学资源和人生成长。

此时，教师的责任更多的是创设体验情境，激发学生体验的兴趣，与学生共同交流感悟，探讨问题。而学生课堂教学的体验中主动探索和思考，独立地提出相关问题，并分析和解决问题，体验探究过程的艰辛，享受问题成功解决的快乐。

而且，教师做到了结合学科特点和学生学情及学习兴趣，不断以新的教学方式、交往方式和思维方式，点拨开启、巧妙引导和设置问题情境，营造探究氛围，并提供有助于学生解决问题的各种资源和帮助，实现有限性与无限性的统一。

在这样的教学中，师生的角色得以重塑，教师从原来的知识传授者变为体验的创设者、引导者、参与者和组织者，学生也从原来被动的知识接受者转变为主动的意义体验者、建构者和体验的共同创设者、推进者和参与者。

---

① 史绍典：《语文生态课堂构建断想——从一个教学案例谈起》，中学语文，2004(12)，第9～11页.

在经营和优化生本化教学生态的过程中，张广利最关注的还是教学生态系统中最重要的生态要素："教师"和"学生"，这也是张广利倡行"生本发展"的根本目的和宗旨。

因为，教师不仅承担着教育教学和教育科研的任务，而且对教学资源的鉴赏、开发、积累和利用起着主导和决定作用。正如乌申斯基所言，"教师个人对学生心灵的影响所产生的力量，无论什么样的教科书，无论什么样的思潮，无论什么样的奖励制度，都是代替不了的"。

所以，张广利要求教师，要不断获取、丰富、增值、完善，将各种相关知识结构组织到自身的知识储库中，扩大并革新自己的教学思维，同时成为学生丰富的信息资源。

"生本化教学生态的经营与优化，使教师走出了应试教育产生的教学桎梏，积极参与师生之间、师师之间的对话与教研创新，形成一个充满活力和创新精神的教学生态氛围。"负责小学教学的副校长宋玉珍由衷地说。

学生是生本化教学生态系统的核心生态因素，一切教学活动的开展都是为了学生的智慧发展与生命成长。教学过程不仅是掌握知识技能的过程，更是培养学生的情感、态度、价值观，充分发掘学生潜能和智慧的过程，是使学生身心得到充分发展和培养学生可持续发展能力兼备的过程。

所以，在教学的过程中，学生的积极主动参与是关键，学生学习的过程也是学习者建构自己的知识体系的过程。

这一点，早已成为张广利和他麾下教师的共识。

教学生态的经营和优化，离不开高质高效的教学管理。考察张广利的教学管理，生本化管理是其实施教学管理的重要理念和方法。他常说，课程与教学改革是一项系统工程，它需要方方面面的元素支持，尤其需要每一位教育教学工作者付出专业努力，需要每一位学生认真实践，更需要大家合力做功、共同攻关。所以，管理必须坚持"以生为本"，特别是教学管理必须强化生本管理理念，尊重教师和学生的人格，不断完善学校的人文环境和制度建设，在学校精神家园的营建中让师生生发向上向好的心志。

生本化教学管理为学校生本化教学生态的构建提供了切实保障。也可以说，生本化学校管理成为张广利每一次实施教学改革的行动灵魂；关爱学生、依靠学生、成就学生，已是渗入其骨髓的管理意念。所以，张广利在澳洲进行教育考察时，就特别关注澳洲学校的教学管理理念与做法。他在他的《赴澳学习考察报告》中，曾专辟一章（第三部分）介绍了澳洲教育的“人性化的教学管理”。从他的介绍中，既可看到澳洲教学管理的先进性，更折射出张广利教学管理与教学改革行动的前瞻性：

南澳的中小学校的课时没有统一的规定，由学校自己决定。一般大多为40分钟左右，高年级有加长的趋势。小学每周上五天，每天上3～5节课，一天上4～5小时的课。小学一般没有作业，周末顶多只留一小时的作业。下周一交作业时，如果学生没有完成作业，只要向教师说明情况就可以被原谅。初中、高中每周上五天，每天上6节课，一天上6小时的课，上午4小时，下午上2小时，上午一般在8:50上课，下午一般在3:15放学。从学校教学时间的安排上，已经给学生留出了足够自由支配的时间。课余时间，我们看到操场上到处是孩子们自主开展体育活动的身影，也有的到图书馆去看书、查阅有关资料，或到附近社区开展一些服务实践活动等。学生的日常生活丰富多彩。

南澳各中小学教学楼的走廊里，排放着一排排的学生用橱，橱门锁都是密码式的（据说这样的锁不容易被损坏），每个学生一个橱柜，主要是用于学生存放相关的学习用品。平时，学生每人都有一张课表，上课时，到哪个教室学习什么学科，学生非常清楚。一下课，学生就背着书包走班（小学低年级一般不走班），不用的学习用品就放在自己的橱柜里。看起来，上课的学生自由自在地来来往往。他们选课的教室并不太远，一般一个年级在一个楼上课，但上选修课时，就不那么集中了。无论走班距离是远还是近，学生都很有秩序地奔向自己的选课教室，因为学校的安排相当细致，在时间和距离等方面为学生选课走班提供了方便。学校建立了严格的学生考勤制度，并将出勤率纳入了学科学业成绩的学分评价。这些措施保证了学生走班上课的有序性，因此，他们的走班制教学“形散而神不散”。

中学各年级的班级不设班主任，学生学习也没有固定的教室，学生的管理是全员参与的，由任课教师和教室主任（学校的每一间教室都有一名教师负责管理）共同负责，即上课的教师管理上课的学生，而教室主任则管理他负责的教室上课的所有学生。此外，每个年级学校设1—2名年级主任，具体负责学生管理工作。有的学校在每个年级还设立了年级教师顾问和学生顾问，年级教师顾问负责该年级学生的一些特殊问题的解决，职业顾问负责对学生的未来职业选择问题进行咨询或引导，学生顾问则负责对学生提出的有关学习和生活方面的问题进行解答。学科教学则由学科主任负责。

学生不但在课程选择方面有很大的自主权，而且在某一学科的学习上也有接受不同层次教育的决定权。在南澳的中学，学校根据学生对某课程的接受能力、考试成绩和学生的意愿，编成不同的学习班进行授课。这种情况在数学课的教学中尤为突出。一般中学数学课程按难易程度划分为6个级别，级别越高，难度越大。学校依据学生的数学学习能力，并在征求学生意见的基础上将学生分到不同的数学班级学习。而教师的安排也是由教师自己申报，学校根据教师对每层面学生数学学习的研究和教学擅长程度来决定。因此，在同一教室里学习相同级别数学课的学生，可能来自不同的年级（澳大利亚的中学生升学是按年龄而不是按考试成绩）。这种真正意义上的分层教学、分类指导、走班上课、因材施教，为每一层面学生的数学学习创造了一个适宜的学习环境。

【亲历者言】

我作为张广利校长教学改革的积极追随者，自始至终努力领会和实践着张校长的“差异教学”改革思想。实践中，我对张校长要求从“关系”、“联系”、“系统”中思考教学改革的提法极为敬服，这种宏阔的思维，见树木也见森林的方法，促使我对生本化教学生态的经营和优化，有了思考与认识。

我认为，教学生态的优化，首先是观念的优化。第一，生态自然观对教师各种具体教学观念的生态化取向，起支配和决定作用，它有助于我们站在人类生存和未来发展这一高远的境界，来思考包括课堂生态的优化、教学的生态目标等在内的教育问题。第二，教学生态观是对课堂教学活动的生态学解释，强调动态平衡性和可持续发展。第三，师生平等观是建立新型师生关系的先决条件。第四，教学生成观下的教学，是一个发展的、增值的、生成的过程，教师的教学智慧和学生的学习灵感都会在预设之外动态生成。第五，管理生本观是教学生态优化的基本保障。观念的优化是一个系统化的过程，也离不开一定的建构策略。

其次，教学生态的优化，离不开课堂环境的优化。其中既有内环境的微观教学环境的优化，又有外环境的学校环境的优化，更有社会环境的优化。

微观教学环境中的心理环境优化，是最重要的一项内容，因为，心理环境是对人的心理及活动产生直接作用的各种环境因素总合。心理环境的优化应围绕学生学习兴趣、积极乐观的人生态度、主体性的体现等方面来展开。

对于教学环境优化，重构新型的师生关系是最为重要的措施。师生是课堂生态中的学习共同体，也是生存共同体。生存共同体下的师生关系是相互关联、共生共荣的生态关系，这种关系突出了守望相助、富有人情味的现实生活状态。生命的多彩丰富决定了师生关系的多彩丰富。

教师与学生是教学行为优化的主体。教学生态的优化与师生的课堂生活质量有关。一个充满美学元素的课堂，一定是让师生心旷神怡的课堂，它带来师生课堂生活质量的提升，使课堂成为师生共同成长的精神家园。另外，师生幸福感的提高，以及教师的自我修炼，也会提高师生的课堂生活质量。教师在理想的课堂中将获得生命的幸福、充实、宁静与喜悦。

学校管理层的作为、校园文化、学习型学校的建设等方面的因素都会对教学生态产生影响。所以，我校在办学指导思想中，注意吸纳基于学生发展的差异教育思想的精神实质，走和谐、生态化的发展道路。在校园文化建设中提倡注入生本、生命、生活、生态元素，注重将文化建设与教学、管理、服务有机结合起来，共同体现对教育环境的热爱，对学生生命价值的尊重与关怀。

社会环境是影响学校教育系统的外部社会条件总合。教育政策措施、社会舆论导向等，都是影响学校的办学理念、教师的观念的重要因子。所以，一直重视家庭教育、社区教育，是我校重视社会环境对学生教育的影响力的举措之一。

（东营市育才学校语文教师、语文课程发展研究中心主任 崔静）

第二节 让教学改革探索的行迹扎实而清晰

自1995年担任胜利油田第四中学（东营市胜利四中前身）校长起，张广利就提出了“让学生享受学习、享受生活”的观点。对此有的人不理解，古人把“头悬梁，锥刺股”作为求学上进的精神要求和行为准则，并有“学海无涯苦作舟”的古训警示着后来人，于是吃苦受累甚至受罪就成为读书人的一种本色，而张广利却提出让读书学习成为学生快乐高兴的事，充分“享受”学习的过程与结果。这如何能做到？

其实，“享受学习”的提出，不仅是对当时盛行的应试教育的反动及针砭，对“苦读书、读书苦”学生的关切与同情，更有“解放学生”、“尊重人性”、“以生为本”教育思想的萌芽。而“享受生活”，则是张广利对学校教育的一种崭新认识，更意味着他对当时教育有着超于他人的理解和行动。

在当今广泛运用“理念”这一关键词的时候，那时的张广利提出的“让学生享受学习、享受生活”，无疑是一种教育理念。不知彼时的他意识中有无“理念”这一概念。

当时睿智的张广利经过长期的理性思考及探索实践，开始孕育自己的教育思想观念、精神向往、理想追求和哲学信仰，并以此指导自己、也指导教师的行为实践。抑或说，“让学生享受学习、享受生活”这一理念，成为当时张广利参悟教育真谛的一种思想、一种方法、一种态度，更成为那时张广利及其麾下教师的做教育的行动原则、信念和价值观。

有人说，理念是行为的“灵魂”。“让学生享受学习、享受生活”这一教育理念，无疑赋予了张广利所主政学校实施教改的行动愿景与前进力量。

从1999年新课程改革的发轫到2001年全国全面启动，到如今课程改革如火如荼地继续着，身处其中的张广利，十余年来坚持不懈地对新课改进行理论思考与实践探索，把促进学生智慧发展和生命成长作为自己致力于改革的使命，始终站在教改的前沿，与时俱进，勇力担当，由“课改”到“改课”，借助于三次教法转型，从分层教学到自主课堂再到“差异教学”改革，不仅把“以生为本”理念真正落到了实处，而且使学校教育切实做到了归依本真。

一、尝到了实施分层递进教学改革的甜头

张广利的教学改革最早起步于胜利油田四中的“分层递进教学”实验与研究。

尝试改革之初，他首先思考的是：到底是什么原因影响学生的学习效果?用什么样的教学方法和策略才能提高学生的学习效率?

他认为，影响学生学习效果的原因既复杂又简单。说简单，就是教与学不协调，教师的教不适应学生的学，学生的学达不到教师教的要求。

说复杂，是因为其中包括了社会、家庭、学校、教师等外部原因和学生自身的生理、心理方面的内在原因。而这些因素又直接作用于学习结果，它们必须经过学生具体的学习行为这个中介，才能对学习结果产生影响。这些因素首先综合地影响学生的学习可能性，影响学生从事某项学习的准备状态，进而在一定的教学条件下影响学生的具体学习活动，然后再影响他们的学习结果。

课堂教学活动就这样，总是在具有一定学习可能性的学生的参与下，为达到一定的教学目的而展开。从这个意义上讲，学生学习可能性与教学要求

之间的矛盾，是影响教学有效性的基本问题。当学生的学习可能性与对他们的要求不协调时，学习的低效、无效现象就产生了。此时，如果教学要求显著高于某些学生的学习可能性，这些学生就会“吃不了”或“吃不好”；如果教学要求低于某些学生的学习可能性，这些学生就会“不够吃”。

然而，学生的学习可能性又是有差异的，用同样的要求对待全体学生，就必然会有一部分学生难以适应，从而出现“吃不了”、“吃不好”或“不够吃”的现象。这样，如何对待学生学习可能性的差异，就成为课堂教学中的关键问题。

要想破解这一关键问题，就必须提出一种课堂教学对策，这种对策既要适应学生学习可能性上的差异，又要促进全体学生有效学习、在各自原有基础上获得良好发展。经过深长思考，在“因材施教”教育思想的启迪下，张广利在全校提出了实施“分层递进教学改革”的实验。

分层递进教学改革实验首先在初中一年级开始。学校教师开始时存在一定疑虑，张广利就和教师们一起探讨“分层递进教学”的内涵与意义，在认识的改变中展开研究与实验。

所谓“分层递进教学”，“就是教师充分考虑到班级学生的客观存在的差异性，区别对待地设计和进行教学，以促使每一个儿童都得到最优的发展”（杜殿坤语）。“分层”就是按差异分出学生的不同程度，“递进”就是给不同水平的学生设置不同的“阶梯”，让他们循序渐进地去攀登。“分层”是手段，“递进”是目的。

“分层递进教学”是一种承认并针对学生之间的个体差异，使不同水平的学生都能在原有基础上获得发展的课堂教学方式，让每个学生跳一跳够得着树上的“果子”。它的特点是，让学生不断获得成功的体验，并在成功的快乐中，充分发挥学生的潜能。它的本质是，让学生向一个个最近的目标发展，积小步成大步，进而使学校得到整体提升，走可持续发展的道路。

针对教师中“分层递进教学是不是变相的‘分快慢生’”、“是对学困生的另一种歧视”的质疑，张广利和教师们在实验研究中认真辨识两者的本质区别。

原先的“分快慢生”，是片面追求升学率的应试教育的结果，有的学校按各科成绩的总和由高到低依序排队，这样就把学业成绩好或者相对学习慢的学生对立起来。这样做恰恰是忽视了学生的个别差异，结果是以牺牲一批学生为代价而保护了另一批。成绩好的学生因为特有的优势，学习更加进步，而“学困生”因为外在的压力和自身的不自信，学习成绩提高很慢，最终只会出现“好的更好，慢的更慢”的不正常现象。

所以，改变这一状况，对于激励后进、发展学习相对慢的学生，对于改变教育教学生态、整体提高教学质量意义重大。

当然，意义还不止于此。在实验中，胜利油田四中的教师更加深刻认识到，实施“分层递进教学”的作用和意义至少有四点。

其一，体现了教育教学的发展规律。分层递进教学强调适应学生个体差异，着眼不同层次学生在各自原有基础上得到较好发展，它关注学生之间的差异性，强调教学中针对不同层次学生的实际情况，在目标、内容、要求、途径、方法和评价等各方面都要有区别、有侧重，教学过程为所有学生创造了更多选择、发展的机会和条件。

“让个性不同、潜能不同的每一个学生都得到适合自己的发展，都能成为最好的自己，是遵循教育教学发展客观规律的直接体现。”副校长徐藻衡说。

其二，能促进教师转变观念和改变教学行为。“分层递进教学”是一种教学策略，也是一种教学模式，更是一种教学思想，它强调“教师的教要适应学生的学”，而如何“适应”就对教师提出了新的和高的要求。实施“分层递进教学”改革实验，首先要求教师转变观念，即承认差异、尊重差异、利用差异、分层递进，从研究考纲、题目到研究学生、认识学生、尊重学生、发展学生。

于是，张广利要求教师必须认识到三点：①学生是有差异的，教师的

"教"必须适应学生的"学"。②教学要促进每一个学生的发展，不能以牺牲一部分人的发展为代价来求得另一部分人的发展。因此，必须建立一种能促进每一个学生在现有基础上得到较好发展的机制，这就是递进的机制。③教学中要努力创设一种合作学习的氛围，促进师生之间、学生与学生之间积极互动关系的建立和协调，努力使各层学生发展所长，互相弥补，互相帮助。

张广利再三告诫教师，我们不是让学生适应自己的教学，而是进行有差异的教学，让每一个学生都有适合自己的教学方式、教学要求、教学内容；"分层递进教学"就是关怀每一个孩子健康成长，适合每一个孩子有序发展。

其三，最重要的是，能促使每个学生都得到充分的发展。世上没有两片完全一样的树叶，正因为如此世界才变得丰富精彩。同样的，在我们现实生活中，也不可能有完全相同的两个人，每一个学生都是一个特殊的个体，在他们身上既有共性，又有巨大的差异性，关键的是教师在遵循教育规律的情况下，打破统一的模式和传统的教法，去关注每一个或每一类学生，并在此基础上采用分别指导、分层次、分组等教学方法，来满足学生的不同需求，帮助他们确立"每个人都具有成功的潜能"的信念，使每个学生都能得到充分发展。

可以这样说，正是因为开展"分层递进教学"实验，才有了张广利的基于因材施教的"个性化教学"，才有了以生为本的"自主课堂"和"问题导学式生态课堂"，才有了"全人教育"下的"差异教学"等教学思想的萌动。

其四，能促进学校科学发展和特色构建。实施"分层递进教学"改革，以实验促研究，以研究促教改，把教学工作与课题研究相结合，实现教学工作问题化、教学问题课题化、教学课题工作化，把教改实验作为创建学校特色的一个主攻方向，从而使分层递进教学模式成为黄河三角洲地区最具影响力和竞争力的办学特色。

深刻的认识是改革实验的行动基点。经过一段探索性实验，张广利和教师们在进行阶段性总结后，进一步具体明确了实施"分层递进教学"的实验原则、操作路径和相关要求。这种“边实验、边总结、边推进”的做法，成为他后续实验研究工作所依循的一种教研策略。

实验过程中，他和教师们达成了以下共识：①以生为本，积极重视学生差异的存在。②针对学生的特点，满足不同学生的心理发展需要，在班级授课中把集体教学与个别化教学结合起来。③教学分层的依据是学生个体的差异，递进的目的是求得学生的主动发展。

期间，凝聚着全校集体智慧的实施“分层递进教学”的着力点与操作路径逐渐明晰：学生分层→目标分层→施教分层→练习分层→分层评价。而具体到每个“分层”环节，各班级、各科任教师在实际操作中自主完善每个行动步骤的内容、方法、策略等。

具体实施分层递进教学过程中，张广利与教学管理人员、班主任和科任教师一起，从展学生之能、扬学生之长、促进学生发展出发，努力做到关注小处、重视细处、不忘实处，随时探讨每一个环节如何成为育人的重要能源。与此同时，他还明确提出了“分性定层、分层导学、分类递进、分别提高”16字要求。

关于“分性定层”。“分性定层”的“性”，既是学生的现时面貌，也是与他人的差异情况。这是实施分层递进教学的起点；而“了解和掌握学生的差异在哪里”是分层递进教学法的落脚点。分性定层的目的，不是为定层而定层，而是通过定层明确教育的起点、教育的目标和教育的路径。

如，“最近发展区”定层按照“必须做什么——努力做什么——争取做什么”确立。“必须做什么”就是必须达到基本性、标准性的目标；“努力做什么”就是在实现基本目标的同时，以求达到“跳一跳够得着”的更高标准；“争取做什么”就是发挥优势智能，拓展和提升相关的知识和能力。

关于“分层导学”。此是实施分层递进教学的重点。分层导学主要涉及目标分层（分层）、分层施教（导）和自主学习（学）三个方面。

目标分层是根据课程教学的基本要求和分性定层的基本情况，制订出分层次的学习目标。分层目标在教学活动中对各层次学生的学习起到定位、导向和激励作用，并为学生的逐层递进设立台阶。

分层施教是在课堂教学及其延伸中，开展适应学生差异和利用这些差异的教学活动。

自主学习是对学生而言，根据分层次制订的学习目标，在课前对新课内容预先进行自主学习，然后带着未能解决的问题进入课堂，在教师的指导和点拨下解决问题，掌握教材内容，从而提高课堂学习效率。

关于“分类递进”。这是实施分层递进教学的关键。“递进”是为了确保教学与各层次学生知识水平的发展相适应。教师可以通过在教学设计中创设符合教学内容要求的情境和提示新旧知识之间的联系，帮助学生建构当前所学知识的意义，引导各层学生达到可能发展的水平。

关于“分别提高”。此是实施分层递进教学的重要目的。“教是为了不教”，“教”就是为了解放学生的学习，追求的是让每一个学生能够达到“自主学习、自觉实践和自我超越”的发展境界。

“自主学习”就是全面地处理好自己与知识的关系；“自觉实践”就是全面地处理好自己与社会的关系；“自我超越”就是全面地处理好自己与自我的关系。

理性的张广利也在时时告诫教师，每一种教学法有其长也有其短，世上没有任何一种教学方法是没有缺憾的，没有既适应每个教师、又适应每个学生、更适合每所学校的教学方法；要注重吸收各种教学方法之长，结合自身实际和学生实际，结合教学实践，丰富分层递进教学的理念、内容和方法。

“自实施分层递进教学以来，我校的学生和教师面貌都发生了很大变化，敏学好思、勤奋上进的氛围充盈全校。特别是那些学习困难的学生，得到了比以前更多的关注，‘学困生’在不断获得成功后拥有了进一步发展的信心和动力。全体学生把握自己、认识自我的能力得到增强，学校的教育教学质量有了很大提高。”时任教务主任的张俊连老师感慨地说。

学校的这种变化，既是张广利实施教改的初衷，也是他主政胜利油田四中的重要期待。当愿望成为现实，他的欣喜是由衷的。永不满足的他，对教学改革又有了新的规划、新的蓝图……

【亲历者言】

众所周知，我们的课堂教学中违背教学规律的一种常见做法，就是把教学内容作为“结果”告知学生。不论是概念的出现（或定义某一概念），或是定理、公式，甚至一道例题的具体解法，为了赶进度，教师经常把它作为“结果”直接抛给全班学生。这种做法既忽视了知识的发生、发展和发现的过程，又忽视了不同学生接受知识的差异，这种一刀切、满堂灌的教学方法，危害性自不待言。为了改变这一现状，我校在张广利校长的领导下开展了分层递进教学实验，取得了显著效果。

实验过程中，我在编写“分层递进式导学案”方面有了一些自己的感悟，那就是编写科学、实用、有效的导学案，必须立足三个基本点：学生、分层、递进，遵循“以生为本”、“因材施教”的原则和“最近发展区”理论，根据学生的实际情况，设计既具备层次性又具备递进性的问题，确保每个学生都能得到相应的发展。

例如，编写“金属的化学性质”的“分层递进式导学案”，我在学习目标、课前导学、例题分析、拓展练习和课后的分层达标测试这几个方面都进行了分层设计，确保每个学生都能参与“导学案”的学习。在设计“导学案”时，我将三个层次的内容都集中在一个“导学案”上，体现了“递进”的思想。学生在完成了自己所在层次的学习任务后，可以根据自身情况选择学习更高层次的内容，在原有基础上进一步发展。整个“导学案”都是为学生的“学”服务的，以引导学生如何学习、如何思考问题来理解和掌握金属的化学性质一节课的内容，由学生根据自己的知识水平来把握学习的进度。

（东营市胜利第四中学化学教师、东营市学科带头人　古风云）

二、自主课堂演绎生本发展的和谐曲

在张广利带领胜利油田四中教师开展“分层递进教学改革”实验过程中，1999年发轫的新课程改革，让他敏锐地感觉到一场荡涤陈旧落后教育思想的改革风暴将要涌起。2001年，随着全国新课程改革的全面启动，他在梳理“分层递进教学”实验过程、审视教改经验与不足的同时，及时吸纳新课改理念。他在承继“分层递进教学”实验成果的基础上，提出了开展“自主学习型课堂建设”（简称“自主课堂”）研究与实验。

新理念引爆了张广利深化教学改革的新激情，孜矻勤勉的他带领胜利油田四中教师踏上了新的教改之路，而且瞄准教改目标一路奋力前行着。

2005年，随着胜利油田所属中小学归属东营市教育局管理，更名为东营市胜利第四中学的胜利油田四中，与地方学校教改成果的交流更为便利、更为深入。张广利在积极推广“自主课堂”教改成果的同时，无形中带动了全市教学改革的全面推进，由此胜利四中也在全市树起了教改典型的旗帜。

胜利四中的“自主课堂”教改经验，很快就引起了有关媒体的关注，许多记者慕名到该校现场感受教改氛围，与张广利“面对面”，探秘教改成功之道。2007年10月11日，《中国教师报》发表了记者张薇、苏瑞霞、刘燕采写的长篇报道《“自主学习型课堂”让教育精彩飞扬——山东省东营市胜利第四中学课改侧记》；2008年1月11日，《中国教师报》发表了记者张薇、万方、刘燕采写的长篇报道《先进理念向具体实践的转化之路——解读山东省东营市胜利第四中学的“自主学习型”课堂》；2008年10月20日，《现代教育报》发表了记者的报道《新课改，可以这般“自主”演绎——走进山东省东营市胜利第四中学的“自主学习型”课堂》；2009年5月10日，《中国青年网》发表了记者牛伟采写的长篇报道《自主学习型课堂：教育本真价值回归的支点——访第四届全国百名优秀校长、齐鲁名校长建设工程人选、山东东营市胜利四中张广利校长》。此后，山东电视台“素质教育面对面栏目”也对东营市胜利四中的“自主课堂”教改作了专题报道；《现代教育报》记者杜涛，《中国教师报》记者刘燕、于金秋、张薇和《吉林日报》记者郭柏冬等分别对胜利四中的“自主课堂”教改进行了如下报道：《古老智慧与现代科学的完美融合——记东营市胜利四中的“自主学习型”课堂》、《一切围绕学生展开——山东省东营市胜利四中的创新教学改革》、《让学习真正成为学生自主的行为——山东省东营市胜利四中创建“自主学习型”课堂教学侧记》、《珠联璧合自在舞——“自主教育与自主学习型课堂”体系构建概览》、《打造“自主”品牌　追逐教育理想——东营市胜利四中“自主学习型”课堂科学构建与深化发展启示录》、《以人为本　教学乡长——山东省东营市胜利四中校长张广利谈“自主学习型课堂”》。

当然，一项教改成果的培育形成并产生较大影响力，离不开上级部门及领导的支持。2008 年 5 月，东营市人民政府副市长王吉能专程来到胜利四中，听取关于“自主课堂”教改的专题汇报。王吉能副市长在对取得的教改成果、成绩和成效给予充分肯定的同时，对后续教改实验的深化工作提出了恳切希望和具体要求，并欣然为该校第一本教改成果集《自主学习型课堂——新课程背景下的课堂改革探索》一书撰写了“前言”，由此极大地激发了该校教师参与教改的热情。

东营市教科院、东营市胜利教管中心更是时时关注、指导胜利四中的“自主课堂”教学改革。2009 年，东营市教科院在总结推介全市教学改革成果，编辑出版《和谐理念下的高效教学研究丛书》时，胜利四中的“自主课堂”教改被确定为重点推介成果之一。丛书总主编季俊昌主任在总序中，对胜利四中的“自主课堂”实践研究作了如下评介：

打造《自主学习型高效课堂建设研究与实践》一书的是东营市胜利第四中学。本书对自主学习型高效课堂教学模式进行了诠释，提出了自主学习型高效课堂建设的特征与要求，分学科详细阐述了自主学习型高效课堂模式及操作示例。该书对当下的课堂教学改革实践颇具启示、可资借鉴。事实上，这本书不是写出来的，而是一步一步扎实做出来的。2002 年，该校基于教育教学的异化，课堂的低效甚至无效，家庭教育、学校教育和社会教育功能与职责的错位等现实，提出并实施了以“自主、合作、探究”为行为特征的“自主学习型”课堂教学模式，从而全校教风学风遽然为之一变。在不断深化研究与实践的基础上，2005 年至 2008 年，承载着使命感的胜利四中人，又将洋思经验、杜郎口“三三六”自主学习模式等先进教学理念和方法注入自己的教改行动中，在不停歇的教改实践中，使“自主学习型”教学模式日趋成熟，教学效能和社会效益日益显著。2009 年，该校与时俱进，在继承中创新，在创新中发展，实施的“自主学习型高效课堂建设”行动使学校的教改文化更富内蕴，更具特色，更显魅力。读《自主学习型高效课堂建设研究与实践》一书，已知胜利四中人务实的教改实践已彰显出理性的光辉，相信这样的教学团队会愈行愈远，相信他们的教学改革会结出更加丰硕的果实。

由天津教育出版社出版发行的《自主学习型高效课堂建设研究与实践》，作为胜利四中第一本集全校集体智慧并正式出版的成果，不只表明该校的教改是在扎扎实实地做，更有意义的是，借助教改成果的提升，张广利欲以此催逼教师在吸纳先进理论、反思过往行为、凝练实践做法、遴选事实案例、提炼工作经验的过程中，检视自己的教学实践，历练自己的研究能力。况且，这种边实践、边反思、边总结、边提高的做法，使得“自主课堂”教改探索更加理性，教改行动路线图更加清晰，教改实践也更具目的性和实用性。

该书还未付梓时，就得到了原天津市教科院基础教育研究所所长、国内著名教学流派“和谐教学法”创立者王敏勤教授，原山东教育社总编、全国著名教育记者、教育专家陶继新先生的关注，并欣然为之作序。他们在给予这本书高度评价的同时，向全国基础教育界推介该成果。两位先生的积极推介，无疑是对胜利四中“自主课堂”教改实验的专业认可。

王敏勤教授在书序《自主学习型高效课堂建设研究与实践》中，对胜利四中构建自主高效课堂的“五大方略”（又称“12345 实验方略”，即一个中心、两个载体、三大主题、四个原则和五大教学环节）进行了解读。当我们今天再一次回顾张广利领衔开展的这一教改行动时，愈发感觉王敏勤教授对“自主课堂”教学改革实践的透视，对其教改行动路线图的准确释解，既有高度又十分专业；对张广利本人及其教改行动的透彻认识，既感性又理性。这种用现代理论烛照现实实践、又用鲜活实践印证灰色理论的做法，无疑对张广利的教改实践和理论研究有着某种专业启迪。

张广利确定的“自主课堂”教改的一个中心，就是“让学习真正成为学生自主的行动”。这是“自主课堂”教改落实以学生发展为本的价值所在。

而如何让学习成为学生自主的行为，张广利提出要把握两点：一是学习的动力问题，二是学习的效率问题。为什么要提倡自主学习？因为学习是一个自觉内化的过程，如果学生不愿意学习，即使教师想办法硬灌给学生一些知识，学生也不容易理解和记忆。这就如同把水浇在光滑的青石板上，水没有渗透下去，从石面上又流走了。所以，能否激发学生的学习兴趣和责任感，是提高课堂教学效率的关键。

对此，张广利的感悟很深，“学生愿意学了，就会从学习中体验到成功的乐趣，就能想办法学好。所以，教学首先要解决学生的动力问题。在课堂上学生能够自觉主动地学，就会提高课堂教学的效率，二者是相连相系、相辅相成的”。

“自主课堂”建设离不开两个施教载体，即“小组学习”与“导学提纲”。教学的核心价值追求是引导和促进学生主动的发展，始终保持主动发展所需要的积极态度和高效的自主学习能力。课堂教学要培养并形成学生主动求知的积极态度和能力，离不开施教载体的创新。为了打造自主高效课堂，张广利倡导用“小组学习”和“导学提纲”作为载体来支撑教学活动。

大家知道，提倡学生自主学习并不否认和弱化教师的主导作用。毕竟教师要钻研课程标准和教材，要落实国家的教育方针。而教师的主导作用可以从显形和隐形两个方面来体现。显形如教师在课堂上直接讲授，但学生是被动的。隐形如教师设计“学案”或“导学提纲”，在导学提纲中体现教师对课程标准和教材的理解，体现教师对学生学习方法的引导。因为在“导学提纲”中教师更多的是提出问题而不是给答案，是引导学生学习而不是灌输给学生现成的知识。

“问题”是引导学生学习（导学）的关键，也可以说，实用、有效的“导学提纲”的核心元素是“问题”。而“问题”源自教师对课标、对教材的深究，源自对学习目标的分解。这个“问题”是以教师的备课和集体备课研讨的需要解决的若干问题，和来自学生的质疑为基础经过“提取”与“整合”而形成的，其表现形式就是“问题链”。

需要提及的是，张广利对“问题”能促进学生思维能力发展的认识，直接点燃了他于2009年12月至2013年3月兼任胜利六十二中校长时领衔开展“问题导学式生态课堂”教改的热情，并成就了他的另一段教改经历。

关于“提纲”，就是要求问题的设置及呈现形式必须结构化、框架型，这样的设计就摆脱了传统学案过于密实、过度练习的缺陷，旨在建构一种引导学生自主解决问题的空间平台。附后的崔浩老师设计的《“有理数的乘方”导学提纲》、李宁老师设计的《“老王”导学提纲》就是最好的例证。

“我们提倡学生自学，并不是让学生漫无目标地学习，而是在教师的引领下学习，就像到一个陌生的地方，向导的作用并不是代替你走路，而是给你指引方向，这样你就会少走许多弯路，提高走路的效率。教学也是如此。”张广利的话道出了设计并运用“导学提纲”的作用。

有些问题学生不能自主解决怎么办？此时教师不要急于回答，而是通过合作小组这样的学习共同体来解决。“教师在课堂教学中要掌握一个基本原则：只要学生能够自学的先让学生自学，学生自己不能解决的问题通过小组相互帮助来解决，小组不能解决的通过全班讨论来解决。这是我们提倡‘小组学习’的目的。”张广利如是说。

张广利要求教师，“全班只有一个学生会，教师也不要急于解答，要先让学生讲。学生讲错了不要紧，教师可以补充和纠正，目的是培养学生主动思考和解决问题的能力与习惯。不要遇到问题就依赖教师，那样走向社会后很难独立”。结合先前开展的“分层递进教学”实验，张广利要求在小组的划分上要本着“组间同质、组内异质”的原则，以此方便小组之间的竞争和小组内的相互帮助。另外，合作小组的作用首先是相互检查，然后才是相互帮助。只有通过相互检查才能发现问题，才能有针对性地帮助别人。

研究与实践“自主课堂”建设，张广利要求必须突出“自主”、“互助”、“交流”三个关键词，即王敏勤教授所说的“三大主题”。

先说“自主”。“自主”是自主学习的核心表征。自主学习是一种状态，学生或静或动，或思或写，都是在独立自主地研究文本、思考问题。有些教师一开始就滔滔不绝地讲，那是基于这样一种假设：今天是新授课，对于这一部分知识，学生是一无所知的，必须从最基本的概念公式开始讲。“其实，这是一种错误的假设：你没有让学生自己看书，怎么知道学生不能自学？你没有提问学生这方面的问题，怎么知道学生对这一类知识一无所知?”张广利诱导式的质问让很多教师幡然警醒，“就此可知，洋思中学提出的‘先学后教’很有道理。我们必须认真地学习洋思的教改经验。”“先学后教”包括先问后教、先考后教、先学后讲等等，其中的“先”是学生行为。“后”是教师行为。由此，张广利要求教师们首先要把学习的主动权交给学生，学生实在不能解决的问题，教师再引导和点拨助其释疑。

还需重复强调的是，忽视学生“自主”的教学是可悲的，然而淡化教师“引导”的教学是可怕的。只有学生的“自主”与教师的“引导”和谐共生，课堂才有实效，才是生态、健康、充满生命活力的。

再说“互助”。“互助”是自主高效学习的主要特征。“互助”是生生之间、生师之间合作互动的表现形式，这也是“自主课堂”的重要施教策略之一。“传统教学中，只能限于教师与学生群体之间的彼此影响相互作用，认为教学是一种师生双边活动过程，而忽视了学生与学生之间也有相互影响的作用。其实，教学过程是建立在师生之间和学生之间多边的、多向的互动活动基础上的。因此，在教学中，以合作、互动策略为指导，在此策略下实施分层递进教学、自主教学等方式，才更有现实意义。”张广利的话给了教师很大的启发。

毕竟，课堂上学生的自学不同于在家的自学，班级授课制的一个主要优点，就是为每个学生创造一种“比、学、赶、帮”的学习氛围和相互帮助的平台。自己不会的问题，可以通过相互帮助来解决。

教师在课堂上让学生做到合作互动、互帮互助，要采取一些激励措施，如小组捆绑式评价。有的学生特别是成绩好的学生不愿帮助别人，怕耽误自己的学习时间，有的家长也有这种想法。此时，教师必须“讲”，必须告诉学生一个道理：帮助别人实际上是在帮助自己。自己看懂了不一定真会，只有给别人讲明白了才是真会；给别人讲解实际上是让别人免费当你的听众，帮助你提高能力和巩固知识。所以，张广利谆谆告诫教师，小组互助的前提是，教师要做好组织教学工作，“三分教，七分管”的道理就在于此，任何先进的教学方法也离不开管理的艺术。

后说“交流”。课堂上的“交流”实际是“互助”的延续。交流也有多种形式，如师生之间的交流、同学之间的交流，既有个体间的交流，也有群体间的交流。课堂中，张广利提倡运用“分层递进教学”中的同质组交流、异质组交流的学习形式。如，组际交流，即通过原先的讨论，可推荐一位代表陈述讨论的结果，也可指定一位作总结发言。发言后，组内的其他成员作补充，这样形成的集体意见，有利于拓宽学生的思路，便于教师从中掌握学生学习时产生的共性和个性问题，从而进一步对各层学生做出调控。

交流的目的是相互学习和借鉴，正如大家常说的：你有一个思想，我有一个思想，两人交换就有两个思想。但在课堂上的交流要适度，一是不要在同一个层面的问题上进行简单的重复；二是在时间上不要耗时过多，因为效率是指在单位时间内取得的最大效益。如果在“交流”环节用时太多，会影响课堂教学的进度和效率。

“四大原则”是张广利提出、教师们十分认同的“自主课堂”施教的四大要求。这些要求，对于“自主课堂”教学具有建构性、引领性和方向性的作用与意义。

一是聚零为整、模块推进的原则。这一原则符合新课标下教材的编排特点。因为新课标下的教材编排都是模块式的，一个单元就是一个主题、一个整体、一个模块，所以教师要把握整个学段的教材体系和一册教材的体系。

基于此，张广利要求每个单元的教学，教师要做到单元备课、整体构建，不能把完整的知识搞得零零散散和支离破碎，不能只见树木不见森林。

二是自主学习与精讲点拨相结合的原则。张广利在解读这一原则时特别强调，“不要硬性规定教师只讲几分钟，我们倡导精讲点拨要贯穿于课堂的始终，但必须掌握恰当的时机，运用恰当的方式”。无疑，这种提法是科学的、辨证的。

有些学校在改革初期为了转变教师的教学观念，硬性规定每堂课教师只能讲几分钟是可以理解的，但长期这么要求就有失合理了。正如前面所说的，从理论上讲，只要学生能够自学的或通过相互讨论能够解决的，教师就不要讲，但学生不会的还是需要教师点拨，只是这种点拨不能硬性规定多少时间和在哪一环节，要根据教学的内容和学生的情况而定。

三是预设与生成相结合的原则。教师的备课就是预设，“导学提纲”也是预设。没有预设的课堂教学，就缺少推进课堂的问题动力，缺少方向感。据说，有的教师提出要完全取消备课和写教案，让学生在课堂上自然生成，这是一种绝对化的做法，是不科学的，也是教师不负责任的表现。就像盖楼一样，没有图纸，随心所欲地盖是不行的，要有基本的设计。

“与盖楼不同的是：在课堂上学生是灵动的，有些问题是预先想不到的，所以把预设与生成结合起来才是科学的，也更符合实际的。完全靠预设和完全靠生成，都是不科学的。”王敏勤教授如此评说。

四是知识学习与能力培养相结合的原则。这一原则实际是在落实课程标准的要求。三维目标包括知识目标、过程与方法目标、情感态度价值观目标。落实三维目标的过程就是把学习知识、培养能力与培养学生健康的价值观、人生观等有机结合的过程。

张广利特别强调培养学生的能力，是因为能力和方法比知识本身更重要，学生一旦掌握了科学的学习方法，具备了自学的能力和习惯，就会自己学习书本、汲取知识。

“五大教学环节”是建构“自主课堂”的关键。正如张广利所说，“实际上前面所讲的‘四大原则’，在落实时都要靠具体的操作方法和途径。之所以实践探索‘五大教学环节’，就是因为任何一种教学思想和观念都要靠教学模式来实现，这是我们建模的意图所在”。事实上，他主导教师建构的“自主课堂”“五大教学环节”，即认定目标→自主学习→交流释疑→训练巩固→检测拓展，彰显了胜利四中人对实施“自主课堂”教学的认识高度与实践智慧。

首先是“认定目标”。目标是教与学的向导。在此环节，教师通过创设学习情境，引导学生认定本节课的学习目标，为后面的自主学习明确方向。认定学习目标的方式，可以由学生自主认定，也可以由教师与学生讨论确定学习目标。

“自主高效课堂必须目标明确，没有目标也就没有‘自主’、‘高效’，有的是‘自由’与‘无序’、‘平庸’与‘低效’，所以一上课让学生明确一堂课的学习目标至关重要。目标要明确具体，具有可操作性和可检测性。”王敏勤教授如是说。

其次是“自主学习”。这是后面“交流释疑”的前提和准备。学生明确目标后教师不要急于讲授，而是借助“导学提纲”引导学生自学。学生自学时教师不要干扰学生而讲解，也不要让学生讨论。学生只有通过独立思考后有所悟有所得，才能进行交流和讨论。有的教师提出一个问题后就马上让学生讨论，须知没有经过学生独立思考的讨论，往往是浅层次、表面化的讨论，学习质量和效率不会高。

第三是“交流释疑”。“交流”是教学活动的主要形式，“释疑”是教学的重要目的。学生在“静”中自学完，进入“动”的讨论交流中。教师首先鼓励学生提出问题，如果学生的问题切中要害，可就此引导其他学生展开讨论。更多的时候是学生提不出有思考价值的问题，这就需要教师事先精心预设具有探索性强的、有整体性的一类问题，通过提问的方式展开教学活动。“无论教师提问还是学生发问，必须能激起学生学习的兴趣，使学生的认识倾向和学习情绪处于激活的状态中。”张广利深有体会地说。

基于此，王敏勤教授认为，“‘交流释疑’的目的有多方面：一是学生自己不会的问题，可以通过相互讨论来解决；二是同一个问题虽然自己也会了，但别人有不同的见解或有另一种解题的思路，也值得自己学习和借鉴。在这个环节注意的是，不要在一个层次上交流太多，更不要轻易地让学生表演。课堂的时间是珍贵的，要力求每一分钟都要有效率和效果才行”。

第四是“训练巩固”。这是巩固新知环节。教师在这一环节要注意变式练习，在不同层次、不同类型、不同难度上练习，避免过多的简单重复。在训练巩固的过程中，仍采取小组互动、班级互助的方式，以此培养“小老师”、“小先生”。

第五是“检测拓展”。这是反馈和拓展环节。要求每堂课的基本知识、基本技能、核心概念要力求“堂堂清”、“人人清”，这是落实课程标准的要求，也体现了教育过程的公平。

对此，张广利有自己的理解和认识：现在全国“一标多本”，虽然各地用的教材不统一，但课程标准全国是统一的。课程标准是最低要求，不管学校的条件如何、学生的基础如何，都要完成和达到课程标准的最低要求，对于这些要求要做到“堂堂清”、“人人清”。这不是增加学生的负担，而是落实国家的质量标准。而对于能力的问题、价值观的问题，是不可能“清”的，也没有必要“清”。

“检测拓展”环节包括两步：第一步是达标检测，对某些基础目标或本节课重难点进行检测。要对“导学提纲”或自主学习目标完成情况、小组合作情况进行总结评价。第二步是拓展延伸，即联系学生的生活实际和教学内容，设计拓展作业，作为学生课堂或课后探究练习和研究性学习的内容。

附一："有理数的乘方"导学提纲

一、学习目标

1. 理解有理数乘方的意义。

2. 掌握有理数乘方的运算。

二、创设情境　自主学习

（一）动手合作：同桌之间合作完成一项活动：把刚发给你们的纸对折再对折……一人折纸，一人记录。

问题：

1. 对折1次有几层？

2. 对折2次有几层？

3. 对折3次有几层？

4. 对折4次有几层？

思考：一直折叠下去，你们会有什么发现？

猜想：对折20次有几层？对折n次有几层？你们能用算式表示出来吗？

（二）自学内容：课本第41页（3分钟）。

自学要求：

1. 理解、记忆概念，试着写出乘方的意义。

2. 在理解和掌握乘方的意义时，你认为关键点在哪里？

3. 标识出不明白的地方。

（三）自学检测：

1. 填空：

①求几个相同因数________的运算叫________，乘方的结果叫做________。

②在9^4中，底数是________，指数是________，9^4读作________，它表示的意义是________。

③在$(-2)^4$中，-2是________，4是________，$(-2)^4$读作________，它表示的意义是________。

④在-2^4中，底数是________，指数是________，-2^4读作________，它表示的意义是________。

⑤在$\left(\frac{2}{3}\right)^3$中，底数是________，指数是________，读作________，它表示的意义是________。

⑥$5^3$，底数是________，指数是________。

2. 填表：

	2^2	2^3	3^4	$(-2)^2$	$(-2)^5$	0^2	0^3
底数的符号						/	/
指数的奇偶性							
幂的符号						/	/

三、合作探究　互助交流

（一）根据刚才填表的结果，你能发现什么规律吗？试着写出来。

（二）在小组内交流分享你的收获。

四、巩固训练　归纳提升

（一）填空

正数的任何次幂是________，负数的偶次幂是________，负数的奇次幂是________，0的任何正整数次幂是________。

（二）判断题

1. 一个有理数的平方总是大于0（　　）

2. $\frac{2^2}{3}=\frac{4}{9}$（　　）

3. $(-1)^{2001}+(-1)^{2002}=0$（　　）

4. 任何有理数的奇次幂都是负数（　　）

（三）计算

$\left(-\frac{5}{2}\right)^2=$______　$-\left(-\frac{5}{2}\right)^2=$______　$-\frac{5^2}{2}=$______

变式：

1. 若$x^2=\frac{25}{4}$，则$x=$________

2. 若$x^3=8$，则$x=$________

3. 若$x^3=-8$，则$x=$________

（四）归纳提升

1. 这节课你收获了什么？你能作出简要概括吗？

2. 到目前为止，你已经学习过几种运算？请写下来。

五、快乐达标

（一）判断题

1. $3^4=4^3$（　　）

2. $a^{1997}\cdot a^3=a^{2000}$（　　）

3. 平方等于-100的数不存在（　　）

4. 幂就是乘方（　　）

5. 若$a^9=\left(-\frac{2}{3}\right)^9$，则$a=-\frac{2}{3}$（　　）

6. 若$a^{10}=(7.5)^{10}$，则$a=7.5$（　）

（二）填空

1. 平方等于它本身的数是______，立方等于它本身的数是______。

2. 当$a>0$时，a^n ______ 0（n为正整数）；

3. 当$a<0$时，$\begin{cases}a^n \_\_\_\_\_\_ 0（n\text{为正偶数}）；\\ a^n \_\_\_\_\_\_ 0（n\text{为正奇数}）\end{cases}$

4. 当$a=0$时，a^n ______ 0（n为正整数）；

5. $(-a)^{2n}$______0，a^{2n}______0（n为正整数）；$(-a)^{2n-1}$ ______0，$-a^{2n-1}$ ______0（n为正整数）；a^{2n} ______0（n为正整数，a为有理数）。

六、课后拓展

我国著名数学家华罗庚曾说过，“数形结合百般好，割裂分家万是非”。如图在一个边长为1的正方形纸上依次贴上面积为$\frac{1}{2}$，$\frac{1}{4}$，$\frac{1}{8}$……$\frac{1}{2^n}$的纸片（n为大于1的整数），请你用“数形结合”的思想，依图形变化的规律计算$\frac{1}{2}+\frac{1}{4}+\frac{1}{8}+\cdots\cdots+\frac{1}{2^n}$的值。

$\frac{1}{2}$

$\frac{1}{4}$　$\frac{1}{8}$

……

（东营市胜利四中数学教师、市教学能手　崔浩）

附二：《老王》导学提纲

一、学习目标

1. 品味文章平淡而富有表现力的语言及其蕴含着的炽热情感，体味写作的奥秘。

2. 理解文中体现出来的大爱，以及大爱的基础。

3. 如果喜欢，继续了解杨绛及其作品。

二、自主预习，整体初读

自学指导及要求：

1. 有感情地朗读全文，读后想说点什么？

2. 在你喜欢的句、段旁写一点感受。

3. 给下列你认为需要的字词注音，并解释含义。

伛着身子　惶恐　荒僻　塌败　取缔　骷髅　滞笨　愧怍　侮辱

4. 你对哪部分内容印象特别深刻？写一点感悟在下面。

5. 你还有什么疑问？或者还想了解什么？请写在下面。

三、解疑释惑，重点研读

1. 对哪些地方你深有感触？试着说一说。

2. 什么问题困惑着你，尽管提出来。

四、师生合作，写作鉴读

1. 看老师改写的第4自然段第一句：与原文有什么区别？改前改后有什么不同的效果？得到什么启发？

有一天傍晚，我们夫妇散步，经过一个小胡同，看见一个大院，里面有几间小屋；老王正蹬着他那辆三轮进大院去。

感悟：

2. 再看老师删改第8自然段：与原文有什么区别？改前改后有什么不同的效果？有何启发？

有一天，我在家听到打门，开门看见老王直僵僵地站在门外。往常他坐在蹬三轮的座上，或抱着冰伛着身子进我家来，不显得那么高。也许他平时不那么瘦，也不那么直僵僵的。他面如死灰，两只眼上都结着一层翳。我吃惊地说："啊呀，老王，你好些了吗?"

感悟：

3. 假如老师把文章第 11 自然段修改如下，请同学们想想，这可能吗?以后的情形会是怎样?

看清老王手中的物品，我急忙推辞道："啊呀不行，你害着重病，又瘦成这样，正需要补充营养，你比我们更需要这些东西，我不能收!"

五、深度追问，拓展延读

1. 老王是北京城一个有残疾的三轮车夫，杨绛夫妇是著名教授、学者，他们的交往真的平等吗?

2. 你的生活中有这样的人吗? 你和他们是怎么来往的?

3. 你还想了解他们吗：杨绛家的保姆"顺姐"、林奶奶，杨绛的小妹——排行老八的杨必，杨绛和钱钟书的外籍老师温德先生，傅雷，聪明小猫花花儿，干校的生活，杨绛在苏州的大家庭，"凝重有威"的江南才子父亲……如果愿意，请继续品读她的作品，进一步了解杨绛先生。

附记：引玉之砖

"李宁老师的《老王》读书笔记"摘抄 3 例（更多内容见 1+1 教育社区"李宁种豆"的博客）：

第一，评"该是更深的不幸"。

"他也许是从小营养不良而瞎了一眼，也许是得了恶病，反正同是不幸，而后者该是更深的不幸。"

这"后者"，前文中说是"有人说，这老光棍大约年轻时不老实，害了什么恶病，瞎掉了一只眼"，言外之意是"活该"。别人说"活该"的事，杨绛却评价为"同是不幸"，反映了作者博大的爱心，对犯过错的人应持一种"恕"的态度。而且她说"该是更深的不幸"，因年轻时的一时之错，而背一辈子黑锅，遭人唾骂一生，这对一个原本老实厚道的人来说，当然是不幸，而生存在这样一个社会，则是“更深的不幸”。

向社会呼吁良善，不用口号，只消淡淡一句，重如泰山！

第二，善良到天真。

老王送钱先生看病，坚决不肯收车钱。原因大约有三：一是钱先生病了需要花钱，我再要车钱，这不是趁火打劫、雪上加霜吗？送钱先生看病是我应该帮的忙。二是给了车钱，钱先生看病钱不够了怎么办？“文革”期间知识分子命运多舛，看来老王对此深有感触，并多有体谅。三是老王的生活状态是每一分钱有每一分钱的用途，一个萝卜一个坑，不挪东墙就没得补西墙。他不去推测社会地位的差异可能带来的生活水平的不同，他只用自己的生活经验去将人比人，因为他善良到天真。

第三，老王的分寸。

“一个荒僻的小胡同”，一个“破破落落的大院，里面有几间塌败的小屋”，我问老王那里是不是他的家，他说，“住那儿多年了”。

老王没有学过语文，说话却相当有分寸，他只承认“住那儿多年了”，却不认为那里可以叫做“家”。

不相干的一句话，道出了老王一生的辛酸。所以，第16自然段末句说“我不能想象他是怎么回家的”就不太准确，应改为“怎么回去的”比较好。不知杨绛先生以为如何？

（关于《老王》，这样小小的读书笔记我写了20余个，在这里分享几个，或许能给你的思考带来一点启发，更希望你补充并提出不同的见解。下课不等于思考的结束，请试着继续想一想、写一写。希望我们日后隔着万水千山，依然能够在博客客厅的壁炉前，促膝而谈。）

（东营市胜利第四中学语文教师、胜利教管中心教学能手　李宁）

从崔浩老师设计的《“有理数的乘方”导学提纲》、李宁老师设计的《〈老王〉导学提纲》中不难看出两位教师的用心，也看出“自主课堂”的教学，不是直接把知识呈现给学生，也不是简单地让学生自己看书找到问题的答案，而是引导学生思考，自己提出问题、解决问题，并让学生在学习中敢于质疑课本、质疑权威，以此促动学生获得成功的体验，提振自主学习的自信心。

为使“自主课堂”建设真正达到和谐高效，作为教改的主导者，张广利积极创建有利于自主学习的环境及资源条件，尤其是创建能最大限度地允许学生个人作出自由选择与行动的环境。为此，他近乎命令式地要求教师的教学必须做到两点。

一是建构真实的问题情境。现实的学校教育往往把学生与生活中的现实问题隔绝开来，学生学的是书本上的死知识，这种知识不仅不利于问题的解决，反而抑制了学生学习的兴趣及思维能力的发展。因此，张广利要求教师，在教学中积极建构与现实相类似的问题情境，让学生在这种问题情境中独立地探寻解决问题的方法。

二是创设民主平等、宽容和谐的学习气氛。好的学习气氛是自主学习发生的必要条件，它能增强学生战胜困难的信心，和大胆探索、勇于发现的勇气。这种气氛的建立是通过师生之间、生生之间长期的交往形成的，故而要求教师要充分地信任学生，相信每个学生都有学习的潜能，都能取得成功。教师要教导学生密切合作，学会了理解、接纳、欣赏别人。

【亲历者言】

构建快乐高效的“自主课堂”，关键是营造宽松的教学氛围，为促进学生自主学习提供发展空间。

自主课堂是朴素而充满活力的生态课堂。要让课堂活力四射，学生就应该自主参与，成为课堂的主人。因此，教师要营造宽松的教学氛围，给予学生一定的学习权利和自由，为促进学生自主学习提供发展空间。当代学生具有学习的责任感，渴望自治和独立，他们同时也想拥有参与、选择课堂活动的权利，以及与教师共享课堂管理的权利，他们甚至要求由自己来控制学习过程、决定课堂走向和时间分配等。既然学生有控制课堂的需求，又具有规划自己学习的能力，教师就应该给予学生在课程进展走向上选择和参与的机会，让他们共享制定学习目标、教学程序以及课堂纪律规范。

我认为，教师在教学中要做到以下几点。

首先，在学习内容、教学流程、学习评价、学习纪律等多个方面，给予学生选择的机会。学生自己选择的方面越多，责任感就越强，就会把更多的精力投入到学习活动中。

其次，教师与学生一起制订课堂规范。学生会更愿意遵守这些规范。

再次，在课堂上采用以学生为主导的学习活动。比如，合作学习、集体讨论、小组对话、角色扮演等学习方式，使课堂变得生动活泼，更好地激励学生学习。

第四，让学生进行自我评价。学生对自己的学习进行反省，不仅会使他们对自己的学习产生一种责任意识，而且还会持续地关注自己的学习成效。

第五，关注学生反馈信息，及时改善教学与管理，做出互动性的教学决策。有研究表明，学生参与课堂教学的方式影响了学习效果，积极的情感体验和深层次的认知参与，可以促进学生高层次思维在内的全面素质的提高。当学生的主体地位被确立，主体作用被发挥的时候，他们学习的积极性、主动性和创造性就会被完全地激发和释放出来，真正达到“我参与、我快乐”的状态，真正实现自主学习。

（东营市胜利第四中学教师发展部副主任、市初中数学学科带头人　张秀莹）

三、差异教学铸就改革品牌

2011 年 6 月，按照组织要求，张广利调任东营市育才学校校长。尽管行政级别由正科级升任副处级，但难以割舍工作生活了 27 年的东营市胜利四中，难以抛舍他的“自主课堂”教改情结。彼时，想有新作为的他，把胜利四中“自主课堂”教改模式复制到育才学校的念头十分强烈。

主政育才学校后，全新的环境诱发了张广利创新学校管理的念头。因为，育才学校作为东营市教育局直属的一所九年一贯制学校，却地处城乡结合部，生源状况较为复杂，学生家长的职业、文化层次、经济水平呈多样化，经济状况较好而且文化层次较高的家庭所占比例较少，许多学生家长为农民，而且辖区内进城务工人员较多。同时，学生年龄跨度较大，学生处在不同的发展阶段，生理和心理特点有其阶段性特征，认知水平和接受能力也存在较大差异。经过充分调研，尤其是与教师、学生、前任领导多次深度会谈，张广利对学校内涵发展、特别是课程与教学改革形成了较为清晰的思路。

张广利认为，育才学校有着良好的办学基础，是一所潜力深厚、充满希望、富有活力的学校，在继承学校优秀传统的基础上，打造优质高效、特色鲜明的品牌学校，应是育才学校持续发展的方向。

“优秀是每个教师的心灵需要，优质是学校的永恒追求。育才学校的发展既要在工作上有新的行动，更要在思想观念上有新的提升，让思想动起来，让观念新起来，让境界高起来，超越自我的封闭和狭隘，超越他人的模式和标准，超越前人的成果和创造，用全新的理念和行动突破育才学校发展的阈限，是我们新一届领导班子的工作目标。”张广利表达了自己深化学校改革的态度和决心。

于是，如何让每一个课堂、每一次活动都能够让学生享受生活的幸福和成长的快乐，使学生的基本素质和个性品质得到全面、和谐、充分的发展，成为张广利的着力点和主攻方向。他致力于通过提升办学软实力，关注学生的主体性，构建“差异发展”为核心的教学文化等，进而促进学校转型发展、优质发展。

张广利深知，当前教育改革越来越要求我们的教育要面向全体学生，这与“生本发展”教育强调“要加强学生的参与，减少学生的被排斥”是一致的，是在追求教育的平等，体现我国社会主义教育的价值。

他理解，不同的学生在智力发展水平、优势智能、学习风格、生理特点、气质性格等方面都存在着显著的差异。教学活动是一种培养人的特殊的社会活动，尤其离不开对差异的关注，这样的教育必然是“差异教育”。

而且，真正的教育平等不是对每一名学生有同样的要求，让每一名学生享有同样的学习条件和待遇，而应是尊重差异，建立在平等基础上的区别对待，最大限度地满足每个学生学习和发展的需要。从这意义上说，“面向全体”和“照顾差异”是同义语。正如哲学家亚里士多德所说，“给同样的人不同的待遇、给不同的人同样的待遇都是不公平的”。

所以，张广利认为，课堂教学应该关注学生的生命状态，尊重学生之间的差异，满足学生的不同发展需求，鼓励和促进学生的个性化发展。为了给学生均等的教育机会，应提供多样化的教育。多样化的教育教学不是为多样化而多样化，而是应对学生不同情况的多样化。没有差异的教学不能适应每个学生的不同情况，很难保证每个学生积极有效地参与到学习活动中来。

基于此，张广利决定把“尊重差异，发展个性”作为育才学校的办学理念，大力实验推广“差异教育”；而在课堂层面，积极推行“差异教学”改革。张广利的想法是，“尊重差异”、“生本发展”也是差异教学的价值旨归，也是在充分尊重学生主体地位的基础上，通过师生的课堂深层交往，在教与学的深度互动中发现与挖掘学生的潜能，以求促进学生最大限度的发展。可以说，育才学校的“差异教学”改革是对胜利四中“分层递进教学”、“自主课堂”教改和胜利六十二中“问题导学式生态课堂”教改的继承与超越。

应该说育才学校具有一定的教改文化积淀，教师有着从事教学改革的热情、动力和能力，当张广利举起“差异教学”改革大旗时，全校教师积极响应，迅即掀起了教改热潮。

当教师们对“差异教学”的内涵明确之后，张广利引导教师们借助相关理论的学习，首先对课堂教学中学生个体差异的基本结构进行了厘清。尤其在学习了山东师范大学女学者曾继耘博士相关论述的基础上，基本掌握了影响学生学习的主体因素。

曾继耘博士认为，影响学生学习的主体因素基本上可以分为身体状况、已有的知识基础、学习动机、学习能力、学习风格和潜在优势领域六个方面。其中，前两者构成了学习的基础，是学生学习活动的起点；学习动机是学习的动力系统，对学习活动起着发起、定向、调节的作用，与学习的目的和追求密切相关；学习能力和学习风格则与学习活动的实际开展密切相关，构成学习的操作系统，决定着学生开展学习活动的具体方式；潜在优势领域则与学生的发展方向有关，是指学生在个体素质结构中所拥有的智力强项和独特优势，它在很大程度上决定了学生差异发展的方向。

而且，“差异教学”主张给予学生充分自由的发展，而这过程中教师的引导、发现、培养又是必不可少的。教师怎样才能更好地促进学生的发展，前提自然是教师对每个学生最大可能的了解。如果教师对学生的个别差异不了解，那么一切都是空中楼阁而无根据。在此过程中，教师的控制与学生的自由之间应该有一定的张力，尽量保持一种平衡，而这一切都是为了学生更好地全面而自由地发展。

所以，张广利及其麾下的教师深究课堂教学中学生个体差异的表征，作为搞好“差异教学”改革的前提和基础。

一是基础性差异。主体的基础性差异主要包括身体状况和知识基础两个方面。其中主体的身体素质是主体一切心理活动的物质载体，是主体学习活动的物质基础。而主体的知识基础是指学生在课堂教学开始前已经拥有的知识经验及其结构，它在很大程度上决定了个体在学习过程中对外界环境因素的“过滤”和“筛选”，进而影响到个体后续学习活动的广度和深度。

二是动力性差异。这里主要指学生学习动机的差异。学习动机是用来说明发动和维持学生某种学习行为以达到一定目标的各种因素的一个中介变量，它由需要、兴趣、情感、意志等非智力因素构成，虽然并不直接参与对教学客体的认知过程，但却通过发起或中止、增强或削弱认知活动，间接地影响认知过程。“在课堂教学中，我们要求教师深入了解学生在学习动机上的实际状态及其个体差异，并及时采取教育措施给予调整。”张广利强调说。

三是操作性差异。表现在学习能力和学习风格两个方面。学习能力是指学生在学习活动过程中表现出来的能够提高学习活动成效的各种能力的总和，它担负着对教学客体进行加工的任务，构成了学习主体的操作系统。学习风格是学习者在学习过程中偏爱的、习惯化了的带有个性色彩的学习方式，是个性化了的学习策略和学习倾向的总和。

四是方向性差异。主要是指学生在潜在优势领域方面存在的差异。每个人都具有巨大的潜能。潜能是人身上“沉睡着”的力量，代表着发展的可能性，是教学可以利用的、来自个体发展内部的积极力量。

就此，张广利再三叮嘱教师，“教育教学的目的就是要唤醒这种‘沉睡着’的力量，挖掘学生的潜能，促进学生的发展。而学生的潜能是存在个体差异的，这种差异不仅表现在潜能的大小上，更重要的是表现在学生的潜在优势领域的不同上。不同的潜在优势领域，往往决定了学生不同的最佳发展方向”。他还借用苏霍姆林斯基的话来激励大家，“最主要的是在每个孩子身上发现最强的一面，找出他作为人发展源泉的‘机灵点’，做到使孩子能够充分地显示和发展他的天赋素质，达到他的年龄可能达到的最卓越的成绩”。

与此同时，张广利提醒大家：在特定的课堂教学中，上述个体差异并非每一个都能够被清晰地一一区分出来，加以了解。完全了解每一个学生的全部独特性的方法是不存在的，也是没有必要的。首先，在不同学科的课堂教学中，对学生学习具有重要意义的差异变量并非完全相同。其次，人是最复杂、最难以理解的存在，在中小学生身上，这种复杂性更为突出。再次，我们不太可能对课堂中的所有活动都事先作出准确的预测，有一些教育教学的内容或方法是即时生成的。实际上，教师只要抓住某个学生最突出的独特性方面，往往便能获得很好的效果。

在此基础上，张广利引导教师们从采取灵活组织形式、关注学生自主选择、强调师生理解三个方面，对“差异教学”的特征进行了分析把握。

第一，“差异教学”要求组织形式灵活多样。“差异教学”不仅对全班进行教学，有时也只指导个别学生，有时只对一个个小组进行教学，在班级教学的基础上将小组教学、个别教学形式结合起来，创新地设计教，使其在功能上能发挥适应个别差异的作用。

第二，“差异教学”要关注学生的自主选择。“差异教学”中学习的成果是多样化的，学生可以进行自主选择成果的表现形式、完成时间和难度水平，总结报告、说故事、设计试验、图解、剪贴簿、小制作、文学或绘画作品等都可以作为供学生选择的成果表现形式。当然，教师可以依据不同的学习任务规定必选形式和任选形式。正因为“差异教学”的多元成果观不同于传统的、单一的、外在的、强制性的成果观，它使学习成果的展示真正成为学生的内在需要，尊重了学生的主体选择、关照了学生的个体差异，体现了“差异教学”的魅力。

第三，“差异教学”强调师生理解。哲学解释学认为，理解是人的本原性的生活方式，是个体精神存在的具体表现。教育必须理解人。教师要使教育发挥最大的功效，就必须去理解有差异的学生，与学生进行有效的交往。而交往的主要形式是对话，师生在动态生成的交互性对话中形成主体间关系，形成真正的沟通和交流。这就要求教师在教学过程中尊重学生的主体地位，从理解的高度审视师生和同学之间的关系，追求一种民主、和谐的教学环境。

研究与实践的过程中，张广利与教师们逐渐形成了实施“差异教学”的方法与策略。“因为策略是理论与实践的中介，它受理论制约，但更可具体操作，它运用于实践，但又不拘泥于固定的一招一式。教学策略是在一定教学条件下，对教学任务的诸要素进行系统的谋划，以及根据谋划在实际教学过程中所采用的具体措施。”张广利如是说。

策略一：学习目标分层设计。学习目标的设计不仅依据课程标准和教材，更要依据学生的实际情况来定。来自同一个班级的不同学生，在学习习惯、认知能力、学习兴趣等方面都存在差异，同一的学习目标是不科学的。学习目标的设计应该有一定的弹性，让学生有一定的选择余地。学习目标的下限应让学生清楚，以便让学生知道怎样的水平才是基本合格的；而学习目标的上限，不应该对学生有硬性的规定，鼓励学生努力向上，充分发挥自己的潜力。

张广利解释说，“宏观上我们面向全体学生，微观上我们分别对待。对于不同水平的学生，我们分层要求，让每一位学生都能从自我需要出发，循序渐进，都有达标感，都相信自己在不断进步”。因此，教学中教师注意采用学习目标分层设计的方法，对不同的学生制定不同的目标，使“学困生”感到“我能悟出”，让中等生觉得“我能行”，使优等生产生“试一试就会成功的愿望”。

策略二：弹性设计练习检测。“根据学生的个体差异设计不同的练习，是‘差异教学’对练习这一环节的基本要求。”这也是张广利的基本要求，“练习的设计与安排要照顾学生不同的学习能力、学习兴趣和学习热情，同时尽可能地确保大多数学生能够完成。”

通过练习的设计对不同学生进行有效的“差异教学”，育才学校的教师注意做到了以下几点：①练习题的设计不能机械地重复，要有层次、分类。比如，可分为基础练习、拔高练习、发展性练习，或者是必做题、选做题、探究题等不同层次的练习。②在操作过程中采取弹性政策：在相同的时间里，允许不同的学生完成的数量不同。学生可根据自己情况选择不同的练习：水平较低的学生可从基本练习做起，然后是拔高性的、发展性的；水平较高的学生可直接从拔高性的、甚至是发展性的开始。开放性练习题的设计，要力求每个层次的学生都能运用自己已有知识发表自己的见解，得出不同层次、不同范围的结论。

策略三：面上兼顾与个别指导相结合。张广利要求教师做到精心设计教学安排，处理好“全面”与“个别”的关系，并且能根据不同的课堂情况随机应变，提高教学的实效性。

面上兼顾不同学生的需要。了解学生是兼顾不同学生需要的前提。在此基础上，教师精心设计教学环节。在设计教学中避免只考虑多数学生或者部分学生的需要，努力做到在学习目标、内容和方式方法等方面考虑每一个学生的需求，力争照顾每一位学生的个体差异。当然，决不能为了照顾个别学生的需要，而置全班学生于不顾，白白浪费集体的时间。

个别指导有针对性、有效性。把个别指导穿插在集体学习活动中是十分必要的。张广利提醒教师，在个别指导时要讲究方法，提高针对性和有效性。他尤其要求教师，由班内同学承担个别指导是最好的方法。

策略四：激发学习动机。张广利说，“学生的学习过程不仅是一个认知过程，同时也有丰富的情感因素，而且情感动机对学生的认知过程影响非常深刻。积极的、主动的情感情绪可以提高思维的敏捷度、灵活性与记忆的效果”。因为他深知，学生的情感因素是多方面的，有些学生喜欢学习，积极向上；有些学生则反感学习，甚至害怕、厌恶学习等。所以，他要求教师走进课堂第一步要做的就是激发学生的学习动机。

策略五：教学评价多元综合。建立以学生个体为中心的多元评价观念，是“差异教学”评价的核心。这种评价观念包括课程标准与个性标准。评价内容不仅包括知识性目标，而且还要扩展到能力目标、情感态度目标等多维目标上来；不仅注重智力方面的评价，还要注重非智力方面的评价。评价方式上采用多种形式：观察、谈话、表演、汇报、档案袋、同学互评、自评等。其中，档案袋评价是实施“差异教学”的有效评价手段。

“我们的做法是，对于不同层次的学生采用不同的评价方式。对于学习存在困难、自卑感较强的学生，多采用个别交流的方式，进行表扬性评价，寻找并肯定其点滴进步，使其看到希望，减少自卑，体验到成功的喜悦。对于中等生，多采用激励性评价的方式，既指出不足，又指明方向，促使其见贤思齐，积极向上。对于成绩好、自信心强的学生，多采用竞争评价的方式，使他们谦虚奋进，更加努力拼搏。”张广利如此自评他们的做法。

策略六：创建民主和谐的学习环境。“学生的差异与其学习生活的环境相关，创造一个良好的环境，可有效地照顾学生的差异，促进学生自身的发展。”张广利强调说，“师生关系、物质环境和学生自身的心理环境都属于学生的学习环境”。育才学校教师的基本做法有三。

一是创建民主和谐的师生关系。张广利和教师们信奉教育学家巴班斯基的一句话，“教学活动应该以建立在积极合作、相互信任、相互交往和相关的教育机制基础上的平等师生关系为前提”。因为，师生关系是一种无形的环境，影响着学生的发展。一般来说，专制压抑的课堂师生关系，往往使学生产生不安全感，相互猜忌，怀疑自己，不敢展示；而民主和谐的师生关系则往往使学生产生安全感，相信自己的能力和价值，增强自信心，学习心情会舒畅愉悦，思维就会得到更好的发展。

二是创设良好的物质环境和信息环境。学校教育的物质环境主要是各种教育设施，如教室、图书馆、体育馆、实验室、各种教具等，这些设施的完善情况在一定程度上影响着教学的内容、水平和学生的发展情况。同时，教学也是一个信息传递的过程，学校通过网络、电视、广播、学生活动、社会关系等与外界进行信息交流。因此，“教师实施教学时，要最大限度利用可利用的资源给学生营造物质环境或信息环境”，张广利如是说。

三是营造积极的心理环境。张广利的体会是，“营造积极的心理环境，为学生提供积极的情感支持、充足的学习机会及自主的活动和探究，可使学生的大脑优化，促进他们身心健康发展，最终提高学习成效”。因为，良好的心理环境，能够强化学习动机，推动认识开展，使思维活跃，从而提高教学效果；反之，就会弱化学习动机，压制思维，分散注意，从而降低教学效果。

为了保障“差异教学”研究与实践真正成为促进师生智慧成长和生命发展的行动载体，张广利努力营建“差异教学”文化，以此积聚构成持续、稳定、强大的“差异发展”的育人气氛或环境气场，有效防止任何不重视、不适合、不利于学生发展的想法和做法。

如专家所言，文化是一种自在的风气、自觉的习惯和自决的立场，也是人们持久坚守或者自动化的生存样态。而教学文化作为课堂教学的“土壤”，是课堂教学存在、运行和发展的“元气”，是课堂教学改革的活力之本和动力之源。基于此，张广利认为，“营建‘差异教学文化’，对于师生形成差异发展的‘自在的风气、自觉的习惯和自决的立场’至关重要”。

张广利深谙，人是文化的核心，知识是人类认识自然与社会的阶梯，教学只有通过知识才能促进人的发展。因此，人性和知识是教学存在的价值所在，也是推动“差异教学文化”建设的动因。于是，他要求育才学校教师以实际行动助推差异教学文化建设。

一是，在教学方式上崇尚平等对话。采用对话的教学方式，就是充分考虑到学生学习能力、发展水平上存在着比较显著的差异。通过对话，营造一个自然和谐的教学文化氛围，让学生在愉快和谐的氛围中自然觉醒，看到自己的价值，追求更完善的人性，从而成长为自由健康的人。同时也不断地改善教与学的品质，使得教学双方在各方面达到真善美的境界。

二是，在教学过程中追求“自然生态”。要求教师建立一种自然、和谐、开放、鲜活的教学模式，在课堂上有效地协调诸多元素，让学生在有机整合的环境中积极主动地面对学习内容，通过探究、体验、发现，实现主动发展。这体现了教学过程要以学生的学习状态和心智发展为主，教与学的关系也有效地转变为学生主动的交流、探究，而非被动的“灌输”。

三是，强化师生间的有效交互。在课堂教学中，着力改变学生的拘谨和习惯性被动，让教师和学生成为平等的主体，开展自主、合作、探究式的学习，使得教师和学生、学生和学生之间的对话和质疑、批判和生成不断涌现，演绎师生共同蕴含的生命力。师生在教与学的互动中形成的相对稳定的价值、思想观念和行为方式，共同构建了差异教学文化。

四是，让学生在质疑体验中实现个性化成长。只有当教学过程变成了体验者所经历过的，体验才成为真正意义上的“生命”成长历程，学生的个性才能得到真正的发展。因此，教师必须结合学生实际，创设有利于学生质疑体验的生命存在、生命成长、生命完善的情境，使教师、知识、学生在课堂环境中发生共振，从而使教师和学生的生命质量得以全面提高。

在“差异教学文化”营建过程中，张广利和他麾下的教师始终遵循以下原则。

弘扬人性。教育的本质是促进人性的全面自由发展，也应当是课堂教学的价值追求。因此，“‘差异教学’应当以尊重人的生命权利、顺应人性的发展规律，并促进人性当下和未来发展作为教育起点和终极归宿。”张广利郑重地说。

坚持生本。在“差异教学”中，教师要把自己当人看，更要把学生当人看，由园丁观、容器观、零件观等物化的师生观念转变为人化的师生观念，要做到目中有人、心中有生。因为，“教育教学的本质是以人培育人，以人扶植人，以人影响人，以人转化人，以人发展人的生命活动。”张广利如是感慨。

注重人文。就是要把自然属性的人培养成为具有社会属性的人。基于差异发展的文化课堂应该凸显出教育的精神实质，即卓越的审美意识，执著的价值追求，坚定的理想信念，崇高的神圣使命。

尊重生命。就是要尊重学生、宽容学生、赞赏学生，理解、关爱与尊重生命，彰显人的生命价值，让学生珍惜生命，热爱生命；启迪学生的生命智慧，提升学生生命意义。

融入生活。就是要立足课堂，开放课堂，超越课堂，创设生活教育情境，利用现实生活资源，在生活背景中对学生施加教育和影响。

构建生态。就是要将课堂教学元素科学整合，构建形成民主、和谐、有序、动态的课堂教学环境。

在张广利的有力有效领导下，不长时间里，育才学校就以切实的行动和不俗的业绩铸就了“差异教育”品牌，而“差异教学”改革更是这一品牌的亮点。2013年5月，《山东教育报》就以《认真做适合学生的教育——山东省东营市育才学校实施“差异教育”行动聚焦》为题，整版报道了他们的做法和经验。其中“让学生的生命能量在差异教学中得到释放”一节对“差异教学”改革的实践和效果进行了重磅推介：

“老师，我们小组觉得他们的证明方法正确的，但有些麻烦。”

“好，你们小组来讲一下。”

“……像这样，我们用角平分线的性质就会少证一步全等。”

“我们小组还有更好的方法”，说话间，这个小组的一名学生已经跑到讲台上，抢过了刚才那名学生手中的教鞭……

这是数学课上的一幕，同学们在为一个证明方法的最优化发生了争论，类似的场景在育才学校的每一间教室、每一节课上时时都在发生。很难想象，这是一所农村学生和进城务工子女约占75%的城乡结合部的学校学生所迸发出来的生命活力。

这，就是“自主课堂”运行一年半来产生的魔力。

让我们将目光投到2011年6月，教学改革之前。“课堂上教师讲得太多了，要充分相信学生，放手给学生”，作为新一任校长，上任伊始，张广利校长就一头钻进了课堂，一圈课听下来，他点出了传统课堂的弊端，说出了教育的本质。“教育教学的最高境界是学生生命能量的释放，我们必须进行课堂教学改革，核心就是学生的自主学习!”

一石激起千层浪，质疑伴随着改革而来。“我们的生源太差了，参差不齐，很多学生讲都讲不明白，让他们自己学，会出现什么样子?”“不能拿优秀生源的标准来看待育才的学生”，这是当时大部分教师的想法，改革压力可想而知。

“要解放思想，外面的世界变化多大，走出去才知道！杜郎口中学的生源还不如我们，请教师们看一看他们的学生、他们的课堂，我们还有什么理由不改革呢?”张校长说干就干，联系车辆，联系学校，分四个批次送所有的教师到杜郎口进行参观学习。教师是带着疑惑去的，一个偏远的乡镇中学所取得的成功，一个个衣衫不是那么鲜亮的孩子在课堂上所迸发出的生命活力，让教师们震惊，让教师们带着干劲和要改革的冲动回来。

“没有一种教学模式适合所有的学生，所以，我们要寻找适合育才学校自己的教学模式。不要担心学生差异大，差异就是资源。”张校长继续给教师们鼓劲，并通过专家讲座、读书计划、反思交流等措施，解放教师思想，转变教学观念，增强教师的改革信心。课堂实践先让课改意愿较强的教师试讲自主课堂探索课，由同科教师对教学的模式进行讨论修改，树立基本的概念。然后进行人人一节过关课，每个人都走上讲台，展示其对“自主课堂”的理解和实践。在全员达标的基础上，又进行“自主课堂”优质课的评选。在这个过程中，“自主课堂”的脉络在教师心目中逐渐明晰，70%教师能够应用自如。经过不断打磨，育才学校探索构建的基于差异的“自主课堂”教学模式，引导每一个教师结合课程目标、学科特点、教学内容和学生的接受能力，探索出适合本学科、各课型的教学流程，确立了“认定目标→自主学习→交流释疑→训练巩固→成果展示”五个主流环节，逐步形成了特色鲜明的“自主课堂”教学体系。

课堂的实施，需要一个有效载体，“自主课堂”模式的着力点在于营建自主学习的活动，而活动的载体就是小组合作学习。为此，育才学校制定了学习小组运行与评价方案，并对小组成员的实际运行进行培训，组织70名小组长到杜郎口参观学习，举行小组经验交流，逐渐使学生熟练掌握小组合作学习的规则。同时，让教师们会运用小组，在学生自主学习解决现在发展区问题的基础上，通过教师指导和小组讨论来解决最近发展区问题，这样的教学改革使学生在课堂上保持了“善于交流、勇于展示、敢于质疑”的求知状态，提高了课堂效益。学校课程部对各班定期进行“优秀学习小组”评选，将学习小组的运行统一纳入教学常规管理之中，使之成为高效建构自主课堂的载体。

在小组建设的探索过程中，张树青老师是一个典型的例子。“我们的学生，讲都讲不明白，小组合作也只能是凑热闹而已。”这是他以前的观点，他曾经是坚定的改革反对派。当看到别人的课堂小组应用有成效时，他坐不住了。“我常问自己，对于学习小组，对于‘自主课堂’，你信不信，敢不敢，能不能进行尝试?”抱着试试看的想法，他开始了学习小组建设的尝试，结果一发而不可收。“原来学生的潜力是如此的巨大！原来我以前讲的很多东西都是多余的，其实学生们完全可以自己完成，效果还更好!”他震惊了。不仅课堂上用，班级管理上也用，年级管理上也用，心得愈来愈多，很快地成长为“学校课改骨干教师”。

榜样的力量是巨大的。陈飞老师是一名英语教师，还兼任班主任、年级主任，工作事务繁多、冗杂，与同学科教师相比，并没有更多的时间放在学生身上。于是他将培养学生自主学习的习惯作为自己工作的重点，所带班成绩一直名列前茅。“看到陈飞的成功，想想自己其实花费了更多的心血，但成绩不够理想，看来是自己几十年来的教学习惯是让改革不彻底的原因呀”，有着二三十年教龄的孙慧博老师发出由衷的感慨。

走进育才的课堂，你很少会发现教师站在讲台上讲解。有时是“小老师”在像模像样地给同学们讲课，有时是激烈的争论，有时是课文人物角色的模拟，有时是同学们对着学习目标的自学，有时是小组的探究……教师走下讲台，走到学生中去。让每个学生在课堂中把自己的学习成果展示出来，这种展示不仅使学生的学习积极性得到激发，而且使每个学生的个性差异及人格尊严得到尊重，生命能量得到唤醒和迸发，绽放出生命的活力。

【亲历者言】

在参与“差异教学”改革的行动中，我们在张广利校长的指导下，边学习边实践、边实践边研究，在实践与研究中，不仅提升了自己的教学素质和能力，而且对“差异教学”有了更深入、更专业的认识与行动。

课堂教学应该关注学生的生命状态，照顾学生之间的差异，满足学生的不同发展需求，鼓励和促进学生的个性化发展。以往的课堂，或多或少存在着模式化、教条化、静态化、单一化的弊端，教师缺少对学生学习的个体差异以及情感态度的关注，忽视学生创新精神和实践能力的培养，使学生在学习活动中本应该表现出来的自主性、主动性和创造性受到压抑，由此产生了知识静化、思维滞化、能力弱化的现象。

由此，实施差异教学改革的意义自不待言。如美国学者汤姆林森所指出的那样，“差异教学的核心思想是将学生个别差异视为教学的组成要素，教学从学生不同的准备水平、兴趣和风格出发来设计差异化的教学内容、过程与结果，最终促进所有学生在原有水平上得到应有的发展”。美国学者戴安·赫克斯也指出：“实施差异教学意指教师改变教学的速度、水平或类型，以适应学习者的需要、学习风格或兴趣。”差异教学的终极目的就是要使每个学生在原有基础上得到充分发展。为了促进每一个学生的充分发展，差异教学把学生差异看作教学资源，并将其列入教学的组成部分，照顾差异，利用差异，而不是把它当作教学负担。

对我们来说，差异教学是一种新的教学理念、形态和方法，它不仅符合新课程改革的基本精神，而且它所倡导的主体性、建构性、探究性和创造性的教学策略，无疑有助于学生综合素质和智能水平的提升。当然，我们在实施差异教学实践中，在课堂预设与生成上依然存在着许多问题和弊端，这需要我们不断地进行自我反思、自我总结和自我革新，以此为基础更好地实现差异教学与新课程改革理念的有机融合，使得差异教学真正促进学生的智慧成长和生命发展。

（东营市育才学校语文教师、市特级教师　周象霞）

我校在“尊重差异，发展个性”办学理念的引领下，积极开展信息技术与学科整合研究与实践，尤其是通过“微课”构建“翻转课堂”教学新模式，将传统课堂的“先教后练”转变为“先学后教”，突出学生的自主学习，力图让所有学习者都能得到适合自己的个性化教育，取得了很好的效果。

教学中的一个议题、一个重点、一项活动，都可以成为一节“微课”，这些都是针对学生学习中的重难点、疑难问题进行设计的，学生有着很大的自主学习空间，学习的针对性和有效性非常明显，从而让教学活动更加适合每一名学生。其鲜明的可重复性、可选择性特点，也让教师教得轻松、学生学得灵活，且内容短小精悍、针对性强，学生可以边看视频边进行操作学习，可以在较短时间内较快地掌握所学知识。这样不仅有利于学生知识结构的构建，更有利于学生对知识点进行深入的思考，从而拓展学生的视野，提高学生的学业水平。

“翻转课堂”能更好地满足学生对不同知识点的个性化学习。基础薄弱的学生可根据自己的接受程度，多次、反复地观看视频，一步一步学习基本知识、基本技能，直至完全掌握，这样就逐渐缩小了与他人的差距，树立了学习的信心。基础相对好一些的学生可以大大缩短学习时间，有更多的时间学习更多新知识；还可以利用“微课”查漏补缺，强化巩固已学知识。借助“翻转课堂”，学生独立思考、自我调控、自主管理的意识大大增强了，真正实现了在差异中异步学习、共同进步的愿望。

（东营市育才学校数学教师　王美霞）

在东营市育才学校隆重的毕业典礼上，学生感动的一幕。

第六章 管理观

——管理既要「管」更要「理」

张广利的管理观：

管理既要 “管” 更要 “理”

学生管理更应当是一种服务。

管理既是“管”与“不管”的有机统一，也是“管”与“理”的有机统一。要把管理转化成一种引导与引领，消除“管者”和“被管者”的内在矛盾。

学生管理应给学生自由支配的时间。管理的最高境界是让学生学会自主管理。

第一节　管理是“管”与“不管”的统一

一、“不管”也是一种“管”

张广利熟知老子的一段话：“三十辐，共一毂，当其无，有车之用。埏埴以为器，当其无，有器之用。凿户牖以为室，当其无，有室之用。故有之以为利，无之以为用。”意思是说，车轮由三十根木条辐辏于轴心所构成，轴心必须是空的，才能让三十根木条穿过，再接连车轮两边的横轴，如此车子的用处才能表现。揉合陶土做成器皿，有了陶土的中空，才有器皿的作用。开凿门窗建造房屋，有了室内空虚之处，才有房屋的作用。有和无互相配合，物的功用方才彰显。

张广利认为，老子的话提醒我们，无用之用是大用，不要重“有”轻“无”。这对学校的学生管理具有很大的启发意义：管理并非密不透风、越细越好、越严越好。好的管理要善于“留白”，留有余地，留下自由的空间。

他曾经和教师们分享过这样一则颇有哲理的故事：

一位隐士住在山中，他很勤劳，每年春天，台阶上的野草刚探出头便被他清理掉了。

一天，隐士决定出远门，叫了一位朋友帮他看守庭院。与他相反，这位朋友似乎很懒，从不修剪台阶上的野草，任其自由疯长。暮夏时，一株野草开花了，五瓣的小花氤氲着一阵阵的幽香，花形如林地里的那些兰花一样，不同的是花边呈蜡黄色。这位朋友怀疑它也是兰花中的一种，便采撷了一些叶子和花朵去请教一位研究植物的专家。专家仔细地观察了一阵，兴奋地说：“这是兰花的一个稀有品种，许多人穷尽了一生都很难找到它，如果在城市的花市上，这种腊兰的单株价至少是一万元。”“腊兰?!”这位朋友惊呆了。

当那位隐士知道这个结果时，惊呆的人又多了一个，他不无感慨地说：“其实那株腊兰每年春天都会破土而出，只不过它刚发芽就被我拔掉了。”

张广利说，这个故事启发我们，好的管理是“管”与“不管”的辩证统一，有时候留有余地的“不管”是一种更好的管理。

因为无论什么行业，无论目的如何，管得过紧过死，都会走向反面。近年来，富士康员工频发跳楼事件就令人深思。据新闻报道，仅仅2010年1月23日至2010年11月5日，短短几个月，富士康连续发生了14起跳楼事件，引起了社会各界乃至全球的关注。那么，富士康公司员工频繁自杀的根本原因是什么？其中原因很多，这与公司实行军事化管理、没有为员工提供宽松的环境不无关系。一则评述性报道如此说：“据了解，富士康总裁台湾郭台铭系军人出身，对富士康一直实行严格的军事化管理。在这个工厂里，有严格的等级制度，下级必须服从上级；有极度强调执行力的‘目标管理’，对员工有严格的奖惩机制。同时，这种高强度的压力自上而下地传导。”管得过死，缺乏人性，缺乏弹性，最终导致了一个个生命悲剧。

张广利认为，教育面对的是正在成长中的学生，他们身心活泼，渴望自由。所谓的无缝隙管理、半军事化管理实质上显示了对生命的不尊重，只会让学生厌恶，伤害学生的心灵。他曾讲述过一位学生亲身经历的事情：

在我上高二的时候，学校换了一位新校长。她来后不久，学校出现了一系列变化：所有班级的后门都换了，是玻璃比较多的那种，而且还是教室外面的人可以看见里面，而教室里面的人看不见外面的那种“高级”玻璃，教室里还多了一台监控器。从此，每天上课时，教室后门都会多一双眼睛，那是让学生和老师都紧张的“法眼”，而那台监控器又能让我们的心里多了一层无形的压力。

每天，校门口也多了一些人，监督学生和老师的迟到早退。

这样的高中生活，我无半点留恋，只想赶快逃离。我在高考前的最大心愿是：无论考上什么样的大学，我绝不回高中复读。

张广利说：“一个人只有在自由的状态下，才能真正学会自律。完美的监视系统，表面上加强了管理，其实严重损害了学校生活中学生和教师的自由度。”在这样的环境中，人的一切行为不是出于自愿，而是出于被迫。这种不留缝隙、不留死角的管理，不仅反映了管理者对管理的理解非常肤浅和狭隘，也在某种程度上显示了管理者对生命的漠视。

张广利认同法国哲学家米歇尔·福柯的见解，自从进入现代社会以来，在强调人道主义和人的主体性的同时，也同时发展起了一套渗透到社会各领域的微观的规训机制。与传统的权力统治不同，新的规训机制凭借对时间、空间的充分切割与利用，凭借精心计算的方法和技术，达成对个体的控制、改造和利用。比如，大多数学校将学生在校时间以分钟为单位做了严密的划分与安排，使学生每时每刻都处于监控之中，学生很少有自由支配、活动和体验的时间。这种微观规训技术，发端于监狱，扩散到各领域，学校中的纪律体系是其典型代表。

所以，张广利认为，有的学校实施精细化管理、半军事化管理，企图用严格细致的监狱式管理监视、控制每一个学生，这种管理是一种缺乏沟通和对话的单向控制，与陶行知先生曾经提出的“解放儿童的嘴、眼、手、脑、时间和空间”的“六大解放”截然相反。

张广利懂得，事物的矛盾法则，即对立统一的法则，是唯物辩证法的最根本的法则。“管”与“不管”是一对矛盾，需要在两者之间保持动态的平衡。如果“管”得过死，规定得过细，那么就消除了“不管”的空间，这样的管理必然是压抑的、违反人性的。相反，如果完全放任“不管”，就会导致秩序混乱，每个人都无法保护自身的利益。

他说：“作为学生管理来讲，要充分考虑学生的身心发育状况和成长需要，该管的要管，不该管的要放手，该管的时候才管，不该管的时候不要管，如此，才能给学生自由成长的空间。如果仅仅通过强制，让学生形成服从的习惯，那么同时也就抹杀了孩子的自由精神和创造精神，培养出的人才往往也是奴性的人、内心压抑或抑郁的人。”

张广利信奉老子所说的“我无为，而民自化；我好静，而民自正；我无事，而民自富；我无欲，而民自朴。”由是，对学生的管理，在提供基本的规则、保障学校基本秩序的基础上，不乱干预、瞎指挥，让学生顺其自然、合乎人性地健康生长成长。

二、给孩子自由支配的时间

在张广利读过的苏霍姆林斯基《给教师的建议》和《陶行知文集》著作中，有两段话他作了标记。苏霍姆林斯基：“只有让学生不把全部时间都用在学习上，而留下许多自由支配的时间，他才能够顺利地学习。但是，这并不荒谬，而是教育过程的逻辑。学生的学习日被各种学校功课塞得越满，给他留下的供他思考与学习直接有关的东西的时间越少，那么他负担过重、学业落后的可能性就越大。自由时间的问题，不仅是涉及教学，而且是涉及智育、全面发展的最重要的问题之一。”对这段话，张广利加了旁注：这一段睿智的话，指明了学习时间与自由支配时间的辩证统一关系。其所蕴含的辩证道理，不仅适用于学习，而且适用于学生各个方面的管理。

陶行知：“现在一般学校把儿童的时间排得太紧。一个茶杯要有空位方可盛水。现在中学有月考、学期考、毕业考、会考、升学考，一连考几个学校。有的只好在鬼门关去看榜。连小学的儿童都要受着双重夹攻。日间由先生督课，晚上由家长督课，为的都是准备赶考，拼命赶考，还有多少时间去接受大自然和大社会的宝贵知识呢？赶考和赶路一样，赶路的人把路旁风景赶掉了，把一路应该做的有意义的事赶掉了。”

对此，张广利的体会是，自由是开发人的创造力、促进身心和谐发展的重要因素。无论以何种名义和理由，当我们禁锢了学生自由的时候，教育管理就为了一种专制和病态。

张广利认为，对孩子的管理并非面面俱到、越细越好，当前我国一些学校所崇尚的所谓精细化管理、军事化管理，其实是存在着严重弊端的，在表面的秩序化下面酝酿着矛盾和冲突。学校本应该是一个温馨美好的家园，师生和睦相处，充满朝气和诗意，给学生留下终生美好的回忆。可现在，我们的一些学校却被学生称为“监狱”，本该朝气蓬勃的学生愁眉苦脸，心理负担很重，甚至扭曲。与以前相比，师生关系越来越冷漠、冲突、恶化，有的成了仇敌，甚至因为外逼或内逼，时常发生学生自杀事件。这不是由于“管”得太多太死的缘故吗？作为校长，首先应当搞清楚：哪些该管，哪些不该管，哪些由学生自己管……该放手就放手，不能束缚住学生的心灵。

张广利曾向老师们介绍说，在美国，学生有充分自由的学习时间和空间。学校一周五天课，下午两点半到五点半是学生课外活动时间。有的学生回家，有的学生在学校里，有的学生参加各种社团活动、俱乐部活动或实践活动等。在德国，对于孩子的自由支配时间更是严格保护的，任何人都没有权利随意支配别人的时间，即使是最亲近的人也不行。

他和教师们分享过这样一段文章：

早晨5点起床读一个小时英语，周一至周五19点到20点20分参加奥数辅导、英语强化、美术基础、游泳培训、作文强化班，20点30分至22点20分完成家庭作业，周六、周日分别安排管乐学习、野外骑车、阅读文学名著、全面检查复习上一周学习内容并预习下周各科学习内容。

这是在朋友家做客，无意中看到朋友为孩子安排的一周学习时间表，我惊讶不已。从时间表上来看，孩子的时间被安排得满满当当，几乎连喘口气儿的工夫也没有。相信这样的安排是目前最为流行的标准样板，定能得到广大家长的强烈支持和赞同。家长怕孩子闲来无事可做，更怕孩子输在起跑线上，于是，大人强行安排、支配孩子的时间，让正处于成长发育阶段的孩子超负荷高速运转，分分秒秒都用来学习知识和培训技能。家长不管孩子能否吃得消，不管会不会给孩子的生理和心理造成负面影响，孩子的童心和天性会不会受到扼杀。

在德国工作的一位朋友讲述了另一个截然相反的故事。孩子随朋友在那里读书，由于德语基础差，学习比较吃力。于是朋友利用晚上时间为孩子补习德语，孩子的德语水平提高较快。孩子的老师不解，询问究竟，孩子如实回答。孰料德国教师拿起电话，警告这位父亲，说其侵犯了孩子自由支配时间的权利，要其停止侵权行为，否则就要控告其云云。故事令我们深思之处在于：我们中国的家长和教师恰恰忽略了给孩子留出自由支配的时间。

从中可以看出，德国的教育高度重视孩子拥有自由支配的时间，而中国的教育恰恰相反，试图将孩子的时间全部填满。在书画艺术创作中，创作者为使整个作品画面、章法更为协调精美而有意留下相应的空白，留下想象的空间。艺术大师往往都是留白的大师，方寸之地亦显天地之宽。南宋马远的《寒江独钓图》一幅画中，一只小舟，一个渔翁在垂钓，整幅画中没有一丝水，却让人感到烟波浩渺。

张广利对“留白”艺术深有体会：“如此以无胜有的‘留白’艺术，具有很高的审美价值，正所谓‘此处无物胜有物’。同样道理，给孩子自由支配的时间，恰恰是为孩子健康成长、全面成长提供了广阔的空间和舞台。”

张广利曾经把王有升《理想的限度》一书中的一个例子推荐给大家：

在一个春意盎然的春天，校园外面四处春意涌动，我听了一节二年级的语文课，课文的内容是《春天来了》。学生们端坐在教室里，教师充满激情自我陶醉地给学生讲解着课文，而学生似乎并没有被其中的激情与美感所感染，学生的积极性总是调动不起来。因为有人听课，教师颇感紧张，课文中有一句抒情的话：“春天多美啊!”教师反复示范，要求有感情地朗读，可学生似乎怎么也读不出来。课后我曾问这位教师，为什么不事先带学生们到外面的田野去看一看。她似乎有所触动，但解释说，一是没有时间，因课程安排得很紧，并且如果出去，很难在一节课的时间完成，势必会影响到其他课的进行。二是出于安全考虑，学生小，一旦放出去很难控制，万一出问题怎么办，除非有几个教师一起配合，但组织起来很不容易。

张广利认为，把孩子的时间、空间完全纳入学校的控制范围内，表面上维持了秩序，提高了管理效益，实际上得不偿失，并不利于孩子的健康成长。

应当尽可能地留给孩子自由支配的时间，在这段时间里，教师、家长尽量不要去干涉和束缚，孩子干什么由孩子自己决定。发呆、静思、交友聊天、伙伴一起游戏、自由漫步……孩子正是通过自由支配时间，通过自主安排活动，来认识、感知生活和周围的世界，提高了自身的各种素质和能力。尤其是现在的学校教育，学习紧张，容易使孩子产生疲劳和厌倦，甚至厌学，孩子非常需要自由支配的时间以进行有效的调节。

所以，张广利坚决反对占用学生双休日时间给学生集体补课的做法，无论学校出于什么样的考虑，“一刀切”的集体补课辅导的方式往往把学生接受家庭教育和社会教育的时间占用了，把学生自由支配、查缺补漏、做好调节的时间占用了，把学生接触社会、体验生活的时间剥夺了。

在东营市育才学校，我们经常会看到教师在校园的花园里上语文课、生物课。有人就问张校长，你们怎么这样上课，这样学生能学到什么东西呢？张校长说：“恰恰相反，我们追求的是课堂教学的效益，比如：语文教师觉得带着学生们在花园里赏花，有助于提高学生们的观察力，有助于学生写更真实、更生动的描写作文，怎么会不允许教师把课堂搬到花园里呢？我们的美术课有时还搬到田野中呢！这总比把学生圈在教室里，让他们苦思冥想写不出的要好。”

每天下午的课外活动时间，每周二、四的下午第一节课后，在育才学校的校园里，到处可以看到学生自由选课的场景，有的选修游泳，有的选修足球或乒乓球，有的选择跳绳，有的选择绘画或书法，有的选修合唱或乐器，也有的选修环保或旅游学习，还有学生选修经典阅读等等。学生根据自己的爱好和特长，自由支配学习的内容和时间。每次看到孩子们喜欢学习的样子和这样的场景，张广利都感到无比的欣慰：“这才是我心中的理想教育！”

第二节 把“管理”变成一种“引导”

一、教育管理是心灵引导的艺术

张广利常说，“管理”的要义不是“管”，更要“理”。所谓“理”，就是按事物本身的规律或依据一定的标准，对事物进行处理。好的管理应当是顺物之性，在合适的时机进行适当的引导。既“管”又“理”，相得益彰，才能产生良好的效益。

他经常向教师们推介清朝龚自珍的《病梅馆记》，认为此文对今天的学生管理仍然具有很大的启发意义：

江宁之龙蟠，苏州之邓尉，杭州之西溪，皆产梅。或曰：“梅以曲为美，直则无姿；以欹为美，正则无景；以疏为美，密则无态。”固也。此文人画士，心知其意，未可明诏大号以绳天下之梅也；又不可以使天下之民斫直，删密，锄正，以夭梅病梅为业以求钱也。梅之欹之疏之曲，又非蠢蠢求钱之民能以其智力为也。有以文人画士孤癖之隐明告鬻梅者，斫其正，养其旁条，删其密，夭其稚枝，锄其直，遏其生气，以求重价，而江浙之梅皆病。文人画士之祸之烈至此哉！

予购三百盆，皆病者，无一完者。既泣之三日，乃誓疗之：纵之顺之，毁其盆，悉埋于地，解其棕缚；以五年为期，必复之全之。予本非文人画士，甘受诟厉，辟病梅之馆以贮之。

呜呼！安得使予多暇日，又多闲田，以广贮江宁、杭州、苏州之病梅，穷予生之光阴以疗梅也哉！

文人墨客以曲为美，于是对梅进行大肆修剪，导致江浙等地的梅都产生病态。作者放开这些病梅，顺着它们的天性，毁掉那些盆子，把梅全部种在地里，解开捆绑它们的棕绳束缚，努力使它们恢复本性，保全健康的形态。这就是按照事物本身的生长规律进行管理。

张广利曾经和教师们分享过爱默生的论断：“教育的秘诀在于尊重学生。不是由你来决定他该知道什么和该做什么。这是上帝所造的，是先天注定的，只有他自己掌握着开启自己秘密的钥匙。由于你的干涉、阻挠和过多管制，他可能受到阻碍，不能达到自己的目的，不能做自己的主人。”由此他告诫教师们，外在的强制性的管理只能维持表面的秩序，无法激发学生自我管理的内动力。

张广利进一步明示，“管理有各种各样的途径，有强制的，有引导的。在当前形势下，学生管理应该是在维持规则底线的基础上，尽量把教师身上‘警察’的成分去掉，按照学生身心发育规律，引导学生健康成长、可持续发展。管理应当是人文的、人性化的，应当尊重学生的尊严，激发学生的潜能，促进学生的快乐和谐发展”。

张广利还曾多次和教师们一起分享过下面两个经典的教育故事：

故事一：陶行知的四块糖

陶行知先生当校长的时候，有一天看到一位男生用砖头砸同学，便将其制止并叫他到校长办公室去。当陶校长回到办公室时，男孩已经等在那里了。陶行知掏出一颗糖给这位同学：“这是奖励你的，因为你比我先到办公室。”接着他又掏出一颗糖，说：“这也是给你的，我不让你打同学，你立即住手了，说明你尊重我。”男孩将信将疑地接过第二颗糖。陶先生又说道：“据我了解，你打同学是因为他欺负女生，说明你很有正义感，我再奖励你一颗糖。”这时，男孩感动得哭了，说：“校长，我错了，同学再不对，我也不能采取这种方式。”陶先生于是又掏出一颗糖：“你已认错了，我再奖励你一块。我的糖发完了，我们的谈话也结束了。”

故事二：苏霍姆林斯基的玫瑰

在前苏联的一所学校，校园的花房里开出了美丽的玫瑰花，每天都有很多学生前来观看，但都没有人去采摘。

一天清晨，一个四岁的小朋友（就读于该校幼儿园）进入花房，摘下了一朵最大、最漂亮的玫瑰花。当她拿着花走出花房时，迎面走来了该校的校长。校长十分想知道小女孩为什么要摘花，便弯下腰亲切地问：

“孩子，你可以告诉我你摘下的花是送给谁的吗?”

“送给奶奶的。奶奶生了重病，我告诉她学校里有一朵很大的玫瑰，奶奶不信，我这就摘下来送给她看，希望她早点好起来，等奶奶看完了之后我会把花送回来。”

听完孩子的回答，校长的心颤动了。他牵着小女孩的手，从花房里又摘下了两朵大玫瑰花，说道：

“这一朵是奖给你的，你是一个懂事的孩子；这一朵是送给你奶奶的，感谢她养育了你这样的好孩子。”

这位校长是谁呢？他就是伟大的教育家苏霍姆林斯基。

无论是陶行知，还是苏霍姆林斯基，都没有就管理而论管理，而是深刻地理解了学校管理的本质是服务人、培养人，从而把管理化为了心灵引导的艺术。

就此，张广利深有感触地说：“管理的目的是培养人，而不是惩罚人。管理的对象是人，人的本质是心灵，对心灵的引导才能真正体现‘教育管理’的‘教育’之特性。不问青红皂白，仅仅依据规则制度，加以控制和惩罚，表面上很有效，实际上触及不到心灵。真正的管理应当是心灵引导的艺术。”

二、学会与学生平等地对话和沟通

张广利认为，传统的师生观，强调的是等级观念和师道尊严，教师主宰一切，学生处于被动、服从状态。学生稍有“不轨”则被教师严词斥责，学生只能老老实实、规规矩矩。师生之间缺乏“人”的互爱与互信，缺乏民主、融洽的教育氛围。

张广利把他曾经读过的一篇文章《当年读私塾的那些事儿》推荐给大家，

让大家了解以前的师生关系是什么样子：

学生入私塾，需由家长领着到塾馆，让先生简单地问话。先生认为智力尚可，便收为弟子，接着就是拜塾馆正面墙上悬挂的大成至圣先师孔子像，再就是给先生磕头，算是认了师。先生给弟子们上第一节课是讲塾规，不外乎是见了先生要行礼，不迟到，不早退，上课、读书、开讲时不准交头接耳，更不准嬉戏打闹，认真完成先生布置的读书、写字、作文等任务，不遵守塾规的要给以训诫。

私塾先生对于违反塾规的弟子，轻则训斥、罚站、罚跪，重则打戒尺。上几年私塾，不挨几次戒尺、品尝几回耳光，那才怪呢。抗日战争期间，家住申河乡单庄村年近70岁的清末秀才单培杰，曾在附近的王汉集村王俭荣家设馆收徒，开馆首收17个弟子。他的规矩非常严厉，谁犯了塾规，就要摸戒尺打人。那戒尺是用桑木或槐木等硬质木料做的，长约尺许，厚5厘米左右，上面还刻着“戒”字。被打者必须自觉地伸出左手来——先生是绝对不打右手的，打坏了右手就无法写字了。先生左手托住弟子的左手背，右手打戒尺，一下、两下……打多少下，打得是否实在，就要看弟子犯错的大小和先生气的程度了。只需两三下，被打者的手立马肿得老高。

……有的家长知道孩子挨了打，还要跑到塾馆向先生赔礼。至于先生的不务正业、教得如何，家长大多是不敢提及的。至于学生书背得不熟、字写错了，先生顺手对着学生的脑袋“啪、啪”打上两巴掌，更是家常便饭。在私塾先生看来，学生不守塾规，挨打是天经地义的事，严师出高徒，学生不打不成器。

学生呢，尤其是那些学习成绩差的学生，过多过重的体罚，也对先生产生了逆反心理。于是，便闹出捉弄、报复先生的恶作剧来。有一天，这几个学生也以牙还牙让先生出了“洋相”。先生睡的是木床，几根横撑是用绳子捆系的，横撑上面铺了秫秸，那几个学生把绳子都松动了，上课时，先生一边让学生们“念书”，一边像往常一样一屁股坐下去。结果，横撑被坐下去了，他掉进了学生预设的陷阱，头和脚都搭在床帮上，身子垂下去。他大喊：“快来拉我，快来拉我呀!”学生们都装作未听见，越发大声读书。

张广利说，在师道尊严的背景下，教师已经成为了高高在上的统治者，学生成为了任由教师打骂的被统治者，师生相互敌对，紧张冲突，根本谈不上地位平等，更没有心平气和的对话和沟通。到了今天，我国教育虽然开始强调学生的主体地位，强调教师要做学生的良师益友，但受师道尊严的影响，很多教师仍然没有摆脱传统的旧有观念。

他告诉教师们，美国的师生关系则相对平等得多。一本杂志上曾经介绍一位美国教师上《蚯蚓》课的情景。上课了，教师请学生拿纸上来取蚯蚓，许多蚯蚓从纸片上滑落，学生推桌挪椅，乱作一团，教师一言不发。之后，教师请学生谈蚯蚓的特点，学生纷纷发言，以自己的切身观察、触摸，甚至尝味等等，说出了蚯蚓的种种特点。教师则对学生的发言充分肯定，特别是对尝、吞蚯蚓的学生的勇敢行为大加赞赏。

就此，张广利把他的体会分享给教师们，在美国，教师是学生的益友，是课堂的设置者，是积极创造学习条件的人。教师的主要任务不是讲课，而是布置学习环境，为学生设计各种教学活动，并在学生活动中做学生的对话者和沟通者，启发、指导、帮助和鼓励学生。

张广利认为，学校管理不是企业管理，学校管理面对的是正在成长的人，必须更加强调人本化、人性化。传统的管理是一种行政命令式的，学生的言行被约束在各项管理制度之中，带有明显的强制性，管理规定条例常常以“不许”、“禁止”的字眼出现，这样的管理往往造成了师生对立，导致了学生心口不一。更大的危害是，当学生不愿向教师敞开真实心扉的时候，真实的教育便无法产生了。

于是，他郑重告诫教师们，今天的教育应该少一些训斥和责骂，多一些对话和沟通。作为教师，必须俯下身子，学会与学生平等地对话和沟通。只有学生把教师当作朋友的时候，他们才能敞开自己的心扉，倾诉自己的快乐和忧伤，点燃思想的火花。即使学生犯了错误，也要和学生充分交流，查清原因，让学生心服口服，自愿接受适当的惩罚。

从初为人师到成为一校之长，张广利一直愿意和学生交朋友，并深受学生们的欢迎。他曾深有感触地说：“在教育学生的过程中，我们应创造让学生体验的各种机会，给他们树立看得见、摸得着的榜样，用现身说法引导他们逐步确立自己的阶段性发展目标和人生目标。在这一教育的过程中，教师与学生的谈话也至关重要，谈话引导是教师常用的重要教育方法之一。通过谈话，走进学生心灵，让大量问题在沟通、协商中得到真正的解决。”

他紧接着说：“作为老师，就要尽量地放下架子，以亦师亦友的身份，多和学生交流沟通。只有走进学生的心灵，才能了解学生的真实想法，才能赢得学生的信任。”

张广利经常和学生谈话谈心，他还总结出了和学生谈话中应注意的事项和技巧：

一是熟悉学生。教师首先要了解学生成长的背景和家庭教育情况，对学生当前的表现、心理的变化、交友的情况有比较准确地把握。同时，教师与学生谈话要解决什么问题，要达到什么样的预期，必须提前做好准备。

二是学会倾听。教师与学生开始谈话时，一般不要直奔主题，因为学生早有心理准备应对，这样容易形成谈话无法继续的局面。最好的方法是，先站在学生的立场上考虑问题，而不要对学生所说的话进行过早的评判，这时，教师要学会倾听才行。

三是因势利导。在倾听学生的同时，要针对学生的思想和心理变化，及时调整自己的谈话预案。当学生不愿与教师透露心事时，教师要善于扯开话题，再从谈其他问题的过程中，找好谈话的切入点，引发学生的换位思考，这样就很可能打通了与学生谈话的大门，并逐渐使其明白事理。当学生怨恨父母或教师时，与学生的谈话就更要讲究方法，要采取步步为营的谈话方式，即先让学生认同父母或教师的出发点是好的，待学生认同这一点后，再步步逼近学生的思想问题。当学生执迷不悟时，教师采取刺激的方法使学生猛然惊醒或悔悟，也不失为一种良策，但其前提是事态必须在教师的掌控之中。当发现学生有所悔悟时，要乘势追击，直至引起其心灵的震撼或认识的转变，并达到解决思想问题的预期目的。

四是争取配合。在给学生进行成功的谈话后，一定要紧接着找其家长进行沟通和引导，以取得家长的支持和配合。因为只有同时说服其家长改变教育方式，方能起的最佳的教育效果。

五是巩固成效。与学生一次成功的教育谈话的结束，并不意味着教育的完成，要对学生的表现进行观察，及时发现其变化，发现其闪光点，应及时地给予肯定。要对学生可能出现的反复有充分的心理准备，提前做好预案，一旦出现反复，自己有备选的策略进行有效应对。

张广利对于和学生建立友谊，曾有感而发，写过《细节中的美丽》一文，充分体现了他平等地对待学生的想法与做法：

一天，一个我曾教过的毕业生给我打电话，要我参加他们毕业20周年的同学聚会。尽管工作很忙，我还是很高兴地去了。当得知他们在各自的工作岗位上都干得非常出色时，我由衷地为他们感到高兴，自己也体验到了教师的职业幸福感。

那天，我一到场，就有一位学生说：“张老师，你还记得我吗？当时我学习并不好，长得也不高。”我顺口说了句：“怎么会不记得呢？你不是程××吗。”当我叫出这位学生的姓名时，他很吃惊地说：“老师，真没想到都二十多年了，你一口就能喊出我的名字。”当这位学生说这句话时，我注意到他的眼眶已经湿润了。这时，我似乎也被这种氛围所感动，眼眶也湿了许多。席间，学生们把他们毕业后的发展情况都一一讲给我听，并一一来给我敬酒。但我始终在想：真没想到记住学生的姓名这样一个小小的细节，就能让他们这样感动。

这使我回想起了初为人师时的工作情景。当时，为尽快了解所教学生的情况，我十分注意记住每一名学生的姓名，并通过各种途径了解学生的基本情况和家庭背景，这种习惯一直延续到我担任校长时。担任校长后，为尽可能地了解在校学生的发展状况，除了通过正常的工作渠道，我还设立了学生接待日、校长信箱、校长热线，实施学生校长助理制，并通过定期召开学生座谈会，走到学生中间与他们交谈，到学生中调研问题等途径，及时了解他们的需要，以便及时调整和改进教育教学及管理工作。这使我较好地保持了与学生的良好沟通，并与不少学生建立了深厚友谊。一批批学生走向社会后的良好发展，也使我有了更强的工作动力。

现实的教育情境中，我们稍稍留意，就会发现这样一种现象：在课堂上，当叫学生回答问题时，有的教师就说：“这位同学回答这一问题”、“这一排倒数第三位同学回答”、“某某同学的同桌回答一下”、“那位男同学回答”、“那位女同学回答”等等，当教师这样去提问学生、询问学生时，教师可能不会留意和体会学生的心理感受，但在教师这习以为常地对教育细节的忽视中，教师的形象和威信也在不知不觉中打了折扣。

记得我曾接到过一位学生家长的电话，主要是反映胜利四中刘爱华老师关心学生的动人事迹。当时刘爱华老师任初一寄宿班的班主任，由于初一学生九月份刚入校，对住宿的适应还需要一定时间，因此，每天学生晚睡前，她都到宿舍检查。当发现有的学生蚊帐未放好就躺在床上睡觉时，刘老师就给学生们整理好蚊帐，并一再叮嘱他们每天晚上睡前一定要先放好蚊帐。刘老师在“放蚊帐”这一细节中对学生的关心，不知感动了多少学生和家长，赢得了学生们的爱戴和广大家长的一致称赞。

我校张兆琴老师，当得知一学生的父母离异时，她问寒问暖。当学生感冒时，给学生买来治感冒的药片，对这位学生细微的关心，使其从内心深处感受到了家一般的温暖。在感动中，这位学生增强了自信，焕发出了新的学习与生活的活力。

在现实教育中，我们看到的是更多的大而化之和敷衍了事，更多的“禁止”、“不准”和“严禁”，看到的是更多的管控和压制。人们往往以管代教，这样的教育已经走进了管理的误区。现实的教育中缺少了太多的感动，缺少了太多因感动而引发的心灵震撼。作为教师，要落实育人为先和以学生发展为本的理念，就要关注教育过程中的每一个细节，从细微处体察学生的发展需要，关注学生的内心体验和情感变化，从教育的细节中体现美丽，从人文的关怀中寻求教育本真价值的理性回归。

张广利最直接的感受是，新时代教师的伟大不再体现在师道尊严上，教师的真正尊严更多地要体现在与学生平等地对话与沟通中。只有俯下身子，你才能伟岸地挺立在学生心中。

张广利的想法和做法，所产生的教育效果，正如泰戈尔所说的，“不是锤的打击，乃是水的载歌载舞，使鹅卵石臻于完美”。

第三节　管理的最高境界是自主管理

一、“管”是为了“不管”

张广利对“管理”真谛的理解很到位，他曾考证“管”字的本义和引申义。“管”字在我国古代原意为一种管乐，如“箫管备举”（《诗·周颂·有瞽》）；此外还有钥匙的意思，后来逐渐引申为管辖、管制、主管之意。“理”字本意是指玉石内部的纹路，后引申为顺着玉石内部的纹路切割玉石，再后来又引申为顺着事物的内部道理做事。由于“管”与“理”二字在引申义上意思相近，且又分别从不同侧面反映了人类一种共同的社会活动，于是，后来人们逐渐把这两字合为一词使用。

他进一步追究，“管”与“理”在管理中的侧重点上也有所不同，“管”主要注重外在行为的约束、限制，强调要遵循规范与制度，监督并督促人们按照规范或制度而行；“理”注重内在心灵的干预和影响，遵循规律、道理，引导人内心的走向。“将外在的‘管’内化为内在的‘理’，就达到不管而管或说自主管理的境界。此时‘管’便从被动地接受别人管转化为主动地自我管理。”张广利说。

他进一步阐释说，陶行知先生的“教，是为了不教”启示我们，“管，是为了不管”。在这方面，魏书生就达到了这种境界。魏书生非常注意提高学生对管理活动的认识。曾经有学生问他：“您还能做我们的班主任吗？”魏书生说：“为什么不能？”学生说：“我们看您太累了！”“那我就请副班主任来管！”学生问：“副班主任在哪？”魏书生说：“就在每位同学的脑子里！”魏书生实际上是告诉学生，管理是一种自我约束。魏书生创造性地创设了多种自我教育形式，如写“说明文”，写“心理病历”等，大力倡导学生自我约束和自我管理，帮助他们在心里筑起第一道防线，以尽量把问题消灭在萌芽状态。他大大强化了规划、决策过程中的民主参与，引导学生自己制订班规班法，然后自己去执行自己定的规矩。魏老师在书中写道，在他出差的日子里，常务班长、值周班长、值日班长以及其他班干部互相团结，互相制约，互相关心，没有在堡垒里战斗，却组成了一个战斗的堡垒，大家形成合力，取得了大于分力之和的效果。

张广利强调说，学生正处于生命力旺盛的成长阶段，思想活跃，行为感性，如果放任不管，则会影响其健康成长。但管的目的不是为了管而管，应当通过一定的管，逐步让学生形成良好的思想品德和行为习惯，最终达到“不管而管”的境界。

如果管得过多，心灵疏导又少，则会压制学生独立思考和创造性的发挥，同时也容易导致师生对立情绪，使双方关系紧张。此外，管理者的精力也是有限的，一味地管也管不过来。“养不教，父之过；教不严，师之惰。”这话强调了严管，并不完全符合现代学生管理的需要，在管理的起步阶段，严管是必要的，在形成基本规范之后，一定要及时转型，让管理由外在压制转向内在驱动、从他律转向自律。

在张广利看来，当前对学生的管理过度地强调秩序和意志，教师权力带有“父权”色彩，表现出一定的支配性和暴力性。尽管《教育法》明确规定不准体罚或变相体罚学生，但教师打骂学生的现象仍然存在。很多教师把

“育人”理解为按照一定规格、按照自己的意志去规训人、塑造人，表面上是育人，实际上是维护自身的权威。用成人的野蛮和力量强制学生服从纪律，恰恰违背了纪律精神的本质。正如朱晓宏所指出的：“寻求秩序的欲望越强烈，建立秩序的努力越疯狂，那么矛盾重重的成分就越大，它们引起的忧虑也越深。如果学校教师致力于营建规训生活氛围，那么，儿童的规训体验又是怎么样的呢？他们将生活在恐惧之中，很少有安全感。”

皮亚杰的观点对张广利很有启发——年幼儿童的道德规则是成人教给他的，属于他律的性质。随着儿童年龄的增长和社会关系方面的变化，这种他律的道德规则便逐渐发展为自主的规则，即逐渐发展为自律了。

因此，他说，“对学生的管理一开始是为了让其意识到规则和遵守规则，但更重要的是，逐渐让其理解这些规则存在的意义，从而愿意去遵守、自觉地去遵守，最终达到‘管是为了不管’的目的。”

二、让学生在自主管理中健康成长

张广利曾和教师们分享过苏东坡和佛印的一则故事：

苏东坡和佛印禅师来到一座寺庙内，看见观音菩萨的身上戴着念珠，苏东坡不禁起了猜疑，问佛印禅师：“观音菩萨自己已经是佛了，为什么还要戴念珠，她是在念谁呢？”佛印说：“她是在念观世音菩萨的名字。”苏东坡又问：“她自己不就是观世音菩萨吗？”佛印禅师说：“求人不如求己呀！”

对这个故事的理解，自然是仁者见仁、智者见智，但从学生管理的角度，我们也能从中受到一定的启发：学校对学生的管理最终应转化到学生的自主管理，自主管理是依靠自己的“求己”管理。否则，我们的管理方法再精细、再巧妙，也终究是外在的控制性的管理，无法培养学生自我克制、自我管理的素养和能力。

由此，张广利认为，教育管理的最高境界是自主管理，让学生在自主管理中学会自我约束、尊重他人、和谐共处。

张广利和山东教育社原总编、教育专家陶继新有过一段对话：

【张广利】我们不仅通过精彩纷呈的才艺展示活动为学生发展提供了立体化的平台，而且在引导学生参与学校管理方面，也做了大量的文章。比如：我们制定了班、团、队和学生会干部竞聘制度，所有学生干部都是自己申报、参加竞聘演说和通过考察后上岗的。我们还按照"人人有事干、事事有人管"的原则，对班级的组织机构进行了改革。

我经常对那些在这方面改革力度不大的班主任说："学校从来没有规定班干部的职数，班干部也没有什么'编制'控制，你们为什么那么吝啬呢?"于是我们有些班主任还真有点子，有的班级设立了环保委员，主管班级环保和学生的环保行动落实工作；有的班设立了节能委员，每天负责教室日光灯、多媒体和各种电源的关闭工作；有的班设立了公物委员，负责班级和卫生区内公物的管理和保护、检查监督其他学生是否爱护公物等；也有的班设立了经典诵读委员，负责检查学生经典诵读的完成情况，并主动为大家推荐好的诵读诗篇等等。学生会、团代会、少代会、学代会等也为学生参与学校管理提供了很多机会。

【陶继新】你们为学生参与班级事务和学校管理创造了这么多的机会，恰恰符合了你们提出的办学理念，也体现了差异教育的精神。班级组织机构的改革，特别是班委成员的创意性设立就更令人惊奇啦！你们想方设法为每一个学生的发展提供各种各样的机会，让他们参与各种各样的管理，使他们得到了很好的锻炼，从小学会了承担责任，这对他们将来步入社会所产生的影响是不可估量的。

张广利非常注重激励每个学生在集体中承担责任、敢于担当并服务于集体，变划一的、约束控制式管理为学生的自主管理，为学生的个性发展创造了条件。他将学生管理的目标定义为发现自我价值、发掘自身潜力、确立自我发展目标，让自主管理成为学生健康成长的有机土壤。为此，学校为学生自主管理提供了广阔的舞台。

一是，成立校级学生自律委员会。学生自律委员会成员的选拔，采取竞聘上岗方式。该委员会的主要职能涉及纪律卫生检查、志愿者服务、社团活动、班级互动、校际沟通等内容。

二是，建立班级学生自主管理运行体系。注重加强班干部培训，指导他们自主开展工作。班级日常事务全部交给学生来做，形成了“事事有人管，人人有事干”的局面。建立班长轮流值周制。值周班长是经民主推选产生的临时班长，由六位同学自愿结合，组成一届临时班委，在明确分工、相互配合的基础上，完成本周班级日常事务管理工作。创建特色班集体。全班同学积极围绕特色班级创建开展自主管理活动。

三是，构建班级自我管理机制。组织和建立多样化的自主自治小组，如学习督导组、纪律监察组、卫生监督组、节能检查组、安全管理组、语言文字管理组、公物管理组、文明督查组、文艺管理组、体育管理组、图书管理组、欺负干预组等小组，使全班每个学生都有自由选择、自主参与的权利，从而做到“人人有人管、人人能管人”。“一个班级就是一个舞台，指导学生通过‘生旦净末丑’角色的扮演，体验着各种角色的生活样态，咂摸生活中的酸甜苦辣咸。”班主任崔静老师如此形容着她的班级管理机制。

四是，构建学生自主活动机制。如，开设主题班队会。学校引导学生设计并组织旨在关注成长、解决实际问题、满足发展需求的形式多样的主题班队会，通过“文明礼仪”、“习惯成自然”、“学会感恩”、“珍爱生命”等主题班队会，强化学生的自我教育、自我管理、自我服务、自我发展的意识和能力。又如，开展主题活动。学校通过艺术节、科技节、读书节、体育节、英语节和图书漂流、才艺展示、社区服务等大型主题活动，搭建学生自我管理及个性特长展示的平台。再如，开展文明值勤活动。文明值勤是该校常规管理的重要方面，每个年级实行班级轮流值周制，全班学生分纪律、卫生、考勤、文明等小组共同管理本年级的学生日常行为。

为了参与管理，学生们公开参与竞争：

“我竞选学校纪检部委员一职，主要采取课间巡查、考核评比、落实整改……强化校园、班级和课间的秩序管理，养成入楼即静、入座即学的良好习惯。”

“今天我给大家带来的才艺是舞蹈《赶海的姑娘》和歌曲《文明在哪里》，请欣赏……希望大家投我一票，如果我有幸能成为文艺部的一员，一定会组织丰富多彩的活动，帮助同学们编排舞蹈，协助老师们搞好校园艺术节、文艺汇演等活动。”

“我想竞选体育部委员一职。我爱好篮球、乒乓球、足球、羽毛球，长跑曾获得全市中小学体育联赛第二名。如果我当选，一定给学校多提建议，开展一些有益有趣的体育活动，举行一些体育赛事，让校园里多一些帅气潇洒、动作轻捷的男子汉，少一些气喘吁吁、一摇三晃的小胖子，提高大家的体质，增强健康指数……”

这些是校级学生自律委员会热闹非凡的竞聘现场，学生们都纷纷拿出自己的看家本领，积极宣传自己的施政纲领，向评委推介自己。

不仅如此，张广利还带领着广大教师，对班级管理结构进行了重建。普通的班级管理结构，是包含了班长、委员、组长、各科课代表和普通同学的金字塔式管理结构。这实际上是一种以集体效率为目标的企业管理模式，追求的是运转效率，并不能充分适合学生的个性化发展。因为这个结构决定了最受益的是塔尖的班长，之后是其他班委等管理职责的学生，最后才是普通学生，班长毫无疑问地享受了更多的教育资源和锻炼机会。其他的班委，基本是担任“秘书类”工作，或者干脆是摆设，即便是有日班长或者周班长的轮流制，往往因为值班班长缺乏经验和能力，主要职责还是由原来的班长或者班主任去做。而普通学生更是扮演了服从角色，并且普通学生很多时候的个性化行为，都会被以“没有集体意识”理由所限制。

张广利在学校的实验班级开始尝试不设班长，而是由各个普通班委具体负责各自的职责。普通班委由班主任推荐、学生自荐、学生推荐三种形式产生，并定期重新参与班委聘任竞选，由学生们和教师共同监督。学生全员参与班级管理，认领具体班务。比如，打扫走廊的任务，就由一个学生认领负责，有一天他不愿意干了，或者干得不好，卫生委员就要负责指导或者是调换，也可以由该学生主动和其他同学调换。

新的班级管理体制运行一段时间后，张广利发现：原来各班委和学生们是对班长负责，对班主任负责，现在都是对自己和同学们负责。班主任更多的时候是做指导，给学生支招儿、鼓劲儿。经过班级管理结构的重建，职责明确，各个普通班委的责任心增强了，学生们的主动意识也增强了，班级管理不再单单是一个效率问题，而是成了培养学生责任心、主动性以及锻炼能力和促进个性化发展的教育活动。

“班里不设班长，减少了管理层级，属于扁平化管理模式。这是一个创新，更是一种尝试，其最终目的是培养学生自我管理的意识。在没有班长监督的情况下，学生在自由中学会了自律，在担当中学会了负责。”张广利如是说。

张广利校长作为山东省游泳代表队总领队，带领以东营市育才学校游泳队为主组建的山东省游泳代表队参加 2014 年 7 月在上海举行的全国第 12 届学生运动会。

第七章　评价观

——教育评价是为了激发学生的自信心

张广利的评价观：
教育评价是为了激发学生的自信心

教育评价的目的不是为了给学生贴上某种“标签”，也不仅仅是诊断、反馈和总结，更重要的是发挥激励导向作用，激发学生的自信心。

对学生的评价不能仅仅着眼于学生之间的相互比较，更应该为每一个学生提供个性化的评价，让每一个学生在自我比较中不断感受到点滴进步。

要通过实施差异化评价，用不同的尺子衡量不同的学生，努力促进每一个学生成长成才成功。

第一节 不要让评价成为学生的沉重负担

一、从传统到现代：教育评价的转型

张广利了解教育评价的内涵。教育评价是指根据一定的教育目标，运用科学的态度和方法，通过系统地搜集、分析、整理信息和资料，对教育活动、过程和结果进行价值判断的过程。教育评价主要有诊断、反馈调节、鉴定总结、科学管理、激励导向等功能。本质上，所有的评价都围绕着学生展开，都指向学生发展。

张广利认为，从传统评价的特点、未来教育评价发展的趋势和教育评价科学化的要求来看，传统教育评价的弊端突出表现在以下几点：

一是评价的目的狭隘化。评价不是为了证明，而是为了改进。传统教育评价主要被用来鉴定、区分、选拔学生，将考试、测验、分数作为评价的主要工具，评价功能已经被窄化为仅仅对被评对象作出某种资格证明，如选拔评优、分级排名次等，忽视了评价的诊断、调节和改进功能。“选拔、分层等功能的强化，使‘学困生’变得更加困难，进一步使他们失去了发展过程中必不可少的内部动力。”张广利感慨地说。

二是评价的标准片面化。传统的教育评价片面强调知识的价值，忽视了学生的主体价值。教育评价已演变成纯粹的升学考试的分数竞争。越来越多的学校不惜牺牲有助于学生发展的活动，只重视同提高升学考试分数有关系的课程的学习。即使是升学考试科目的学习，也是偏重知识的理解记忆以及单纯的运用，而忽视了这些科目本来的认知能力、情感态度、价值观念的综合培养。

三是评价的效果负面化。朱永新教授说过，“培养一个人就是培养他的自信，要摧毁一个人就是摧毁一个人的自信”。不客气地讲，传统的教育评价不是激发了学生的自信心，反而像掠过的寒风，不断地让学生陷于恐慌和压抑之中，最终无情地摧毁了学生成长的自信心。

张广利说，教育教学评价应当是激励学生进步的助推器，不应当成为令学生恐惧的“刑场”和大棒。应通过科学评价，帮助学生找到人生的信心，找到自己的特长和优势。现代教育评价强调评价的发展性功能，是为了帮助学生，促进其发展；它不是着眼于过去，而是着眼于未来。

为此，张广利提醒教师，要深刻认识教育评价功能的两个转变。

一是从选择到发展。我国从科举时代以来存在了一千多年的应试教育，培养的目标是为统治者选择符合自己需要的少数人才，强调的是一种选择性功能。现代社会的教育是培养一支千百万具有一定素质且有专长的劳动大军，而不是少数的“英才”。由此，教育评价由选拔性功能转向发展性功能，目的是促使绝大多数学习者得到充分发展，具有现代社会职业所必需的综合素质。

二是从分等到改善。由于教育的竞争性和教育评价的选拔性，在传统观念中，教育评价已变成一种划分等级的制度，被用来区分好、中、差三等学生。这种评价给学生心理上、情感上带来了不良的影响。现代的素质教育是承认个性差异，因材施教，因势利导，使所谓的好、中、差的学生都有所发展。所以，现代的教育评价不能只是用来分等，更主要的是用来改进教与学，实现教育评价的目的由“分等”到“改善”的转变。

“作为教师，科学正确地对学生进行评价，就会起到正向的促进作用，否则，就会导致截然相反的效果。”张广利如是说。

张广利曾经向教师们推荐过两个教育故事。一个是学生讲述的发生在自己身上的故事：

我是后进学生行列中的一员，然而我并不想当后进生。我觉得学英语比上青天还难，每次考试不是个位数就是十几分。有一次，老师骂我是懒猪，我一生气下决心下次一定要考好。于是，我起早摸黑，加倍努力，牺牲了无数的休息时间。好在功夫不负苦心人，期末考试时，我真的拿了个英语第一名。当时我心里的高兴劲就别提了，心想这次老师一定会表扬我了吧！可是出乎意料，老师一进教室就当着全班同学的面问我：你这次考这么好，不是抄来的吧？听了这话，我一下子从头凉到脚，心里感到一阵刺痛，那种心情真是比死还难受一百倍。难道我们后进生就一辈子都翻不了身了吗？

一个是与之截然相反的教育故事：

年轻的初中女教师海伦发现，自己所在的班里有不少学生学习很吃力，有一些学生因此而有些灰心。为了帮助这些学生增强信心，她想了一条“妙计”：让每个学生用纸写下其他同学的优点，然后海伦分别抄下大家写给每个人的优点，再把这份“优点单”发给学生自己。学生们看到“优点单”上写的是自己的优点，一个个惊喜万分，那些自信心不足的学生很快恢复了信心，学习成绩都有了明显提高。若干年后，海伦与这个班的学生们一起参加本班一个在战争中死去的学生马克的葬礼。死者的父亲从其遗物中拿出一张曾经打开、折合过许多次的两张笔记本纸，海伦一眼就认出了这是马克的“优点单”！这时，其他学生也都从自己的贴身口袋里拿出了自己的“优点单”。大家说：我们都保留着这份“优点单”，随时随地都带着它，它在我们遇到困难的时候可以让我们想到自己的闪光点，从而增强自信心。

张广利评析说，以上两个故事形成了鲜明的对比，一个是通过消极评价打击学生发展的信心，一个是通过积极评价激发学生发展的信心。对学生的评价应当以生为本，增强学生的信心，让每一个学生都能看到并不断放大自身的闪光点。

二、为每一个学生建立个性化发展档案

张广利认为，每一个学生，都会因为家庭教育和成长环境以及自身特点的差异，形成自身的个性。新课程的实施倡导发展性评价，突出评价促进发展的功能，即从“选拔适合教育的儿童”转到“创造适合儿童的教育”，实现从“选拔”走向“发展”这一根本性的转变。要仔细分析学生的个性化特点，

采取满足学生个性化发展需要的教育策略，实施个性化评价，这样才能真正达到发展学生的根本目的。

为此，张广利在对学生的道德品质、公民素养、学习能力、交流与合作、运动与健康、审美与表现等六个方面进行综合素质评价的同时，大力推行学生“个性化发展档案”，努力为每一个学生建立个性化发展档案袋。学校还专门建立了学生个性化发展档案室，在对学生的个性化发展档案袋实行纸质管理的基础上，逐步建立和完善了学生个性化发展电子档案。建立学生个性化发展档案袋，拉近了师生的心理距离，为“差异教育”的实施和学生的个性化发展奠定了良好的基础。

个性化发展档案袋的使用和管理，由于其工作量较大，往往会出现难以落实的问题，许多学校的这一工作往往浮在表面，落不到实处。为了把这项工作落实好，张广利专门成立了学生评价工作领导小组，组长由校长担任，分管德育和教学的副校长分别担任副组长，小组成员有课程教学部主任、学生发展部主任、各年级部主任、学科教研组长组成，具体负责相关的评价工作。同时明确职责，发展档案袋的常规管理由学生发展部和学生个性化发展档案室的管理人员具体负责，学科的学业评价由课程教学部负责，各班班主任负责学生个性化发展档案袋的各项评价填写的协调管理工作，各年级部主任负责督促本年级班主任和任课教师在规定的时间内完成学生的个性化评价，及档案袋有关内容的填写工作，并督促本年级教师和班主任充分发挥好档案袋在学生日常管理中的作用。

学生发展部定期对学生的个性化评价和档案填写工作定期进行检查，对检查出的问题及时与各年级部、教研组、班主任和教师反馈，并督促做好整改工作。

学校每学期还举行优秀学生个性化发展档案袋展评活动，全体师生在参观和交流中，不仅提高了学生个性化评价和档案袋建设的针对性和实效性，而且很好地发挥了个性化评价的激励功能。学校还制定了学生个性化评价和个性化发展档案袋填写与使用的考核评价办法，评价的结果分别与班主任考核挂钩、与各年级部、教研组和教师个人考核挂钩，有力地促进了工作的落实。

张广利介绍说，学生“个性化发展档案袋”主要包含如下内容：①学生心理特征信息：自信心、自尊心、责任心、进取心。②学生家庭教育信息：亲子关系（亲疏程度）、父母学历、家庭教育观念、教育目标、教育策略和方法、教育习惯、家庭学习环境、家庭中重要影响人物、家庭特色教育活动。③家长对学生的评价：学习、交往、生活习惯、社会实践、个性、人生观等。④学生重要经历：人生中的重大事件，如特殊成就、特殊影响事件、家庭重大变故等。⑤学生学习信息：学习状态、学习方法、学习习惯、学习基础、学习成绩。⑥学生个性化发展目标：人格发展目标、学习目标、特长发展目标。

张广利接着介绍道：“个性化发展档案袋的内容，不但包括思想品德与行为规范记录、社团活动情况记录、国家课程学习情况记录、地方和校本课程学习情况记录，而且包括校园文化活动记录、健身锻炼情况记录、艺术活动情况记录、‘收获园’、课外阅读情况记录、家校沟通留言、师生沟通留言等方方面面的内容；不但评价采用了等级制，而且增加了学习表现栏目；不但设计了小组评价，而且留有收获与体会栏目供学生进行自我评价，让学生和家长一起品尝成功的快乐。个性化发展档案袋的使用要求教师用发展的眼光看待每一个学生，看待学生每一个方面的表现，尽可能地填写教师留言栏目，把对学生的具体评价写入其中。可以说，个性化发展档案袋呈现出评价内容的多样性和学生发展的个性化。”

张广利认为，教育的艺术不在于单纯地传授知识，而重在激励、鼓舞和唤醒。个性化发展档案重点突出了“多主体评价”和“留言”两大特色。多主体评价不但有学生的自我评价，而且有学生之间的互相评价；不但有教师的评价，而且有学生家长的评价。这就改变了传统学生评价中由教师说了算、学生处于被评价的被动地位的评价形式。

“‘留言’是个性化发展档案袋的一个特色。”张广利评说。因为，一则好的留言可以改变学生的一个不良习惯，一则好的留言能够克服学生心理上的一个弱点，一则好的留言甚至有可能改变学生的一生。张广利学校的老师们在给学生进行“留言评价”的基础上，形成了以下共识：让被评价者最大程度地接受评价结果，就是评价的最大效益。对于档案中的教师留言，要求不写评判式的话语，而是抓住学生德、智、体、美、劳诸方面表现的闪光点，用第二人称的写法定位，以“优点＋鼓励”作为留言的基本模式，“你”代替生硬的“该生”，“柔声细语”代替“呆板冷酷的命令”，做到用充满激励性的语言，肯定学生的优点，鼓励学生克服缺点，保护学生的自尊心。

如：对一个爱好体育运动但课堂注意力不集中的学生，某教师的留言是：“王健同学，运动会上，看见了你矫健的身影，你曾为班级第一争光，我们以你为荣，同学和老师都十分感谢你。如果你能在课堂上更专心一些，你的思维一定会像在运动场上一样敏捷，学业成绩也会更好。”再如，对一个成绩好但内向、不爱说话的学生，某教师的留言是：“你的作业一向认真、正确，让同学们投来羡慕的目光。你的大眼睛告诉老师，你有一个丰富多彩的内心世界。能大声说给老师和同学听吗？”这样的语言极具感染力和亲和力，容易被学生接受，激发其上进心。

张广利的感受是，个性化发展档案袋的使用，让每个学生都能发现自己身上的闪光点，发现自己的特长。它把终结性评价、形成性评价和诊断性评价结合起来，使发展变化的过程成为评价的重要组成部分，让学生真正参与到评价之中，使评价能触及学生的内心深处，使评价本身产生了巨大的教育意义。个性化发展档案袋，真正成为了学生成长道路上的一个知心伴侣。

第二节　让评价成为激励每个学生进步的动力源

一、多元智能：每个人都是可育之才

张广利熟知加德纳的多元智力理论（Multiple Intelligences）。加德纳认为，每个人都至少具备语言智力、音乐智力、数理逻辑智力、空间智力、身体智力、自我认知智力和人际交往智力。他说，很多成功人士并非都是全才，他们往往在某一方面有天赋。如果他们发现了自己的天赋，执着于适合自己的工作领域，他们往往会取得非同寻常的成就。这样的例子不胜枚举。比如，吉莉安·琳恩是当今世界具有卓越才华的舞蹈创作家之一，她创作的《猫》、《歌剧魅影》成为音乐史上的经典作品。但她小时候却被认为存在学习障碍，上学迟到，注意力不集中，学业糟糕，是课堂的破坏者。然而，当她父母带她去见心理医生的时候，心理医生却独具慧眼，发现了她身上的舞蹈天赋。从此，她身上的舞蹈天赋被充分发掘出来，最终取得了巨大的成就。

张广利经常和教师们学习讨论多元智力理论，共同的认识是：

其一，教育应多方面、多角度、多种方式去发现人、培养人。在人才观上，多元智能理论认为“天生我才必有用”，几乎每个人都是聪明的，但聪明的范畴和性质呈现出差异。作为个体，每个人都同时拥有相对独立的七种智力，而这七种智力在每个人身上以不同方式、不同程度的组合使得每个人的智力各具特点：学生的差异性不应该成为教育上的负担，相反，是一种宝贵的资源。“我们要改变以往的学生观，用赏识和发现的目光去看待学生，改变用一把尺子衡量学生的标准，用多元的评价理念，正确引导和挖掘他们，促进每个学生都能成才。世界上的每一个人都是独特的，教育应多方面、多角度，以多种方式去发现和培养人。”张广利语重心长地告诫教师们。

其二，教育应树立积极乐观的学生观。加德纳有一句名言：“每个孩子都是一个潜在的天才儿童，只是经常表现为不同的形式。”学校里不应该有所谓

“差生”的存在，只应该有各具智力特点、智力表现形式、学习类型、学习方法和发展方向的可造就人才。为此，张广利要求学校的每一位教师，“要善于发现和挖掘受教育者的不同智能，提供适合每个受教育者个体不同智能的教育需求，对学生的评价应该从智力的各个方面，通过多种渠道、采取多种形式、在多种不同的实际生活和学习情境下进行，努力使受教育者的优势智能得到主动、充分发展和完善”。

其三，教育应促进学生特殊才能的充分展示。人的智力特点和表现是不平衡的，我们的教育教学应该充分尊重每个学生的优势智力领域，并努力挖掘每一个学生特殊才能的巨大潜力。在设计和组织教学活动中，充分考虑每一个学生的优势智力领域，应该欣赏、重视传统教育下所谓“差生”的某一优势智力领域，使每个学生都生活在教师的欣赏与尊重之中，并由此培养起所有学生的自信心和自尊心。

“多元智能理论是真正以人为本的理论，其从多元智能的角度，内在地说明和论证了每个学生都是可育之才，都能通过充分发挥自身禀赋而成长为独一无二的人才。树立人人都是可育之才、人人都能成才的教育观念，才能从根本上解决教育评价中的片面、歧视、不公正等一系列问题。”张广利如是说。

二、不能用同一把尺子衡量不同的学生

张广利曾和教师们一起分享过一则寓言故事：

一棵弯曲的树，屈身孤立在路旁。路人对它大都不在意，即使在意也多是厌恶，因为它长得太难看了，弯弯曲曲，一无所用。哪怕春发之际，它卖力地装扮自己，枝繁叶茂的，可仍然讨不到人的欢喜。

一天，雕刻家路过这里，见到这棵弯曲的树，突发奇想，要把它雕刻成一条盘踞着的龙，就把它取走了。

经过雕刻家的精雕细镂，这棵弯曲的树，还真的被雕刻成一条盘踞着的

龙。这木雕，放在展览馆，参观者都赞叹不已。

这个故事告诉我们，每一个人生下来都是不同的，都具有不同的秉性，但无论怎样，天生我才必有用；所谓无用，是因为缺少发现和发掘。

张广利还和教师们分享过这样一个故事：

有一位日本孩子，小时候，他的妈妈指着院子里那棵弯曲的树，问了一个奇怪的问题：怎样才能把一棵弯曲的树看成直的？小孩子百思不得其解，无论怎么看，弯曲的树总是弯曲的，怎么能看成直的呢？等到长大了，他才恍然明白了其中的道理。

张广利向教师们解释说，其中的道理就在于，当我们放下“直”的观念和标准，顺着树本身去看的时候，树就无所谓弯曲了。所谓弯曲，实际上是因为我们拿“直”的标准衡量出来的。老子说过：“天下皆知美之为美，斯恶已；皆知善之为善，斯不善已。故有无相生，难易相成，长短相形，高下相倾，音声相和，前后相随。”所谓曲直、美丑等都是相对的概念，关键是看的人以什么样的标准去看。张广利说，这给我们教育人的启示是，“每一个学生其实都是各有特性的，如果能顺其性，发掘其潜能，都是好学生，都能成为好学生”。

就此，张广利进一步引申道，世界上没有完全相同的两片叶子，也没有完全相同的两个人。每个孩子从一出生下来，都带有各自的禀赋和特性。等到孩子入学，由于家庭条件和生活经历的不同，每个人都形成了自己独特的心理、气质和态度，都有一个独一无二的心理世界。作为教育人，应充分尊重学生的个性特点，扬其长，避其短，使每一个学生在所擅长的领域、方面得到充分的发展，全面展示其个性。简单地讲，就是尊重差异，发展个性，不能用同一把尺子衡量不同的学生。

张广利通过对澳大利亚教育的考察学习，更加深刻地理解了“评价为学生的个性发展保驾”的真意。下面是他澳大利亚考察报告的一部分：

由于澳大利亚中小学课程设置和学生选课的层次性和多元化，这也决定了学生评价的多元性和个性化。对学生的尊重、鼓励、多元和赞许，是他们平时对学生评价的基本理念。他们都建立了比较完备的学生过程与多元评价制度。任课教师和实习教师可以根据学生平时在学习方面的表现与学习能力来评定学生的成绩，全面考查学生的表现。

澳大利亚的基础教育只有小学和中学（中学相当于我们的初中和高中），学生在中学完成十年级课程时，可领取由州教育部颁发的完成国家规定的十年义务教育毕业证。学生十年级毕业后，少数学生直接参加工作，一部分学生进入技术和继续教育学院学习，或接受工作技能训练。绝大多数学生还是继续进入十一至十二年继续学习，以便完成高中学习后考大学继续深造。

高中毕业证书考试是由澳大利亚各州教育部统一组织的对高中毕业生进行的一项水平考试。州教育部一般要提供120多门可考的课程（各州提供的可考课程往往存在着一定的差异性），每门课一般要求6名教师命题，其中3人来自中学，3人来自大学。这些教师提前一年不得参加本人即将命题课程的教学工作，以防漏题。学生每年2月份填表申请考试，10月26日考试正式开始，但考试一般要持续到11月底才能结束。因为120多门课程的考试时间需要科学的安排，相互不能重合。第二年的1月份发出考试成绩。高中学生完成十二年的课程之后，也并不是所有的学生都能自动转入大学学习，高中毕业后一般有三种去向：直接进入高校上学，去职业技术学院学习（学生毕业后还可继续上大学），进入社会就业。

澳大利亚的高考和中学课程的设置也完全匹配，根据各科的学时、内容多少和难易程度等因素，确定每门课程的单位值。高考时每个学生所选的课程单位值之和不得少于10。若学生平时学得深一点，考试相应的内容范围就可以适当缩小一点；若学生学得浅一点，考试的内容就可以放得宽一些。高校各专业在招生时规定必考的课程和级别。大学是按照考生的等级分值择优录取，等级分值是表示考生在全体考生中的排名位置，这就解决了分科、分级带来的横向比较与选拔的技术问题。在这样一种高考制度下，学生不但对自己中学学什么课程具有很大的选择权，而且他们可以选择自己的高考课程。

高考除了英语是必考科目，另有四十几门课程可供学生自由选择。这不但给了学生充分的选择余地，而且学生的兴趣和特长也能够充分得到表现。由于每年开考的高考课程都很多，高考时间一般要一个月才能考完。学生高考志愿的选择对他们来说已是高中时的事情，因为在高中学习时他们就已经非常清楚自己的特长和兴趣，更明白自己未来大学所学习的专业。澳大利亚高考内容与中学课程的匹配不但给中学课程改革注入了活力，而且有力地促进了中学课程改革的顺利推进。

“多一把尺子，就会多一批人才。”张广利常拿美国思想家爱默生的话与教师们共勉：“教育应该像人一样广泛。人的无论什么都应该得到充分培养和表现。如果他是灵巧的，他的教育就应该使这种灵巧表现出来；如果他能用他的思想利剑对人们加以甄别，教育就应该把他的思想利剑亮出来并使它锋利起来；如果他说凭借协调周全的亲和力使社会结合得紧密，噢，那教育就敦使他快行动吧！如果他是愉快的人，如果他是一个慷慨大方的人，如果他是一个能工巧匠，一个很得力的司令员，一个值得交的盟友，是足智多谋的、有用的、文雅的、机警的、深谋远虑的预言家——所有这些人，社会都需要。”

三、差异化评价：让每个学生都成为明亮的“星”

为了深入落实“尊重差异、发展个性”办学理念，让每个学生都能体会到自身的成长与进步，张广利带领广大教师，变量化评价为发展性、过程性、激励性、动态性评价，建立了差异化的多元评价体系，充分发挥评价的导向和改进功能，从而促进了学生的个性化发展。具体做法是：

一是，实施差异化发展评价。积极推进日常考试无分数评价和期中、期末考试等级评价制度改革。按照“以入口定出口，以发展看变化”的原则，积极实施了学生学业成绩增量评价，研发并使用“学生学业水平成绩增量评价分析系统”和“学生学业等级成绩密码查询系统”，将学生的学业成绩作为隐私加以保护，保护了学生的自尊心。

二是，实施学科分项评价改革。如语文的朗诵、写字、阅读能力分项考核评价，英语的口语、听力能力考核评价等。与此同时，他们还积极实施延迟性评价，即在期中、期末考试中，若学生对自己考试结果不满意，可申请重考。学校取两次或三次考试中最好的成绩作为学生的最终学业成绩，有效地调动了学生的学习积极性。

三是，实施差异化动态评价。选修课程实施学分制评价。其中，校内选修课程每门满分为 3 分，由学时学分、课业学分或成绩学分各 1 分组成，需修满 48 学分。校外自修课程经学校考查后，成绩优秀每门得 3 学分，合格得 2 学分，需修满 52 学分。此外，在市级以上各类竞赛中获奖、通过特长考级或取得其他突出成绩的学生，可申请自修同类校本课程。申请自修的学生必须参加结业考查，成绩优秀得 3 学分，合格得 2 学分。每名学生九年所修课的最低总学分为 100 分，未达到规定分数者，必须补修，直至合格。

四是，实施差异化过程评价。通过学生学业水平与成长记录相结合的方式综合评价学生的发展和进步，为每个学生建立个性化发展档案袋，记录每个学生每学年的成长与收获。每一位任课教师都参与学生电子成长与发展档案的搜集、整理、反思的评价过程，及时鼓励学生的每一点进步。每个学生每周要得到至少一次正式的表扬，得到正式表扬的记入电子成长与发展档案。

五是，实施差异化激励评价。依照学生个人申报、班级评化、学校认定的程序，积极开展“多元之星”和“雏鹰争章”评选活动，给予学生充分的肯定和鼓励。星级评选工程从读书、写作、纪律、卫生等方面评定星级，对学生进行有层级、有目标的培养。学校还结合重大节日，进行展示性评价，如利用“六一”儿童节、中秋节、国庆节、元旦等节日，举办各类主题展示活动，让所有学生都以不同的形式展示自己的学习成果，以此体验成功，感受幸福。

六是，实施学生学习小组评价。突出“互帮互学互助”主题，推行三级小组评价制度，即班级每周评选、年级每月评选、学校每学期评选学习优胜小组。学校将传统评价的学生间个体竞争转变为小组团体竞争，这样，促进了学生合作意识的培养和团队合作能力的提升。

关于学生评价，张广利和教育专家陶继新有过对话：

【张广利】评价是导向，评价是保障。我们在推进改革的过程中，首先加强了学生评价的顶层设计。

一方面，在全校范围内建立了“学习之星”、“劳动之星”、“游泳之星”、“进步之星”、“勤奋之星”、“读书之星”、“智慧之星”、“艺术之星”、“科技之星”等多元之星的评价体系，采取个人申报、学生评议、班级审核推荐和学校核准的程序进行评选和表彰。学生申报的时间不限，做到及时申报、及时审核，每周一升旗仪式时进行表彰。

另一方面，首先，在“自主课堂”教学改革中，教师针对学生和学习小组在课堂上的表现，设立了学习小组和学生个人的“展示之星”、“质疑之星”、“合作之星”、“互助之星”、“表达之星”、“勇敢之星”等，在课堂中落实及时评价，并逐步建立和完善了课堂多元评价体系。其次，我们按照“以入口定出口，以发展看变化”的原则，积极推进学生发展的增量评价改革。不看基础看变化，不看基础看进步，这种评价更好地面向了每一个学生和每一个学生的每一次进步，有力地促进了不同学生的发展，发挥了评价的良好导向作用。

【陶继新】所评之“星”如此丰富，会让有不同特长的学生都有摘“星”的可能，也让他们体验成功收获的喜悦。多元评价之星的及时性，则让学生当周就能体会到来自学校的表扬和鼓励，这让学生们更加积极地去摘“星”，从而更好地发展。课堂教学上的“星”除了多，还很有创意，如“质疑之星”、“表达之星”、“勇敢之星”，这对培养学生大胆质疑问难的能力，以及敢于挑战权威的精神，都会起到一定的促进作用。这样的课堂改革，学生不但成了学习的主体，也有了超越一般学习之上的精神提升。而这些，会更有利于提升学生的综合素养。

“以入口定出口，以发展看变化”的评价原则，则让每一个学生都在关注自己的发展变化，不能后退，只能前进。于是，评价成了学生发展的有力推手。久而久之，还会在学生心里形成一种积极的思维定势，那就是自己是必须发展的，并会在发展中感受到发展给自己带来的心灵快乐。

【张广利】在学生评价方面，我们不仅进行了多元和增量评价的探索，还十分注重学生的过程性和延时性评价。

在过程性评价方面，我们主要是为3000多名学生每人建立了个人成长档案。学生成长档案袋的内容不仅包括思想品德与规范记录，社团活动情况记录，国家、地方和校本课程的学习与考核，还包括校园文化活动记录、健身锻炼记录、艺术活动和课外阅读活动等涉及学生全面发展的各个方面。每个学生的成长记录档案中，并专门设有“收获园”。学生成长档案袋的建立和完善，不但记录了每个学生每学年的成长与收获，而且为教师用发展的眼光看待每一个学生和学生的每一个方面、为研究学生的发展提供了丰富的一手资料。

在延时性评价方面，主要是贯彻差异的理念，强调多给学生学习和成功的机会。当学生在某一方面暂时做得不好的时候，要给他们充足的时间达到要求。如每学期期末检测对三级课程的各学科学业成绩达不到D等级的学生，学校为他们提供了第二次或第三次补考的机会，促使他们达到合格水平。教师按合格水平对其进行评价并记入档案。学业成绩达到B或C等级的学生，本着自愿的原则，也可以申请进行补考，补考成绩达到更好的等级，按照最好的等级评价，并记录在案。

【陶继新】你们的过程性评价的内涵非常丰富，它几乎全方位地评价了学生在校的重要表现。它不只关注学生的学业成绩，而是对学生素质的全面考察，体现了学校的义务与责任，也体现了素质教育的要求。这种评价所起的导向作用是显而易见的。而且，这也为学生的一生留下了一个“档案”，为研究学生成长留下了一笔宝贵的财富。

延时性评价不但给了学生补考的机会，更给了他们生命的尊重，给了他们重新成长的可能。有时候，学生在某个阶段某个方面成绩不太突出，原因往往不是一方面的，有时很复杂，不能用他们自己努力不努力来作单一与孤立的评价，而应当相信学生，相信他们还有发展的可能。几乎任何学生都有走向成功与取得优异成绩的可能，同时，任何学生也有可能出现败走麦城的时候。即使是大人，又何尝不是如此？可是，一般性的评价，多是一考定终身的，没有给人们以再次冲刺的机会、再次成功的机会。于是，让失望蔓延，也让自己再难成功。你们的评价，则让一时失利的学生重新燃起成功的希望。于是，真正的失败者少了，成功者多了；失望者少了，怀抱希望者多了。

在张广利的引领下，学校教师在贯彻落实“尊重差异、发展个性”理念、正确做好学生评价方面有了深刻的领悟和很大的进步。比如，东营市育才学校李建萍老师的校本课程《心理健康教育》评价办法如下。

一、指导思想

以《山东省普通中小学考试管理规定》（试行）为指导，结合《山东省义务教育地方课程和学校课程实施纲要》进行探索与实践，尝试采用新的考查方式。

二、评价原则

1. 基础性原则。根据教育内容和目标，遵循学校课程学科特点与本年级学生心理发展规律，科学考察学生的心理素养、心理常识、基本技能和综合能力。

2. 发展性原则。树立为促进学生发展而测查的观念，不仅关注学生的学业成绩，还要发现和发展学生多方面的潜能，了解学生发展中的需求，帮助学生认识自我，建立自信，促进学生在原有水平上得到提高并积极主动地发展。

3. 开放性原则。考试形式要多样化，考试内容要多元化。坚持理论联系实际，科学揭示学生在知识与技能、过程与方法、情感态度与价值观等方面的学习与发展水平。

三、评价内容

1. 个性化作业（小组建设海报，“海族家庭”等）。

2. 开放式问卷（10个与“自我、他人、社会”有关的开放式问题，自由作答）。

3. 从心理健康的角度观察学生的平时表现。

四、评价方法

1. 采用学生自评、同伴互评、教师评价的多维评价。

2. 课堂参与程度、学习态度、学生参与活动的表现情况、资料搜集及个性化作业与期末考查相结合。

3. 最后按 A、B、C 划分三个等级。

在课程实施过程中，要求教师必须保留好过程性评价资料和结果性评价资料，如做好学生考勤记录，观察记录、保留好学生参加活动的评价等。

东营市育才学校尹海涛、唐玉峰、栾飞、秦传文、陈玉茹老师对《游泳》课程采取了下面的评价方式：

一、评价的内容

游泳校本培训课程评价从知识与技能、过程与方法、情感态度和人生价值观等几个方面进行。

二、评价的方法

1. 过程评价：训练出勤率评价、训练态度评价、参赛过程评价、反思性评价。

2. 结果评价：采取教练员评价、学生自我评价、学生互相评价、家长评价相结合。

三、对学生的评价主要采取等级制，分为优秀、良好、一般三个等级，并计入学分。

四、建立个人成长记录袋。内容包括：学生参加游泳学习以来的情况，含出勤率、身体形态指标、运动成绩指标；教练员、同学、家长的评价情况；学生参加多种形式的游泳比赛、交流活动的评价及获得成绩和荣誉。

附表一：　《游泳》课程学习情况评价表

年级　　　　姓名

评价项目 \ 评价者		学生自我评价	学生互相评价	家长评价	教练员评价
学习情况评价	兴趣				
	技能				
	态度				

运动技能评价	出勤率				
	身体形态指标				
	参赛过程表现				
运动成绩评价	运动等级				
	获得成绩				
作业评价	1				
	2				
	3				
综合评定					

将学生获得成绩荣誉整理成册。收集学生在每个阶段的照片、参赛感想、训练小记、比赛反思等。

附表二：《游泳》课程学生问卷调查表

年级　　　　　姓名

调查项目	认为正确的打"√"，或填写相关内容
学校开设游泳课程是否有必要？	1. 很有必要　2. 一般　3. 无所谓
你对游泳课程学习的内容是否满意？	1. 满意　2. 比较满意　3. 一般　4. 不满意 5. 其他建议：
你对于教练员教学方法是否满意？	1. 满意　2. 比较满意　3. 一般　4. 不满意 5. 其他建议：
你对游泳比赛选拔方法有何建议？	1. 2. 3.
通过学习游泳，你得到哪些收获？	

附表三：《游泳》课程家长问卷调查表

年级　　　　学生姓名　　　　家长姓名

调查项目	认为正确的“√”或填写相关内容
学校开设游泳课程是否有必要？	1. 很有必要　2. 一般　3. 无所谓
您对游泳课程学习的内容是否满意？	1. 满意　2. 比较满意　3. 一般　4. 不满意 5. 其他建议：
您对学生参加游泳比赛有何建议？	
通过练习游泳，您的孩子得到哪些收获和进步？	

期末评价：将日常课堂表现、参赛过程表现、运动成绩等级等方面相结合，由家长、学生、教练员和学生本人进行综合评价。

东营市育才学校对研究性学习的评价作了如下规定：

一、评价办法

（一）过程评价与成果评价相结合。研究性学习的日常考核与评价由课程教学部负责。

（二）对学生的评价与激励。

1. 学生研究性学习成绩评定采用学分制，每位学生九年所修课程的最低总学分为30分。未达到规定分数者，必须补修。

2. 指导教师负责学分制的执行和落实，根据开题报告、研究过程和研究成果打分，每学期期末由课程教学部统一登记并存档管理。

3. 评价结果记入学生综合评价手册。

4. 评价结果与学生评优挂钩，学分高者评优时优先考虑，学期学分不满3分者，评优不予考虑。

（三）对指导教师的评价与激励。

1. 评价内容包括课题选择指导、开题报告指导、实施过程指导、结题过程指导。

2. 评价形式由学生对指导教师评价和教师指导记录评价为主。

3. 评价采用阶段性评价与结果评价相结合的方法。

4. 研究性学习评价与学期考评挂钩，作为考核加分项目。

5. 每学期由课程教学部组织研究性学习评比，对表现突出的任课教师进行表彰。

二、学分认定

（一）每学期满分为5分，由开题学分（1分）、过程学分（2分）和成果学分（2分）组成。

1. 开题学分认定：评价学生“发现问题”、“提出问题及设想”的意识和能力。该项满分1分，分A、B、C三档，依次赋1分、0.8分、0.4分。

2. 过程学分认定：检查研究计划的实施情况和阶段性成果的呈现。该项满分2分，分A、B、C三档，依次赋2分、1.5分、1分。

3. 成果学分认定：以班级为单位，通过展示，学生进行组内互评和组间互评，班主任或指导教师考核评价，对学生参与学习的态度、体验情况、研究方法、技能掌握、创新精神、实践能力发展和研究成果等方面进行评价。该项满分2分，分A、B、C三档，依次赋2分、1.5分、1分。

（二）在市级以上综合实践活动竞赛中获奖的学生也可自己申请学分，考查成绩合格可得3学分。

（三）学分认定由指导教师完成，并保留相应的证明材料。

【亲历者言】

根据班里学生的具体情况，我分层进行评价，注重了过程性评价和终结性评价相结合的评价方式。

每周我会根据学生的作业表现，评出每周“作业之星”，并颁发证书；根据小组的表现，评出进步小组和优胜小组。每节课我都会根据学生的表现，评出诸如“质疑之星”、“表达之星”、“互助之星”等。在作业评价中我特别关照C类的学生，帮助他们进一步增强自信心。如：同样是做阅读理解题，A类和B类的学生做对了，我只口头表扬；C类同学做对了，我不但表扬鼓励，而且还适当给小组加分。

对学困生而言，他们需要的是更多的赏识和鼓励，因此，在课堂上我很注意发现他们的闪光点。有一次，我在讲神话故事《女娲补天》时，特意叫比较内向平时不爱说话的苏同学到前面来复述课文。他一听到我叫他的名字，立刻把头低了下去。我又再次点他的名字，他很不情愿地站了起来，慢吞吞地来到了讲台上。他开始复述课文了，第一段吞吞吐吐地说完了，而后面的内容他就不会了，于是他把课文读了一遍。前排的几个学生都用不屑的目光看着他，他满脸涨得通红。这时我为了鼓励他，立即带头鼓起掌来，同学们跟着也鼓起掌来。我大声说：“这次苏同学表现不错，虽然有一些紧张，但他还能把课文的第一段复述下来，老师希望下次他能表现得更好。”这时我发现他瞪着大眼睛望着我直点头。后来的课前小演说我经常叫他先说。现在，他比以前开朗多了，课上也时常回答教师的问题了。

经过我们的种种努力，班里的“学困生”在一定程度上有了改变，他们学习的兴趣比以前浓厚了，课堂上他们也经常积极参与教学活动了。

（东营市育才学校语文教师、东营市道德模范　王燕）

四、让学生参与和学会自我评价

在学生评价方面，张广利要求教师们要注重学生自评、同伴互评（小组评价）、教师评价和家长参与评价，从多方面对学生的发展进行评定，并写出评语。他说，“这种评价方式以鼓励的形式呈现，改变了传统的由教师说了算、学生和家长在评价方面处于被动的局面，这样的多主体评价进一步增强了客观公正性，也有利于学生在发展过程中主动修正，不断完善。评价的主体由教师一体变成多维评价，让不同的评价者，包括学生自身处于同一个平面上，学生不但有了被尊重的感觉，也有了更负责的态度。这样，被评价者才能心服口服，才能更好地认识自己，也才能更好地发展自己”。具体的做法如下：

其一，构建小组合作学习评价体系。为了使小组合作更具实效，重点进行小组的建设和小组的评价体系构建。“小组的建设”主要是在学校总体意见的基础上，各班又根据各自班级的特点制订了相应的措施，在小学低年级，他们的做法是：①从形式入手。自由组合小组（四人一组），规定好组内的桌号，即一号、二号、三号、四号。谁坐在一号的位置即为本组的一号，依次类推。②教会学生方法。利用上课的契机，教会学生组内合作。如：帮助组内成员识字，组内互相检测等。③建设小组精神。形式上的小组是次要的，关键是让学生认识“自家人”，在内心产生“我们是一个组”的团结感。具体可以通过小组评比的方式形成整体感，但教师们认为，小组评比的侧重点是“帮”，而不是“比”，要让学生认识到，只有互相团结，互相提醒，互相帮助的小组才可以战无不胜，如果过多地采取“比”的方式，会让学生们觉得自己组里的某个同学拖了自己小组的后腿，从而影响团结。④增强诱惑力。班内的位置每周一换，将以小组为单位换位，评价优秀的小组可以优先选择教室里的位置。

“小组的评价”重点是放在构建小组评价和个人评价相结合、教师评价与生生评价相结合的评价体系，评价力求做到勤、细、准。有的班级评价时多采取的是个人评价和小组评价相结合，主要有四块阵地，学生个人得了15颗星换1张“小海豚”喜报，小组评价优胜的每个小组成员发1张“优胜小组”喜报，并拍集体照然后将照片贴在教室外墙。5张喜报换1张奖状，5张奖状可以实现一个愿望。

其二，建立“学习圈”，实现合作共赢。东营市育才学校的生源70％以上是周边农村的孩子和进城务工子女，家长无力对孩子的学习提供学法和知识上的指导，家庭教育水平制约了孩子的发展。为了促进家庭教育和管理有效性的提高，七年级各班在学习小组建立基础上，进一步构建了“学习圈”。七年级“学习圈”的雏形是学习小组，但比普通意义上的学习小组有所发展。成员包括了班主任、学生、家长和志愿教师，主要任务是通过团队式合作，让“学习圈”内的成员取长补短、相互影响，形成学习氛围，促进个体学习水平、教育水平的提高，最终带来学生的个性化发展。

如，七年级（3）班班主任陈金凯的“学习圈”是这样建设的。“学习圈”活动主要分为“周末学习圈”、“学习圈‘候学’”和“学习汇报”三项。“学习圈”周末活动，主要是由家长组织、教师做指导、学生为活动主体的校外活动。主要活动内容包括学科学习、阅读、社会实践活动等。“学习圈”中的家长，是学生的监护人，轮流值班做监护，并且进行家庭教育交流。教师在“学习圈”的活动中，不但加深了对学生的了解，而且也便于调整教育教学策略。“学习圈”里的学生，在活动中通过交流、自主、合作等方式，促进了自我的发展。

“学习圈‘候学’”活动，是指学生在下午放学后，留在教室组成“‘候学’学习圈”，完成当天的家庭作业，并请学生家长轮流到教室值班，对学生的活动监护。“候学”活动中，学生的作业质量有了很大好转，一些学生的休息时间提前了半个小时到一个小时。

“学习圈”的学习汇报，是学生每天完成家庭学习后，通过QQ群汇报具体的学习情况，汇报内容包括学习时间、学习效果、学习状态、学习经验的总结等。通过“学习汇报”活动，学生发现了家庭学习的差距，反思问题所在，改进学习方法，提高了在家自修学习的效率。

“取名‘学习圈’，是因为通过‘圈儿’这一几何图形的特点，圈儿的增大会带来圈上各个点的发展，一个点的发展也会带来圈儿的增大。‘学习圈’让团队观念深入人心，利于形成凝聚力，发挥团队力量。”张广利解释说。

其三，改革作业评价方式，实现作业自主管理。在“学习圈”使用过程中，有的教师发现，学习小组在日常作业管理方面，往往出现管理遗漏、管理松懈问题，部分学生的作业经常出现少做和不做现象。针对此种现象，教师改革了作业评价和管理方式。班级教室的后面有一个白色的书架，教师在上面贴上标签，表明学科种类及作业类别。同时每个组长的手里都会有一小摞便利贴。在上午的早读过后，收作业时，组长若是发现有哪个同学作业未按要求完成，便会在便利贴上面写下详细的情况，并且贴在后面书架上的相应位置。于是这个地方不仅仅是一个“文学库”，还是一个“作业集中反馈处”，这样，大家都知道经常不完成作业的有哪些同学。这对于那些不按时完成作业的学生起到一个很好的警示作用，能及时反映这些学生的学习习惯和学习态度。在每天上午第二节课后，由学习委员将写有详细记录的便利贴收集起来，在考评里予以体现，同时要求没有完成作业的学生，利用上午和中午的时间将作业补完。若到下午仍没完成，其考核评价可能就会受到更大影响。

这样实行了一段时间后，教师们发现，班内每个学生都能在当天完成老师分层布置的作业，学生的作业基本做到了“日日清”。同时，为了尊重差异，在分层布置作业的基础上，学校提出了对学生家庭作业实施签免制度，即如果学生在规定的时间内没有完成教师布置的书面家庭作业，家长可以进行签字说明，则教师在检查时视为该生完成作业。对于有些学有余力的学生，学校采取了更为灵活的方式，这些学生只要提出申请，就可以不再完成教师布置的作业，而是自己给自己布置作业，然后完成，教师们称之为“自主作业”。“这种学生自主，具体到个人的作业管理方式，使学生的作业质量有了较大幅度的提升，部分原来作业不认真的学生，也开始认真对待作业了，学业成绩也有了很大提高。”对此做法，张广利发出了赞扬声。

其四，结合学生个性化发展档案袋建设，各班还实行成长记录袋评价。成长记录袋是过程性评价和动态评价的最好载体。记录袋的内容，在课程实施之初由教师和学生共同商定，可以是活动照片、获奖证书、学生作品，也可以是学习过程的体会与反思。比如，打开王鹏老师执教的《法语》校本课程学生的档案袋，会发现从最基本的字母到简单的会话、直到舞台汇报演出，学习过程历历在目。成长记录袋充分展示学生校本课程学习成果，记录学生成长的足迹，不仅能为学生下次选课提供参考，而且能帮助教师改进校本课程的开发，将评价也升华成为一种生产力。

“作为教师，对每一个学生的评价都要小心翼翼，不能因为我们随随便便的一句评语而伤害学生的自尊、自信。我们要善于让评价成为激发学生内动力的有效杠杆，充分发挥评价的正向激励作用，让每一个学生都感到学有所长，前途光明，充满了希望。”责任感驱使张广利对自己、对教师提出了更高的要求。

在学校每周一的升旗仪式上，张广利校长为获得“每周一星”的学生及其家长颁奖。

第八章 家教观

——不要对孩子期望值太高

张广利的家教观：
不要对孩子期望值太高

孩子的成长有着自身的规律和特点，不会完全按照父母的愿望和设计的轨道发展。对孩子期望值太高，是另一种形式的“拔苗助长”，会给孩子背负上沉重的精神负担。

不要期望孩子未来有多么伟大，关键是关注孩子成长的当下。让孩子在实际生活中健康成长，从脚踏实地的做事中体验成功，从平凡的经历中发现伟大，这才是孩子真实而丰硕的人生。

作为父母，应让孩子从小学会做人，从平凡的生活中发现精彩和感动；要勇敢地放开手中的线，让孩子经得住风吹雨打；要尊重孩子选择的权利，让孩子在选择中学会选择，学会承担责任；要保持家校教育的一致性，合力为孩子支撑起一片蔚蓝的天空。

第一节 在孩子的心田里该播种什么

一、让孩子从小学会做人

张广利在一次学生家长座谈会上介绍朱庆澜重视家庭教育的故事。

民国初年的广东省省长朱庆澜对家庭教育高度重视，也深有研究。朱庆澜认为，学龄前阶段儿童的家庭教育，是人一生成长的基础，是“至关要紧的事”。他把一个人从出生到 6 岁入学前，入学读书和离开学校走上社会这三个阶段，形象地比喻为“三道染缸”。他说：“小孩子生下来，好似雪白的丝。在家里生活 6 年，好似第一道染缸。家里 6 年教得好，养得好，好似白丝染成红底子。到了进学堂，再得好先生。就将那红红的底子好好加上一层，自然变成了大红。到了世界（社会）上，哪怕遇着坏朋友、坏染缸，想把他变成黑色，他那大红的底子，一时总不得变的。如果再遇上好朋友、好染缸，不用说，自然变成真正的朱红，头等的好人。万一在家 6 年，教的法子、养的法子不好，比如白丝一下缸已经染成黑底子，进了学堂，就有好先生，想把他变成红色，那底子总难退得去。就是勉强替他加上一层红色，仍旧是半红半黑的。如果学生再遇着不热心的先生，到了世界上，再遇着坏朋友、坏染缸，将黑底子一层一层加上黑色，自然变成永不褪色的黑青，永不回头的坏蛋了。”

朱庆澜的观点是：“丝总是白的，只看第一道染法如何。各个生下来都是好的，只看六岁以前家里的教法怎样。”“六年里肯费力，将来就受用不尽。”他十分恳切地对父母们说：“儿子小时候，随你爱怎么教，就怎么教。教小孩子本是极要紧又是极容易的事，各人偏不在容易的时候去教，偏要等到大了不容易教的时候去教，又费力，又无益，岂不是怪事吗？”

张广利高度认同朱庆澜先生的观点，他认为，家庭教育，尤其是 6 岁以前的家庭教育，确实是至关重要的第一道“染缸”。在这个阶段，一定要在孩子的心田里播下正确做人的种子。他曾经在《教育孩子要尽早开始》一文中说道：“有的父母在孩子很小的时候就忽略了教育，有的父母本身的行为也存在诸多问题，他们的不良行为和习惯对孩子纯真的心灵产生着潜移默化的、负面的、甚至恶劣的影响，日后尝到苦果时却又感到奇怪，还愚蠢地期望孩子成为栋梁之才，这是多么无知的期望啊。”

一次外出参观学习，张广利在机场候机时，看到一个孩子吃完香蕉后随手把皮丢在了地上，一位清洁工看到后，立刻走过去将香蕉皮捡起来，放进了垃圾桶。孩子的妈妈一边牵着孩子的手继续向前走，一边教育孩子：“儿子，你一定要好好学习，长大了要考个好大学，否则，你将来就会像这个人一样捡垃圾，当清洁工。”清洁工听到了孩子妈妈的话，非常气愤地说：“当清洁工怎么啦？没有我们这些人，你们能在这么清洁的环境中候机吗？”周围的一位旅客也愤愤不平地说：“是啊，当妈妈的怎么这样教育孩子?!”

张广利认为，对孩子乱扔果皮的行为，作为妈妈本应制止，并对孩子进行爱护环境、尊重他人和他人劳动的正面教育，但她却将清洁工及其应受人尊重的劳动作为“反面教材”来教育孩子。也许这位妈妈的初衷是要告诫孩子好好学习，期望孩子有一个好的未来，但她随心所欲的教育及其对清洁工的歧视态度，会使孩子认为当清洁工是一件十分低下和可怕的事，并在孩子的潜意识中种下了“做人要做人上人”的种子，也在孩子的头脑中形成了“劳动有贵贱之分”的观念。像这样教育孩子，孩子怎会尊重清洁工及其劳动？怎会形成环保意识，养成爱护环境的良好习惯？孩子又怎会真正设身处地为他人着想，或站在他人的角度去换位思考问题？怎会理解人们之间相互合作、相互依存的关系？又怎会与他人进行共处与合作呢？

张广利告示家长，在日常生活中，类似这样教育孩子的现象并不少见。有的父母经常对孩子说：“不好好学习，就让你回家种地去。”“不好好学习，将来就让你看大门，当小工。”“不好好学习，将来你就当不了官，也发不了财!”……更有甚者，在一些比较落后的地区，有的家长甚至这样教育孩子：

“不好好学习，将来你还想找婆姨?”家长这种只注重孩子知识学习，而忽视对孩子进行道德教育和正确价值观引导的做法，已远远偏离了父母教育孩子做一名合格社会公民的基本要求。在这种“学而优则仕”、“书中自有黄金屋，书中自有颜如玉”的价值取向的引导下，孩子善良的天性遭到扭曲，其价值取向逐渐蜕变为“利己”和“物欲”至上，这样会使孩子们形成什么样的价值观，就可想而知了。

张广利进一步解说，孩子小时，其幼小的心灵就像是一张白纸，家长在上面可以画出美丽的图画，也可以画出丑陋的画面，倘若家长在作画时不假思索、随心所欲、忽视细节，那就很可能会使孩子幼小的心灵受到污染，变得肮脏，甚至造成难以挽回的伤害，更何况有的父母的价值观本身就存在问题。在孩子的成长过程中，父母的言谈举止、处事态度、生活方式及对每一件事、每一个问题的看法，都会对孩子的人生观、世界观和价值观的形成产生潜移默化的影响，甚至在孩子心中打上烙印。作为父母，必须明白：只有让孩子学会尊重人，孩子才会被人尊重。未来社会是一个人类相互合作、相互依存的社会，任何人不可能离开他人而独自生活或生存。让孩子学会尊重、学会理解、学会合作、学会共处、学会生活、学会做人比学习书本知识更重要。

在孩子幼小的心田里，该播种什么，教育孩子从小该崇尚什么，反对什么，珍惜什么，爱护什么……这些都是做父母的在平时教育孩子时理应注意和深思的问题。正如张广利所说，“我们很难想象一个失败的启蒙教育会给孩子带来美好的未来。因此，为人父母，必须肩负起孩子启蒙教育的责任和义务。为了你自己的晚年幸福，为了孩子的美好未来，为了我们中华民族的伟大复兴——教育孩子要遵循规律并尽早开始”。

二、以平常心对待和教育孩子

张广利不止一次向家长们推介著名作家老舍教育子女的做法。作为新中国第一位获得“人民艺术家”称号的作家，老舍创作了《骆驼祥子》、《四世同堂》、《龙须沟》、《茶馆》等大量文学经典作品。在教育子女上，他有一颗难能可贵的平常心。他给妻子的信中说：“我愿自己的儿女能以血汗挣饭吃，一个诚实的车夫或工人一定强于一个贪官污吏。”在老舍看来，大凡正经谋生的手段，体力劳动也好，脑力劳动也好，体脑并用也好，都可以称为职业。人生而平等，职业也没有高低贵贱之分，当工人、做车夫、学手艺、搞学问都是自食其力，都值得尊敬。

更值得思考的是，杜鲁门当选为美国总统后，有人向他的母亲表示祝贺：“你有这样一个儿子，一定十分自豪！”杜鲁门的母亲回答：“是的。不过我还有一个儿子，同样让我骄傲，他现在正在地里挖土豆。”在杜鲁门母亲的眼里，子女无论做什么工作，只要是正当的谋生手段，都是值得骄傲的。

基于此，张广利认为，在当前社会就业竞争比较激烈的情况下，再加上每个家庭往往只有一个孩子的特殊国情，为人父母者往往对孩子抱有过高的期望，诱导孩子形成错误的人生观、价值观，如此以非正常人的标准要求孩子，很难让孩子正确对待人生，学会平凡生活、幸福生活。

张广利极不赞成一些家长的做法。如，一般做父母的经常会这样问孩子：“你长大了想干什么？”倘若孩子回答：“我想成为一名将军、市长、科学家……”父母往往很自豪地说：“好孩子，有出息，不想当将军的士兵不是好士兵。”倘若孩子说长大了要成为像爸爸妈妈一样的人，则很可能遭到这样的训斥：“真没出息！你爸妈就这样了，长大了可千万别干这工作，没劲、没意思，更没出息。”教育孩子崇尚伟大，树立远大理想，这固然不错，可是当我们教育的孩子都不想当士兵，只想当将军时怎么办？

张广利曾经讲过一个关于小宏（化名）的故事。小宏在很小的时候，父母就教育他，长大了要成为一名叱咤风云的人物，他从小也这样在父母面前立志，父母也就这样期待着他的前途和未来。为把孩子培养成大人物，父母从小就让他看一些名人传记，并对他呵护备至，什么也不让他做，只让他读书学习。高中毕业后他顺利地考上了大学，大学毕业考研未成，父母就给他找了一份不错的机关工作。但他并未看好这一差事，因为到了单位以后，领导整天安排他发文件、接电话、做记录、下通知等诸如此类的具体小事。他觉得这些事不值得一做，干起来也就粗心大意、丢三落四。自然，领导对小宏的工作很不满意，而他却感到怀才不遇。所以工作没多久，小宏就不想干了。父母再三做他的思想工作，也无济于事。没办法，父母费了好大周折又为他调了个单位。可时间不长，同样的事情又发生了。就这样，小宏这山望着那山高，在毕业后八年中换了六个单位，他总感到自己不受重视，工作上不但一事无成，而且也很不愉快。虽然他自认为是个当领导的材料，但单位领导和组织部门却认为他干什么都不行。可怜的父母整天盼望儿子成才，可他毕业近十年了，连一般的工作都干不好。父母愁得整天吃不好，睡不着，精疲力竭，却又无能为力。慢慢地，父母对小宏失望了，现在他们只求儿子有一份安稳的工作，再也不期求他成为什么大人物了。

张广利剖析这一案例说，小宏之所以不能脚踏实地地做事，不能不说与我们的教育尤其是家庭教育有关。在小宏还似懂非懂的时候，父母就对其提出了不切实际的理想和目标。当他们试图用一些虚无缥缈的理想和目标来灌输小宏的头脑时，不自觉中，已经让他逐渐远离了平凡，远离了脚踏实地，远离了从小事做起的良好品格。这样教育的一个直接后果，往往是导致了孩子好高骛远，对小事不屑一顾和心浮气躁。

张广利不仅与教师们分享过《细节决定成败》的作者汪中求先生说过的一句话，“一心渴望伟大，追求伟大，伟大却了无踪影；甘于平淡，认真做好每一个细节，伟大却不期而至”，还转述了汪中求先生曾讲过的一个真实故事：国内一知名企业聘请汪先生做用人招聘顾问，去一财经学院招聘 20 名财会人员。他让前来应聘的大学生按要求填写 100 张发票，结果几百名应聘者中只有五人填写完全正确，该企业就当即决定录用了这五名学生。这件事进一步说明，用人单位是不喜欢招聘那些粗枝大叶、连小事也做不好的学生的，因为任何一个成功的企业和用人单位深知“细节决定成败，态度决定一切，踏实成就未来”的道理。

在张广利看来，万丈高楼平地起，一屋不扫，何以扫天下？任何一个人在成功的道路上是不会有什么捷径可走的。一个人要想实现自己的理想和目标，必须从点滴小事做起，需要经过长期而艰苦的奋斗，只有这样，他才有可能成功。作为父母，必须明白“把简单的事情做好就是不简单，把平凡的事情做好就是不平凡”。不要只是期望自己的孩子未来多么伟大，关键是要关注孩子成长的当下，让孩子在平凡的生活和学习中学会自理和自主，学会学习和生活，学会尊重和感激，学会做人和做事……让孩子在实际生活中成长，从小事做起，从脚踏实地的做事中体验成功，从平凡的经历中发现伟大，这才是孩子真实而丰硕的人生。

三、给孩子积极的心理暗示

张广利曾与教师们交流过如下话题：生活中，你也许有过这样的经历，你本来穿着一件自认为很漂亮的衣服去上班，结果却有好几个同事说并不好看。当第一个同事说时，你可能还觉得这只是他的个人看法，但说的人多了，你就会开始怀疑起自己这身打扮，终于有一天，你就再也不想穿着这件衣服去上班了。饭桌上就餐时，有的孩子饭后主动将自己的饭碗洗干净。这时，家长可能会不经意地对孩子的这种行为表示赞赏并加以表扬。当孩子得到赞赏时，往往又会非常乐意地再去洗刷他人的碗筷。

张广利的看法是，之所以会发生上述现象，主要是心理暗示在起作用。人的情感和观念，会不同程度地下意识地受到别人的影响。心理暗示的作用常常会使别人不自觉地按照一定的方式行动，或者不加批判地接受一定的意见或信念。

张广利曾与教师们分享过下面的一个故事。著名的美国心理学家罗森塔尔和雅可布森曾经在一所小学里做过这样一个心理实验：他们从一至六年级各选了3个班，对18个班的学生进行了一个所谓的“未来发展趋势测验”。测验完毕，他们就给每个班的教师发了一份学生名单，并告诉教师这些名单上的学生是最有发展潜能的学生，这些学生将来非常有前途。8个月之后，罗森塔尔和雅可布森又对所有学生的学业成绩进行了追踪测试，结果发现他们提供给教师名单上的那些学生，其学业成绩有了显著的进步，且性格活泼开朗，自信心强，求知欲旺盛，还乐于和别人打交道。实际上，这些所谓的“最有发展可能和前途”的学生是心理学家随机抽取出来的，而不是他们“未来发展趋势测验”的真实结果。这就是心理学中著名的罗森塔尔效应（也称皮格马利翁效应），这一效应体现的就是心理暗示的力量。

张广利认为，罗森塔尔的实验之所以会出现这种结果，是因为教师受到权威实验者的暗示。他们坚信这些学生很有前途，因而对这些学生寄予了更大的期望。这样，教师们平时就有意无意地通过各种态度、表情与行动方式将这种暗含的“期待”和类似“你很优秀”的信息微妙地传递给学生，使其感受到了教师更多的关注。当这些学生获得期望的信息后，也会产生鼓励的效应，于是更加信赖教师，并给予教师以积极的反馈。教师越是见到这种反应，也愈会把自己的感情及期待移情到学生身上，感到他们更加可爱，于是激起更大的教育热情。如此良性循环，不仅拉近了师生间的心理距离，学生对自己的期望和对教师的感激与回报之情也会逐步增强，因而取得了好的学业成绩，并有了良好的发展势头和意想不到的进步。

另外，心理学家对少年犯罪儿童的研究表明，许多孩子成为少年犯的原因之一，就在于不良期望的影响。他们因为在小时候偶尔犯过错误而被贴上了“不良少年”的标签，这种消极的期望和暗示引导着孩子们，使他们也越来越相信自己就是别人心目中的“不良少年”，并最终使他们走向了违法犯罪的深渊。

张广利说：“积极的心理暗示对人的行为发挥着正向作用，消极的不良期望和心理暗示对人的行为则产生着负面影响。所以，作为父母，必须清楚这样一点：孩子生活在现实生活中，每天都接受着大量的信息，这些信息都会不同程度地给孩子的心理以各种暗示，这些暗示既有正面的，也有负面的。正面的心理暗示有利于激发孩子的进步动机，引发孩子的自我激励，使孩子产生内在的发展动力，从而使他们表现出积极的心态和百折不挠的毅力。而经常接受负面心理暗示的孩子则往往缺乏自信，容易灰心丧气，即使机会临近，也极易放弃努力。”

张广利的观点是，心理暗示是一种潜移默化、一种情感交流信号，更是一种渐次改变人的行为方式的隐性催化剂。恰当、正确的心理暗示对修正孩子的行为习惯，促进孩子的身心健康发展有着积极的推动作用，有利于孩子形成与父母期望一致的结果。因此，作为父母，在孩子成长的过程中，一方面要经常给孩子以积极的心理暗示，另一方面也要积极引导孩子主动地接受正面心理暗示，自觉排除负面心理暗示的消极影响。这样，才能使孩子趋利避害，增强自信，获得更好的发展。

第二节　成长比成功更重要

一、急于求成往往事与愿违

“成功是父母渴望孩子达成的目标，孩子成功是所有父母的美好愿望。然而，在现实生活中，许多父母急于让孩子成功，而很少关注孩子通向成功的道路及成长过程，到头来，常常事与愿违，本来优秀的孩子却逐渐走向了平庸。”就某些急于求成而事与愿违的人和事，张广利进行了如此评说。

他曾听说过这样一件事情：

裴勇（化名）三岁时就能背诵十几首唐诗，识几百个汉字，认上百个英语单词，非常聪明，活泼可爱，人见人夸。父母更是对孩子的未来充满了信心和期待，并决心好好培养他。为把聪明伶俐的裴勇尽早培养成才，从他四五岁时，父母就对其开始了严格的要求和训练。平时，父母每天给他布置诸如背诵唐诗、学习英语、看童话故事、练习电子琴等许多作业，父母认为只要该学的东西，都尽可能地让裴勇学习，用其父母的话说是“艺多不压身”。

开始，裴勇还比较听话，也有兴趣，但时间长了，面对父母布置的太多作业，他就有点吃不消了，并经常出现完不成学习任务的情况。父母见状心里十分着急，也就免不了经常批评裴勇。这样一来，裴勇慢慢地对学习失去了兴趣，开始躲避学习任务，并经常偷跑出去玩耍。有时为了出去与同伴玩耍，还经常撒谎。而父母对孩子发生这种变化的原因却全然不知，反而认为孩子开始不听话、变得调皮捣蛋了。因此，对孩子的要求就更加严格了。有时父母不在家，又怕裴勇外出玩耍，就把他锁在家里。裴勇趁父母不在，就在家看电视、玩游戏等。父母发现后，为让裴勇专心学习，就把裴勇锁在地下室中，因为地下室里没有电视，也没有电脑和其他可供裴勇玩的东西，这样他们就可以放心了。

一年过去了，裴勇的性格变得越来越内向，不仅学习越来越差，而且行为古怪，遇事胆小，不愿见人，更不想与他人交往，上学时也躲着同学们走。裴勇原来的那股聪明机灵劲儿已丧失殆尽。父母看到闷闷不乐、行为异样的孩子，感到了问题的严重性，也意识到他们的教育出了问题。经向他人请教，决定对孩子放松要求，鼓励孩子外出多参加活动，多与同伴交往。但孩子却对什么也不感兴趣，别的同学约他也不出去，就乐意一个人待在自己的房间里。

对此，张广利痛心疾首地说：“之所以会出现这种结果，主要是由于家长不懂教育规律，急于求成。孩子适当看一些有益的电视节目，与同伴交往和玩耍，参加必要的各种实践或娱乐活动等都是孩子应有的权利，也是孩子身心健康成长的必需。而裴勇父母为把他培养成才，却一味地按照自己的意愿单方面命令式地要求裴勇学习这知识、那技能，而全然不顾裴勇的内心感受和需要，从不倾听裴勇的内心想法，也不了解他喜怒哀乐的情感世界，完全主导了裴勇自由发展的时间和空间。裴勇父母这种主观臆断、急于求成、拔苗助长的极端教育方式，不但没有达到其培养孩子的预期目的，反而给孩子的身心发展造成了严重的伤害，致使裴勇形成了孤僻的性格，对裴勇的未来发展也埋下了隐患。”

张广利十分认同瑞士著名教育家裴斯泰洛齐的观点：“父母不应当硬要自己的子女去做与他们的直接兴趣毫无相干的事，而应当首先让他们获得力量，这种力量是通过有效地处理身边的事务而产生的。”“父母如果预先给子女拟定常规的发展进程，就会降低孩子的能力，严重地扰乱基本性的平衡。”作为父母，期待孩子成功本是件好事，但如何才能帮助和引导孩子走向成功却是值得父母深思的一个大问题。

张广利认为，在孩子成长的过程中，尤其是在孩子成长的早期阶段，父母应更加关注孩子的习惯养成、兴趣的激发和保护、良好性格的形成和健全人格的塑造，而不是灌输孩子更多的知识。那种忽视孩子成长的过程、盲目追求孩子知识学习数量的做法是不可取的，也是不科学的。作为父母必须明白：谁为孩子塑造了美好的心灵和健全的人格，谁注重了孩子健康成长的过程，谁就为孩子塑造了美好的未来。因此，做父母的必须学会走进孩子的心灵世界，倾听孩子的心声，对孩子多一点理解，多一点尊重，多一点耐心，多一点宽容，多一点鼓励，多一点引导。学会无条件地给予孩子足够的爱，不断呵护孩子的心灵成长。只有这样，我们的孩子才会健康地发展，才会最终走向成功。

二、让孩子经得住风吹雨打

张广利曾在网络上读到过发生在韩国总统朴槿惠身上的故事：

朴槿惠的父亲朴正熙曾担任韩国总统18年。朴槿惠学生时代居住在青瓦台（总统府），她的母亲十分注重子女的品德培养，对朴槿惠的成长和人格形成起到了至关重要的作用。有一天，朴槿惠上学时遇上倾盆大雨，雨伞被风吹坏了，事务官建议用汽车送一下，其母亲没有同意，只是换了一把雨伞，还是让她自己走路上学。朴槿惠从小到大学穿的衣服非常简朴，裤子总是绿色的，是母亲用父亲的军裤改的，就是大学毕业典礼的礼服也是母亲的衣服。

他还读到了另一个发生在中国女孩身上的故事：

小丽（化名）是一名初二学生，性格有点内向，学习挺努力，成绩也很好，在班上也经常受到教师的表扬。在父母和教师眼里，小丽是一名品学兼优的孩子。

有一天，她肚子突然疼得厉害，到医院一检查，原来是患了急性阑尾炎，需要马上住院手术。小丽身体一直很好，从没生病住过院，一听说要做手术，吓得哭个不停，但腹痛难忍，不做手术又有生命危险。这时，她父母不能再由着她的性子，就将惊恐不安的小丽送进了手术室。手术很顺利，小丽治疗了几天，很快就出院了，但手术对小丽心理上的打击和创伤却难以愈合。尽管父母和大夫都说手术很成功，可在家静养的日子里，她总觉得自己得了什么大病，而大家都在瞒着她。小丽整天郁郁寡欢，越来越内向和多疑，患病的阴影几乎全部占据了她幼小的心灵，似乎今后美好的生活不再属于自己。于是，她成天躺在床上不愿下地活动，结果时间不长又因肠粘连，再次住进了医院。自此以后，尽管疾病已经痊愈，但她更加疑神疑鬼，精神压抑，无心学习，只好休学在家。

一场小病使小丽发生了如此大的改变，出乎许多人的预料。

张广利指出，究其原因，可能比较复杂，但小丽较差的心理承受力则是导致其发生改变的主要原因。我们从中不难看出，小丽对突如其来的手术和术后的治疗是毫无思想准备的。在小丽眼里这次住院做手术对平时身体健康、无忧无虑的她来说简直就是一次难以接受的灾难。由于没有一定的心理受挫力，她认为自己得了大病且术后难愈，因此，对自己的身体健康状况一下子失去了信心。信心的缺失、健康状况的变化导致了她对自己的失望，对学习也失去了信心，并把一切美好的追求抛在了脑后，最终使她做出了出人预料的弃学决定。

张广利不无感慨地说：“在我们周围，由于孩子心理抗挫力差而导致出现类似问题的情况时有发生。一次考试失利而一蹶不振的孩子有之，父母批评几句就离家出走的孩子有之，喜欢的同学不理睬自己就想不开的有之，受到教师批评或偶尔得不到教师表扬就失去学习信心的有之，同学间为了几句玩笑话就反目成仇、大动干戈的也有之……”

张广利的观点是，所有这一切，都无不与孩子的心理抗挫力较差有关。独生子女的成长环境与以前姊妹兄弟众多的成长环境相比已经发生了很大变化。孩子基本上是在倍加呵护和一片赞扬声中，在父母、爷爷奶奶和外公外婆的宠爱中长大的，再苦也苦不着孩子。饭来张口、衣来伸手和过度宠爱及只有赞扬的成长环境，已使我们的孩子经不起半点风吹雨打，更谈不上经受什么挫折了。当有一天，孩子真的要面对困难和挫折时，他们不是面对挫折勇往直前，而是更多地表现出怯懦、退缩、一蹶不振和丧失自信。很难想象一个经不起任何挫折的孩子将来走上社会后会自理、自立，自强就更谈不上了。

张广利由衷地说：“让孩子多一点困难和挫折的体验，让孩子在挫折的体验中增长生活经验、丰富人生，提高孩子对挫折的心理承受力是孩子最终走向自立、自强的宝贵财富。作为父母，在任何时候，尤其是在孩子经历挫折时，不要心疼，不要包办，更不能代替，而应给孩子更多的鼓励和指导，让他们亲历困难，亲历挫折，体验失败，也体验克服挫折后获得成功的愉悦。有了这样的心理准备和历练，孩子才会有更强的心理抗挫力，在直面人生困难、挫折和挑战时，他们才会更加自信，才会坦然处之、无言退缩，这样，孩子才能更好地成人成才。”

三、关注孩子的心理健康

张广利认为，孩子成长过程中出现的许多异常行为，大多是一些心理问题所致，许多父母往往对此视而不见。有时，即使注意到这些问题，也往往把类似行为归结为其他方面的原因，而很少想到是孩子的心理健康出了问题。由于长期对孩子心理健康的忽视，致使许多孩子发展到了令人十分担忧的境地。

他曾在一次家长报告会上讲过这样一个案例：

小童（化名）从小很要强，小学时在一所规模不大的学校就读。由于学生人数不多，他稍加努力就能名列前茅，所以，他一直很自信，也很快乐，并自认为聪明、无人能比。进入初中学习后，由于同一年级的学生人数多，比他优秀的同学也就自然不在少数。为使自己找回小学时的那种感觉，他给自己的学习不断增加压力。经过一学期的努力，尽管成绩不错，但自己仍感到未达到小学时的那种水平，因此，他也就没有找回小学时的那种自信。

就这样，面对紧张的学习任务和困难，小童的自我学习压力越来越大，他开始敏感、易怒、多疑，经常烦躁不安，孤独感、自卑感不断升级。有时，有的同学与他开句玩笑或嬉闹，他就误认为大家看不起他或欺负他。他越这样想，就越看到同学们的言谈举止不对劲，即使别人在谈论其他事情，他也认为是在议论他或说他的坏话。这样，他不但对同学们之间的说说闹闹十分敏感，而且对老师的言行也敏感起来。老师表扬他，他认为是对他的嘲弄；老师批评他，他认为是老师在故意找他的毛病；老师鼓励他，他认为那不是老师的真心。

时间一长，小童逐渐感到无法忍受这种压抑的环境，对学习也逐渐失去了兴趣。所以，每当烦躁不安时，他就利用课余时间到网吧里去发泄，并试图在虚拟的网络世界中去体验那种在学习上无法体验到的成功感觉。没想到“借网消愁愁更愁”，小童的学习成绩越来越差。慢慢地，他对学习彻底失去了信心，开始逃课去网吧消磨时光。但小童“逃过了初一，逃不过十五”，当老师和父母发现这些情况并询问他原因时，小童却说，在学校他无法忍受同学们对他的欺辱。

针对一情况，班主任刘老师一方面加强对小童的教育和引导；另一方面，深入班级了解有关情况。让刘老师意想不到的是，同学们并没有欺辱小童。但刘老师还是召开了一个专门班会，要求同学们要加强团结，给小童更多的关爱。同时，刘老师还与小童的父母进行了沟通和协商，并加强了对他的跟踪监管。尽管如此，小童不但没有好转的迹象，反而选择了逃避和放弃，后来，干脆就不上学了。

就此现象，张广利进行了评析：小童把自己逃学的原因归结为他人所致，这完全是对自己学习责任的一种逃避。他之所以发展到这种地步，其原因：一是不能正确地评价自己，盲目与他人攀比，对自己的期望过高；二是心理抗挫力较差，面对困难，缺乏勇气和坚强的学习意志；三是心理压力过大，精神过于紧张。正是这些原因使他在心理上给自己设置了不必要的学习障碍——自己过高的期待和由此产生的过大学习压力之间的矛盾。面对这一矛盾，当他没有足够自信去解决时，他不是面对现实，通过“降低”自我期望和加倍努力去一步步实现自己的学习目标，而是想一蹴而就。这是不现实的事情，但小童恰恰没有认识到这一点。

在这种内心矛盾和自我困惑中，小童完全丧失了勇气。为了掩饰自己在困难面前的怯懦，保全他在大家心目中的良好形象，他想办法把自己装扮成一个弱者或受害者，以期得到父母对他的同情、原谅和帮助。他就在这种被人同情和原谅的保护下，为自己学习成绩的下滑寻找着借口，一天天地虚度着光阴。

在整个事情的发生发展过程中，小童一直在掩饰着这一点。在这种情况下，如果老师和父母不从其心理健康的角度去深入分析问题的成因，不打开小童封闭的心结，无论采取什么样的教育措施，都注定不会取得好的效果。在这个案例中，小童不但是一个受害者，更像是一个"肇事者"，正是他自己的心理障碍使其一次次地选择了逃避和放弃。

张广利指出，在孩子成长过程中，作为父母，了解孩子的学习和生活表现非常重要，但更重要的是要经常与孩子进行心理的有效沟通。因为只有孩子向父母敞开心扉，父母才有可能真正了解孩子，并摸清孩子的心理脉搏，这是教育和引导孩子实现身心健康发展的前提。倘若父母及时发现小童的这种心理变化，并及时与老师联系，共同采取相应的心理疏导和帮助鼓励等跟踪引导措施，就很可能避免小童学习成绩的进一步下滑，以后的上网、自暴自弃和逃学现象也就不会发生。

张广利提醒家长，当孩子进入生理和心理的剧变期——青春期时，父母要格外细心，并与孩子保持经常性的心理沟通，以便孩子需要支持时，父母能不失时机地向他们提供帮助。否则，父母就有可能找不到问题的症结，延误教育的最佳时机，弄不好，还会给一个本应需要帮助的孩子贴上"坏孩子"的标签，并有可能把孩子推向反面。

张广利说："小童的故事给父母和教师很好的警示。在孩子成长的过程中，一定要关注孩子的心理健康，就如同关注孩子的身体健康一样。"

第三节　尊重孩子选择的权利

一、让孩子在选择中学会选择

张广利曾经不无忧虑地说："家长总是担心孩子出问题，孩子做什么都不放心，并经常替孩子做这干那，恨不得为孩子包办所有的事情。当孩子将来真正走向社会，面对各种选择时，在好多问题上，他们就会表现出更多的茫然和不知所措。这样一来，孩子不但很难适应社会，而且更难以融入社会。"

他曾给人们讲过这样一个案例：

小斌（化名），从小聪慧，也很讨人喜欢，学习一直很好。上小学三年级时，父母看到其他孩子学钢琴、小提琴等，他们很羡慕，就给小斌报了个钢琴班，并花了一万多元给他买了架钢琴。每天回到家，父母就逼他练习。但他对学习钢琴不感兴趣，学了两三年也未见有多大长进。

到了初中，父母看到有的孩子报数、理、化、“奥赛”辅导班，也不征求小斌的意见，就给报了个数学“奥赛”班，而他却喜欢学语文。妈妈说：“小孩子，你懂啥？学好数理化，走遍天下都不怕，数学又是理科的基础学科，妈妈给你报上名，你只管学习就是了。”就这样，到初中毕业时，小斌的特长也未看出什么优势，其他学科的学习倒受到了不小的冲击。

高中毕业高考报志愿时，他喜欢当教师，父母却给他报了个商务管理专业。因父母认为，市场经济时代学这专业准受欢迎。就这样，小斌混到毕业。

毕业后，父母帮助他找了一家公司，他便在那儿开始了工作。由于他不喜欢这工作，从上班的那天起，就未认真做过。没多久，小斌就被辞退了。被辞退后，自己认为没学师范专业，当教师不太可能，一时自己也不知道该干点什么。这时，父母看到人家餐馆挺赚钱，于是就为儿子投资了五万元开了个快餐店。但没过多久，他就将父母的投资赔了个精光。后来，父母又花钱为小斌租了个地方，让他开了个小型超市，同样没干多久，就又关门了……父母一谈起小斌的事，就埋怨他干这不行，干那不中。小斌每每听到父母的这种唠叨，就特别心烦。同时，他也感到自己样样很失败，工作上的失利和生意上的挫败不但使其失去了面对困难的勇气，而且也使他丧失了生活的自信。

张广利认为，小斌之所以走到今天这种境地，不能不说与其父母从小对他选择机会和权利的剥夺有关。小斌对自己的兴趣和爱好，没有选择的机会，更没有自主选择的权利。在他成长的过程中，父母担心他不会选择，就事事为其包办代替。父母做主的，他不喜欢，他喜欢的，父母又不让他做。这样，在不能自主的状态下学习和生活，造成了小斌人云亦云、没有主见的性格。

父母为他投资餐馆，他就去开餐馆；为他投资超市，他就去开超市……当他不得不直面社会，直面自己拥有的选择机会和权利时，由于他没有做好充分的选择准备，不具备自主选择的能力，所以，他表现出了更多的困惑和不知所措。选择对他来说已不再是机会，而更像是一个个的陷阱。经过一次次的失败，他直面生活的信心也在不断丧失。

张广利说他很喜欢读教育专家李希贵的《36天，我的美国教育之旅》一书，他对书中关于选择的话题尤为赞同："不会选择，或者没有正确的选择，就不可能有成功的人生。任何一个人，他随时都会站在一个又一个十字路口。可是，孩子却常常因为没有别人的指引而四顾茫然。""选择常常是和责任连在一起的，当孩子有了自主选择权利的时候，他才会全力以赴，他才会披荆斩棘。""孩子是在选择的历练中不断学会选择的。"

张广利认为，作为家长，必须明白：要想培养孩子的选择能力，就必须从小给孩子选择的机会，在许多问题上引导孩子自己做出决定。要让孩子及早地经历这种选择的体验和锻炼，当他们真正面对复杂、多元和多变的社会时，他们才能通过选择找到自己通往未来的发展道路。

"尊重孩子的兴趣和爱好，尊重孩子选择的权利，给孩子创造更多选择的机会，让孩子在选择中学会选择，这应成为学校教育，尤其是家庭教育的重要内容，更是父母对孩子进行教育时理应承担的重要责任。"张广利语重心长地告诫着。

二、勇敢地放开手中的线

张广利曾在学生中做过一次"我心目中的父母形象"的调查。调查发现，许多学生对父母的过分限制感到非常反感，而父母们限制孩子的唯一理由则是为了孩子的学习和安全。父母不允许孩子参加社会实践或外出活动，或许他们是出于对孩子安全的考虑，或许是怕孩子耽误学习，或许他们认为这就是对孩子最好的爱，但孩子们却并不领情。因为父母们的好心正在剥夺着孩子们的欢乐和接触社会、接受锻炼的机会。

在一次家教专题报告会上，他讲述过两位学生的故事。一是一位学生对自己烦恼的诉说：

有一年春天，同学们商量好双休日去少年宫游玩，我满怀欣喜地把这个好消息告诉了妈妈。出乎预料，妈妈却给了我一个冰冷的回答："不许去。""可是，我已经与同学都商量好了！"我乞求有一丝挽回的余地。"现在路上车辆这么多，你认为安全吗？在家好好复习功课。"听到妈妈这样的回答，我顿时无语、茫然，并倍感失落。天空中仿佛乌云密布，我心想："难道我的生活里除了学习就没有一丝阳光了吗？"

记得上初一时，老师布置我们做一次关于环保方面的调查，每个学习小组都有任务。我们组商量后，决定用电话联系来完成各自的调查情况。有一次，我刚接通同学的电话，妈妈就向我大喊道："一到家连书都不看就打电话，你还学习不学习！"我看到妈妈的眼中除了怒火还有几分不信任。"老师让我们做调查问卷……"我说。"我听着不全是学习上的事情吧，别找借口为自己辩解！"妈妈的脸突然"多云转阴"了。我真不明白为什么妈妈那么不信任我。我无奈地望着妈妈的眼睛，这里面的我是那样渺小和无助，是那样的弱不禁风……令我遗憾的是，我在妈妈眼中是那么不让人相信。我长大了，我有权干自己想干的事，但妈妈还是不放手，不想放手……

作为孩子，我十分明白学习的重要，因为这不仅关系自己目前的学业，还关系我今后的生活和发展。但是，如果只是单一的强调学习，并把学习狭隘地理解成学科的学习，而不许我去了解时事，不准我参加必要的体育锻炼和实践活动，不让我去接触社会，不让我在紧张的学习中获得适当的身心放松，那么就算"学习"再好又有何用？父母的苦心，我都懂，但他们总不能老以"为你的未来着想"为由而让我做两耳不闻窗外事的"书虫"吧！

另一个故事是一位学生在给父母的信中如此倾诉：

爸妈，在某些时候，请你们放手，比如在我登上山顶时，任我自由地奔跑；在我观看 NBA 比赛时，任我尽情地欣赏；在我阅读喜欢的文学名著时，放手让我的思绪在书中翱翔。在你们放手时，你们知道，你们给了我一个自由的空间，让我和我所爱的事物一起飞翔。你们承诺过，你们要给我快乐，让我在阳光下成长，让我开心地沐浴原本属于我的阳光，从而不断积蓄能量。只有这样，我才能一步步健康成长并走向属于我的成功，实现我的梦想。

对此，张广利不无同情地说，以上两位学生说出了许多孩子的心里话，面对父母对自己的种种限制，一方面他们感到愤愤不平，另一方面又感到很无奈。的确，现在许多孩子的自主发展权被钟爱他们的父母牢牢地控制在手中，他们对自己的发展根本没有什么话语权。父母的这种过分限制甚至武断的做法，常常压得孩子们喘不过气来，使得他们的个性无法舒展，潜能更得不到充分发展。更让父母百思不解的是，这种“钟爱”的结果使本来优秀的孩子不再优秀，亲子关系也逐渐变得紧张起来。为什么会出现这种事与愿违的现象呢？究其原因，还是父母们传统的家教观念作怪，施爱的方式不得法使然。

张广利认为，孩子是家庭中的一员，更是社会中的一员。孩子的健康成长离不开父母的精心呵护和正确引导，更离不开多方面汲取营养的肥沃土壤和自己挥洒自如、主动发展的自由天空。因为任何孩子都有自己独特的内心世界和精神世界，有着不同于他人的观察、思考和解决问题的方式，他们都是一个个具有独立意义和发展中的人，他们都有自己的性格和意愿，都有自己的个性和思想，这是任何人不能代替和改变的。

他谆谆告诫父母：任何一个孩子的发展不能仅靠一种外在控制力量的推动，更重要的是孩子发自内在的求知欲和上进心的驱动。孩子的发展过程理应成为父母培养孩子的独立性、培养孩子独立发展能力的过程。

“建立和形成旨在充分调动和发挥孩子主体性的、多样化的发展方式，促进孩子在父母和教师的指导下主动地、富有个性地发展，是摆在众多父母面前的首要任务和研究课题，这也理应成为父母科学培养和教育孩子的重要职责和神圣使命。”张广利的话中透着一种责任感和使命感。

所以，张广利极其赞同著名教育家陶行知先生《创造的儿童教育》中的一段话，“我们要解放小孩子的空间，让他们去接触大自然中的花草、树木、青山、绿水、日月、星辰以及大社会中之士、农、工、商，三教九流，自由地对宇宙发问，与万物为友，并且向中外古今三百六十行学习”。

“风筝毕竟离不开线，但如果线放得太短，风筝就只能永远停留在低空；如果线再放长一些，风筝就能飞得更高。做父母的应放开你手中的线，给孩子一片自由飞翔的天空，让孩子实现自主的发展。这样，父母才能辅助孩子最终走向成功，才能实现父母望子成龙、望女成凤的最大心愿。”张广利道出了自己的心声。

第四节　家校合作为孩子撑起一片蓝天

一、家长是学校教育资源的“富矿”

“一个人的成长与发展离不开家庭、学校和社会教育的影响，就青少年、儿童的发展而言更是如此。在社会飞速发展的当今时代，尤其是在我国社会转型的时期，面对独生子女的增多和就业竞争压力的日益增大，人们对孩子发展的期望越来越高，把孩子教育的一切责任聚焦到学校身上，并赋予了学校更多的教育功能和无限的教育和管理责任。与此同时，人们却淡忘了一个完整教育体系的真实建立，家庭、学校和社会教育真正有效的结合，才能为促进少年和儿童的身心健康发展创造适宜的条件和良好环境。”张广利如此论说。

张广利时常目睹许多学校的“家长学校”流于形式，成了一个自发、无序、放任和无人管理与评价的区域。另一方面，他痛心地发现，社会教育不断弱化及代际相传的非理性的家庭教育的现实存在，使学校教育经常处于孤军奋战的境地，使学校教育不得不去面对许多尴尬的局面。

张广利的认识是，学校一方面要积极进行课程与教学方面的改革，全力推进素质教育的实施，不断提高学校教育的有效性和吸引力，全面促进孩子的身心健康发展；另一方面，要建立家校教育相互促进、相互补充和相互衔接的管理运行机制，开放办学，提高家长和社会各界对学校教育的参与度。同时，将普及家教知识和开展具体指导相结合，将加强家校教育结合的问题研究和解决孩子教育的实际问题相结合，在调动广大家长参与学校教育积极性的同时，提高对家教指导的针对性，以不断增强家校合作的实效。

张广利和教育专家陶继新关于家校合作教育有过精彩的对话：

【张广利】孩子的培养，学校的教育固然重要，家庭教育亦不可忽视。我校非常注重家校合作的组织和平台建设，先后建立完善了学校、社会、家庭三位一体的教育网络，成立了学校、年级部和班级三级家委会，建立了家长接待中心和育才学校家长分校，定期召开家长代表大会，积极实施班级教导会制度，为家长参与学校管理提供了多种渠道。同时，积极实施家长素质提高工程，通过专家讲座、家教普识培训、分类指导、专题培训及亲子共读等活动，增强了家长的家教意识，优化了家庭教育环境，促进了家长素质的提高。

此外，我们还充分利用家长资源，举办形式多样的“家长讲坛”。家长来自于各个不同的岗位和行业，他们用质朴的语言、生动的事例、真挚的感情为各班学生上了一堂堂精彩的“人生课”。如，王海伟家长的传统文化的“孝道”课，王瑞鑫家长的“学会感恩”和“学习方法”课，郭明哲家长的“读书点亮人生”，杜传峰家长的“自己的创业经历”等，不但开阔了学生的视野，丰富了学生的知识，也让他们体会到家长工作的艰辛，使其进一步了解了社会，在潜移默化中接受了职业理想教育。

【陶继新】教师要想走上讲堂，首先要有教师资格证书。可是，夫妻成为父母，却没有这方面的考核与证书。所以，有的人尽管已经为人父母，却不知道如何做父母，更不知道如何做一个优秀的父母。而家长的优秀与否，却是与孩子的成长息息相关的。您是一位校长，也是一位家教专家，可以说，您是怀着忧怀天下之心，开展家校合作的。

有的家长尽管自己没有担当起教育孩子的责任，可却对孩子有着很高的期望值，如果现实与期望形成落差，则将怨气与责任一并推给学校教育。其实，孩子的成长，尽管学校起着重要的作用，而家长的作用同样不可小觑。绝大多数问题孩子的背后，几乎都有一个有问题的家庭；绝大多数优秀孩子的背后，几乎都有着优秀家长的关注与支持。所以，要让父母知道，教育孩子，是天经地义的事情。如果教育不好，不但对不起孩子，也对不起学校与社会。而你们的培训家长等措施，则让家长有了比较强的家教意识，知道了如何肩起培养孩子的责任，从而去做一个优秀的家长。而家长做好了，特别是与学校合作教育孩子的智慧与方略有了，坚持下去，学生的成长也就驶进了快车道。

【张广利】家校的合作不能仅仅停留在一般意义上的笼统合作，更重要的是要提高家校合作的针对性和实效性。我们秉承“尊重差异，发展个性”的办学理念，力求在家校合作中积极推进差异教育，满足每一个孩子个性化成长的需求。我曾给家长们算了一笔帐，一年 365 天除去 3 个月寒暑假和每年 52 个双休日，还有其他的节假日和在家时间，学生真正的在校时间不过 160 天左右，从时间上来看，家庭教育承担的责任不比学校小。在 200 多天的时间里，如何组织每一个学生积极参与社会实践活动，进一步了解社会，如何扬长补弱，使其在现有的基础上实现最优化的发展就成为家校合作的重点。

为指导好每一个孩子学习与发展，学校专门制定了学生假期生活实施方案，一方面在家长的帮助下，为孩子的个性特长发展创造条件搭建平台；另一方面按照学生的居住区域，以学习互助小组的形式，加强了学生自组织建设，落实家长对小组管理的相关措施。同时，学校积极实施教师志愿者行动计划，深入社区和农村家长分校，搞好沟通和交流，并进行家访，因人而异地及时指导好学生的假期生活，使差异教育理念逐渐在家庭教育中扎根、结果。

【陶继新】家庭教育至关重要，家长不但要让孩子学习必要的知识，更要教会他们如何做人。做人教育有学校的责任，也是家长的义务，“子不教，父之过”虽系古训，却有着恒久的价值。小孩子受家庭影响大，受社会影响同样大。学校要与家庭联手，让孩子多参加一些有益的社会活动，让他们在这些活动中，受到良好的教育。你们与家长联合，让孩子在校外参加了很多有意义的活动，从而让他们在实践中学会做人。

“家校合作，为学校教育和家庭教育建立起了一座有效沟通桥梁，其意义不仅仅是让家庭参与到教育之中，更重要的是凝聚了教育合力，为学生健康成长搭建了更坚实、更深厚、更宽广的舞台。”张广利如是说。

东营市育才学校燕金兰、马邦勇、马江好、陈淑芬、燕飞、李艳梅、任滨舟、杨洋等老师建立了班级特有的家访制度——快乐家访。其中一位教师介绍说：“快乐家访在班级教育和家庭教育之间搭建起了沟通的桥梁。我的做法是：首先通过观察学生及其好习惯养成的积分情况，选择近一段时间表现好的学生，确定快乐家访的对象，然后就带着受访学生所在小组的其他成员和我一起家访。时间选择在中午或上午放学后，我带着学生先去吃饭，半小时吃完饭，接着步行或者开车去家访。吃饭的过程我会和学生聊聊天，了解一下这几个学生最近的思想动态。家访时我偶尔也带着语文老师和数学老师。家长们看到我们走进他的家门，都非常高兴，家长很热情，没有任何紧张的气氛，家访完全是在欢声笑语中进行。学生们主要是参观，感受另一个学生的学习环境，近距离一起谈心，彼此增进感情。回来的路上也是我们交流的好时候，说说笑笑中，就能解决不少学生成长中的烦恼问题。”

二、“教育开讲”，让家长成为教育者

学校环境的和谐温馨无疑对学生的成长起着举足轻重的作用，而家庭教

育对孩子的成长更是最初的也是一生的影响。张广利深谙此道，所以格外重视家庭教育。

张广利认识到，现今很多的家庭还是沿袭着传统的甚至是封建的教育模式，唠叨、训斥、打骂、强制、体罚几乎成了家庭教育的基本准则。而孩子进入学校之后，教育就完全成为学校的任务。家长只关注生活和考试成绩而忽视做人教育的现象非常普遍：有的父母因为孩子成绩不好总是训斥甚至打骂孩子，很少心平气和地指导和帮助孩子；有的父母对孩子缺乏真正的关心，只关注孩子是否吃饱穿暖，很少过问孩子的情绪怎样；有的父母很少和孩子进行沟通交流，总是居高临下说教；有的父母因对孩子有过高的期望值而与孩子的实际水平相差太远，于是不断地拿孩子和孩子的同学做比较……种种问题让张广利看在眼里急在心里，他想：我必须要给这些家长讲一讲究竟该如何面对孩子、教育孩子，否则，这些问题将直接甚至严重影响学校教育教学工作的质量。于是，家庭教育报告会应运而生。

从2006年春以来，每个学期每月分年级安排一次家庭教育报告会，成为了东营市胜利四中常规工作的一部分。张广利为了丰富家庭教育报告会的内容，他用心观察学生，经常和家长交流了解家庭教育的问题，让报告更有针对性。

“要想改变孩子，首先要改变自己”的报告，结合部分家长完全把孩子推给学校、认为自己没有教育责任，以及孩子出了问题过于偏袒自己孩子的状况，张广利进行了深入的分析，让家长明白自身观念的转变和自身的榜样作用对孩子的影响。鉴于有些父母不会和孩子沟通，他给家长开了“与孩子说话的方式”讲座，结合具体案例进行分析，让家长知道和孩子说话用怎样的语气和方式才是最有效的。针对刚上初中的孩子过分依赖家长的现象，他专门给新生家长做了“不要包办一切”的报告。“让孩子自理、自立”、“帮助孩子为自己的行为负责”、“让孩子自主发展”、“尊重孩子的权利”、“培养孩子读书的兴趣”等讲座成为帮助家长走出家教误区的重要指南。

除了自己讲，张广利还先后邀请了董进宇、徐晓东、刘热生、“知心姐姐”韩丽、刘开朝、宋广文、郑委等一批家庭教育专家来校开设家长讲座。在他的鼓励和帮助下，校内优秀班主任和干部也陆续登上了学校家庭教育的讲坛。“促进亲子关系和谐发展”、“学法指导”、“关注孩子青春期成长”、“关注孩子的心灵成长”、“让孩子健康成长快乐学习”、“从自然型父母向教练型家长转变”、“心灵相约，共同成长”等报告中的真知灼见开始被家长所知晓、接受，并应用到自己的家庭教育中去。

家庭教育报告会为家长所津津乐道，在社会上也引起了广泛的影响。家长往往刚听完一场报告会，就又开始期盼着下次报告会了。针对整个社会中家庭教育的缺失，东营市社科联和东营市电视台联合在《东营周刊》开办“教育开讲”专栏，邀约张广利每两周提供一篇家教文章。这给了张广利一个更大的平台展示他的家庭教育观念。于是，《在孩子幼小的心田里播种什么》、《“投资”孩子教育就是“投资”幸福》、《孩子的兴趣抹杀不得》、《不要鼓励孩子的欺负行为》、《经常斥责孩子难以使其改过》、《莫在孩子面前指责老师》、《让孩子独立走向社会舞台》、《引发孩子的自我激励》等50余篇家教案例和观点的文章陆续登载于《东营周刊》，产生了广泛的社会影响，很多外校的家长也找上门来咨询孩子的教育问题。

一年多之后，张广利集结出版了《我们怎样教育孩子》一书。这本书被广大家长誉为是“送给父母的钥匙”，内容涉及孩子的早期教育、父母自身的教育、如何教育孩子、关注孩子心理健康、营造家庭育人环境等内容。著名家庭教育专家、中国家庭教育专业委员会常务理事许建国教授评价这本书时说，“把中国家庭教育的传统观念与现代教育的文化内涵融为一体”，“达到了历史与现实的巧妙融合”，“把论述的立足点置放于理念的改变，而不在于家教方法的传授”，“语言通俗易懂，文字都来源于生活实践”。许建国教授说张广利给了读者两把钥匙，一把能帮助父母打开教育孩子的智慧之门，一把能帮助父母打开孩子的成功之门。

三、“开门办学”，让家委会的活力充分释放

谈到家委会的作用，张广利总是忍不住地说，“家长委员会，是支持和监督学校做好教育工作的群众性自治组织，是增进学校与学生、家长之间沟通的桥梁和纽带，是建设现代学校制度、完善中小学学校管理制度的重要一环，对于建立学校、家庭与社会教育协同机制，提高家长的教育素养和家庭教育水平，具有重要意义”。

事实上，一部分学校已经形成了特色鲜明的家委会制度，得到社会的充分肯定。张广利担任校长的东营市育才学校请家委会代表进校办公的做法，就是其中生动的一例。

张广利认为，把家委会代表们请进学校，能确保家长对学校教育教学及管理工作的知情权、监督权、评议权和参与权，同时能把家委会的作用落实、落细。为此，育才学校建立了班级、年级、校级三级家委会。学校每周邀请三级家委会各2—3人和每年级的10名家长志愿者进驻学校家委会办公室，对学校教育教学工作进行监督，与教师共同打造安全、和谐的教育环境。

东营市育才学校大门口，除了门卫室，还有一间办公室是提供给家长进校后办公的。每周都会有不同年级的家长到学校听课。如果家长发现教学过程中出现问题，可将问题写在记录本上。每周五家委会便将记录本记录的问题汇总后交给校长，校方会根据实际情况逐一解决。一位家长说，通过进校办公，自己对家校矛盾有了新的认识。“现在的孩子，一家就一个，在家里都被宠坏了，老师能让他们安安静静坐在教室里听课就已经很不容易了，真的要向学校特别是班主任说一声：您辛苦了！”家长由衷地表达着自己的心声。

东营市育才学校家委会成员和家长代表到校办公的具体做法是：

一是，推门听课，指导学校教育教学工作。家长推门听课，推开的不只是一扇门。东营市育才学校学生发展部主任西文山说：“学生家长可以课前不

打招呼，走进校园观察任何一位任课教师的课堂教学，听完课后进行评价。家长在听课过程中，积极融入课堂，热心参与班级管理，出现了家校互动共建美好班级的良好局面。”西文山评说，“‘推门听课’制度的实施，有助于增进家长对学校教学情况的直观感受，帮助家长了解孩子在课堂上的表现，为教师和家长的沟通搭建了很好的平台。同时，无形中强化了教师提高课堂教学水平的主动性，增强了教师的工作热情，使得教育教学质量不断攀升”。

二是，监督并参与学生上学、放学路队，课间秩序等管理工作。中午放学之际，由学生家长组成的家长委员会在校门口当起了路队护卫，拦停来往的车辆，引导接孩子的非机动车辆停放在指定位置，原本交通混乱的道路立刻变得井然有序，学生只需十分钟就可全部离校。

三是，家委会的代表接待每日来访家长，与其就学生教育和学校管理等诸多问题进行有效的交流和沟通。家长与家长沟通，看问题的角度具有一致性。值班家委会代表通过入校办公，对学校概况和学生情况有了一定了解，再转述给需要了解的到访家长，有更强的信服力。

四是，协助班主任组织学生活动。大部分学校，学生和学生家长都希望能多组织一些活动，给学生一个社会实践的机会，但是安全问题却成了组织学生活动最大的阻力，这令不少家长和学生遗憾，也让学校陷入了尴尬的境地。如何在安全的前提下尽可能多地组织学生活动，让学生开阔视野，增长见识，锻炼体质，是各中小学校面临的一个难题。家长委员会的参与，成了解决这个难题的一剂良药。“家长委员会的参与，解决了人员、交通工具和实践基地的联系与协调等诸多问题。家委会组织家长志愿者和班主任一起作为组织者、协调者，多了好多双眼睛来监管被‘放出来’的孩子。有的家委会还集体约定为外出的孩子买上了保险，这样一来活动的安全就有了一定的保障。”西文山如是说。

五是对课堂教学、教育活动组织、校园安保、环境优化、食堂伙食、师生行为等提出整改建议。家长们都想知道，孩子在学校学习怎么样，课堂上表现怎么样，学校里的环境如何，孩子在学校吃得怎么样，饭菜有没有营养？

孩子和教师同学交际如何？以往，这些问题只能是猜想或听孩子回家唠叨或在社会上道听途说，因为一道学校大门就把家长挡在了外面。有了学生家委会，这一切都成了现实。家长代表可以像教师一样，自由进出学校的角角落落，了解孩子在学校的各方面情况，并对学校不合理的地方提出整改建议。

六是，为学生开设相关选修课（校本课程）。三百六十行，行行出状元。在很多方面，家长比教师还专业。因此，学校为家长提供了选修课开课平台，使家长进一步融入学生教育生活之中，并发挥其才能，丰富了学校的选修课程。学生们纷纷反映，听家长讲课很“带劲”。

《中国教育报》、《山东教育报》、《黄三角早报》等媒体对东营市育才学校邀请家长进校办公和走进教室给孩子们上课的做法进行了报道：

今天老爸老妈来讲课

“爸爸，在讲台上别紧张，加油。”“今天，你妈妈要给我们讲什么啊?”25日，东营市育才学校的学生们都特别期待最后一节课，因为这节课的讲台上站得并不是学校的老师，而是学生家长。家长们根据自己的特长、兴趣爱好或工作经验，以“老师”的身份给孩子们带来不一样的课堂，也走进学校了解孩子在学校的表现。

25日下午，东营市育才学校每个班级的课程跟以往最大的不同，不仅仅是“老师”的身份的不同，课堂上的内容也是同学们很少接触的。有的家长用自己的人生历程来教育孩子，有的家长把自己掌握的中医知识教给孩子，有的家长还把做水果沙拉的过程搬上讲台……

在二年级（6）班的教室里，让孩子们最高兴的是，时翊迅的妈妈不仅给大家带来不一样的课程，还给大家带来了新鲜的水果。“学习做水果沙拉”调动起每个孩子的好奇心，他们也都争着上台进行尝试。

七年级的林春茹的爸爸通过一个个故事跟大家分享了自己的工作，让孩子们认准自己目前的任务就是学习。“家长准备得很充分，课堂也很活跃，家长还跟孩子们做了一些鼓舞人心的动作，我觉得讲得特别好。”班主任孙老师说。

陈逸菲的爸爸除了准备不同的小故事，还给大家带来一首歌曲，“我很愿意和同学们交流，我很怀念在学校的日子。”他告诉记者，为了进课堂上课，他还专门向单位请了假，“每个孩子都有梦想，但怎么让孩子从实践中去努力实现梦想是我讲课的内容，我是抱着和大家交流的心态来的”。

据了解，家长们讲课进行“角色互换”后，家长和孩子都会写心得感受，有的家长还会获得学校颁发的“奖状”，这让家长在收获感动的同时，也拉近了与孩子之间的距离。

家长走进教室后，有的家长还在课前与学生交谈，有的则在课后与学生交流心得。很多家长在参与活动的过程中感受的是全方位的“角色互换”。七年级（5）班任力晨的爸爸第一次上台未免感到紧张，同学们不由自主地鼓掌给予鼓励。“感觉课件准备得很充分，但是第一次在那么多孩子面前讲课，就莫名紧张。没想到孩子们主动给我鼓励，那一瞬间让我很感动，我也鼓起勇气，中间断了好几次，但我觉得还是很有荣誉感。”任力晨的爸爸说。

东营市育才学校学生发展部副主任刘列告诉记者，“家长讲坛”邀请家长们主动站上讲台，与孩子们分享自己的经历、工作经验等，不仅激发了学生的学习兴趣，也为更多的家长提供了可供学习和参考的对象。“让我们特别感动的是，每一位参与讲课的家长都特别用心，准备充分，从教学内容的选取到教学课件的制作，都精益求精丰富孩子们的知识，同时也让家长更好地看到孩子们在校的表现。”

张广利特别信奉苏霍姆林斯基说过的一句话，“没有家庭教育的学校教育和没有学校教育的家庭教育都不可能完成培养人这样一个极其细微的任务。”“让家长参与学校教育，会让学校教育更开放，更包容，更有说服力。只有家校携手，相互助力，才能为孩子健康成长支撑起一片广阔蔚蓝的天空。”信心满满的张广利望着远方表达着自己的教育情怀。

【亲历者言】

在张校长的积极推动下，家委会及其家校合作中心成为东营市育才学校在推进素质教育改革过程中搭建的具有开创意义的家校互动平台。它们的出现，实现了真正意义上的家校互通和相互了解，形成了学生成长过程中的教育合力，促进了学生全面的发展。

在以往传统的学校管理模式下，家长对学校和教师的了解是十分有限的，仅靠一学期一次的家长会和个别家长与老师的交流，家长得到的只是片面的、肤浅的、零星的感性认识。同样，老师对学生家庭环境的了解也很有限，即使有个别老师的家访，也只是一些特例，不具有普遍性，这就造成了家校交流的障碍。家校之间信息沟通渠道的阻塞，又往往使家长对学校和老师产生主观臆断，并在许多情况下当着孩子做出不合实际的评论。这种偏颇的评论很容易在孩子的成长过程中起负面作用，甚至严重影响孩子的健康成长。

育才学校家委会及其家校合作中心的成立，使大量家长走进校园，参与学校的教育管理与改革。这不仅使家长充分了解自己孩子在学校点点滴滴的表现，同时也全面了解学校的教育理念和管理措施，并且结合自己孩子的情况，做出比较明确和理性的判断，能更好地引导孩子对事物的正确认识和理解，从而对孩子人生观、价值观的正确树立起到促进作用。

育才学校家委会及其家校合作中心的成立，也让老师对每个孩子的家庭环境、包括家庭特点都有了比较全面的了解。结合学校对教师队伍的建设和管理改革，老师的工作也悄然发生着改变。老师不再是以往那种知识的灌输者，也不再对所有学生统管统教，而是在了解的基础上，对每个不同家庭环境的孩子制定不同的成长规划，为不同的家长指明孩子成长的方向。老师成了孩子成长过程中的服务者、引导者和领航人，为“尊重差异、发展个性”办学理念的落地生根，发挥着不可估量的重要作用。

育才学校家委会及其家校合作中心的成立，也使许多家长的家庭教育观念和自身素质发生了悄然的变化。家长们积极参加学校举行的各项活动，平时注重自身素质的提高，在家庭中对孩子的教育也更加讲究方式方法。这充分说明了家校合作带来的巨大变化。家校联手产生的教育合力。

随着家校合作的不断深入，更多的家长走进了校园，家长们也将以主人公的姿态深度参与到学校各项管理之中。作为一名学生的家长，我决心与学校一道，为孩子的健康成长共同撑起一片蓝天。

（东营市育才学校七年级学生林春茹家长　林玉忠）

每天晚上孩子完成自学任务后，我和孩子一同在班级家长QQ群里写发关于学习的情况，这是班主任组织的“学习圈”学习汇报活动。通过这种方式，在向“学习圈”汇报自己孩子学习情况的同时，也了解到其他同学和家长在学习方面好的做法，借鉴了很多好的学习方法。

“学习圈”的确是一种很好的交流方式。在“学习圈”里看到那么多同学做得更好、更有效率，在对比中就会发现自己一些学习方面的问题，便于及时改正。而且那么多优秀的孩子做汇报，很容易形成相互激励、力争上游的学习氛围。我们还发现，很多孩子的学习汇报由最初的三言两语，变成文通字顺的长长一段话，我们也为这些孩子的进步高兴。

以前，我们家长都需要想尽办法激励孩子好好学习，但现在，只要看看QQ群里的汇报，孩子就会反思总结自己的学习经验，自己调整学习计划，孩子的学习兴趣变得浓厚起来。在这样的环境里，孩子的学习能力逐渐提高了，成绩越来越优秀。我们感觉这种家校合作的方式，做到了很多家长自己单独无法做到的事情。

（东营市育才学校八年级学生林雯钦家长）

自从张广利校长来育才学校后，他一方面开展了多种形式的家教培训，转变了我们家长许多传统的家教观念，也告诉了我们许多耳目一新的家教方法；另一方面，在他的主导下家校合作非常有实效，孩子和家庭都很受益。

就拿孩子每天做作业这件事来说吧。我的文化水平不高，无法辅导孩子，面对孩子作业方面的马虎和偷懒以及糊弄，自己束手无策。以前每天放学后，我会查看孩子的作业任务记录，然后要求孩子必须完成作业。但孩子在家精力不集中，写作业拖拖拉拉，往往写到很晚，很多时候还完不成。不但孩子累，大人也累，我心里很着急，常常为了孩子作业的事，和孩子发生矛盾和冲突。现在好了，这个问题解决了。因为，学校倡导缺乏管理孩子能力的家长，可自愿参加学校组织的学习圈“候学”活动，即下午放学后，家长志愿者轮流到教室值班，和教师一起陪孩子完成当天作业，有什么问题当场解决。孩子在教室里用不了多长时间就基本能完成当天的作业，即便是剩下一点，回到家九点以前也会完成。

参加学习圈“候学”活动以来，我只要有空就会到教室值班，班主任也经常为了孩子们的“候学”留在教室很晚。我们家长觉得这办法挺管用，所以家长积极性很高，孩子不会的问题基本能就地解决。我们看着孩子的作业一点点好起来，学习劲头也足了，学习也有了自信，心里很高兴，对学校有说不出的感激之情。通过这件事，使我们深刻地体会到，孩子的教育的确需要有效的家校合作，有时候家校合作会解决很多单方很难解决的问题。可以说，孩子是这项活动的受益者，我们一个个家庭更是受益者。这件事也坚定了我们家长密切配合学校教育的信心和决心。

我的孩子之所以有今天的变化，还得感谢张广利校长给搭建的家校合作平台。

（东营市育才学校八年级（3）班学生林子昂家长）

主要参考文献

一、著作

[1] [苏] 苏霍姆林斯基. 给教师的建议 [M]. 北京：教育科学出版社，1984.

[2] [苏] 赞可夫. 和教师的谈话 [M]. 北京：教育科学出版社，1980.

[3] [美] 约翰·杜威. 民主主义与教育 [M]. 北京：人民教育出版社，2001.

[4] [美] 约翰·杜威. 确定性的寻求——关于知行关系的研究 [M]. 上海：上海人民出版社，2005.

[5] [美] 丹尼尔·科顿姆. 教育为何是无用的 [M]. 南京：江苏人民出版社，2005.

[6] [意] 蒙台梭利. 蒙台梭利幼儿教育科学方法 [M]. 北京：人民教育出版社，2001.

[7] [日] 佐藤学. 学习的快乐——走向对话 [M]. 北京：教育科学出版社，2004.

[8] 联合国教科文组织. 学会生存——教育世界的今天和明天 [M]. 北京：教育科学出版社，1996.

[9] 梁漱溟. 人心与人生 [M]. 上海：上海人民出版社，2005.

[10] 袁贵仁. 价值学引论 [M]. 北京：北京师范大学出版社，1991.

[11] 王义军. 从主体性原则到实践哲学 [M]. 北京：中国社会科学出版社，2002.

[12] 江苏省陶行知研究会、南京晓庄学院编. 陶行知文集 [M]. 南京：江苏教育出版社，2008.

[13] 劳凯声. 变革社会中的教育权与受教育权：教育法学基本问题研究 [M]. 北京：教育科学出版社，2003.

[14] 肖川. 教育的视界 [M]. 长沙：岳麓书社，2003.

[15] 郭元祥. 生活与教育——回归生活世界的基础教育论纲 [M]. 武汉：华中师范大学出版社，2002.

[16] 石中英. 知识转型与教育改革 [M]. 北京：教育科学出版社，2001.

[17] 郭晓明. 课程知识与个体精神自由——课程知识问题的哲学审思 [M]. 北京：教育科学出版社，2005.

[18] 朱小蔓. 教育的问题与挑战 [M]. 南京：南京师范大学出版社，2000.

[19] 叶澜. 教育概论 [M]. 北京：人民教育出版社，1991.

[20] 叶澜等著. 教师角色与教师发展新探 [M]. 北京：教育科学出版社，2001.

[21] 朱晓宏. 儿童的成长：另一种记忆 [M]. 南京：江苏教育出版社，2009.

[22] 李吉林. 小学语文情境教学 [M]. 北京：人民教育出版社，2003.

[23] 杨瑞清. 走在行知路上 [M]. 北京：高等教育出版社，2004.

[24] 杨一青. 搭建飞翔的舞台 [M]. 北京：高等教育出版社，2005.

[25] 李希贵. 为了自由呼吸的教育 [M]. 北京：高等教育出版社，2005.

[26] 李希贵等. 学校转型：北京十一学校创新育人模式的探索 [M]. 北京：教育科学出版社，2014.

[27] 李庆平. 改造我们的学校 [M]. 北京：教育科学出版社，2011.

[28] 魏书生. 教学工作漫谈 [M]. 桂林：漓江出版社，2005.

[29] 山东省教育厅师范教育处组编. 感悟美国教育——齐鲁名师美国行 [M]. 济南：山东人民出版社，2009.

[30] 徐洁、胡宏伟. 学校变革智慧：管理创新与学生发展 [M]. 济南：山东人民出版社，2014.

[31] 张广利. 教育是明天 [M]. 福州：福建教育出版社，2013.

[32] 张广利. 我们怎样教育孩子 [M]. 天津：天津科学技术出版社，2009.

[33] 张广利. 学校教育生活的重建 [M]. 桂林：广西师范大学出版社，2011.

[34] 张广利. 自主学习型高效课堂建设研究与实践 [M]. 天津：天津教育出版社，2009.

[35] 张广利. 探寻自主课堂的奥秘 [M]. 桂林：漓江出版社，2013.

[36] 张广利. 校本课程开发的实践与思考 [M]. 福州：福建教育出版社，2013.

[37] 张广利. 孩子心目中的理想父母 [M]. 西安：陕西人民教育出版社，2011.

[38] 张广利、王学红、李建伟. 好父母不可不知的育儿心理学 [M]. 桂林：广西师范大学出版社，2010.

[39] 谢安邦、张东海. 全人教育的理论与实践 [M]. 上海：华东师范大学出版社，2011.

二、文章

[1] 黄正平. 新时期学校德育的基本走向 [J]. 教育科学研究，2004，(4).

[2] 龙宝新、孙峰. 走向“三本”：当代学校德育的实践归依 [J]. 教育理论与实践，2012，(31).

[3] 岳伟、刘贵华. 走向生态课堂——论课堂的整体性变革 [J]. 教育研究，2014，(8).

[4] 常丽丽. 人本教学的理论构想 [J]. 中国农业教育，2006，(2).

[5] 张红. 论教学生态性的本质、特征及功能 [J]. 教育学术月刊，2008，(2).

[6] 赵明辉、赵小川. 论课堂教学的生态和谐 [J]. 现代教育科学，2009，(3).

[7] 洪頳. “天人合一”和谐教学观下的课堂生态研究 [D]. 湖南师范大学博士论文，2013，5.

[8] 王潇枭. 生态化视野下的中学语文课堂教学研究 [D]. 陕西师范大学硕士论文，2013，5.

[9] 张兴. 地理教学的差异研究与实践 [D]. 河北师范大学硕士论文，2012，9.

[10] 黄书生. 差异教学的内涵、价值及其基本策略研究 [D]. 杭州师范大学硕士论文，2006，6.

[11] 胡兴宏. 分层递进教学的理性思考 [J]. 上海教育（半月刊），2010，(03B).

[12] 王立强. 尊重差异　以人为本　因材施教　教学相长 [J]. 上海教育（半月刊），2010，(03B).

[13] 彭国华. 适应学生差异　分层递进教学 [J]. 素质教育大参考，2004，(09).

[14] 韩亚成. 分层递进“16字教学法”的实践 [J]. 上海教育（半月刊），2010，(03B).

[15] 华国栋. 实施差异教学是融合教育的必然要求 [J]. 中国特殊教育，2012，(10).

[16] 曾继耘. 学生个体差异：研究方法与基本结构 [J]. 课程·教材·教法，2006，(03).

[17] 李峰. 城镇化进程中农村学校教学文化的重塑 [J]. 江苏教育研究，2014，(07A).

[18] 朱文奎. 浅谈新型课堂教学文化的构建 [J]. 现代教育科学（普教研究），2013，(05).

[19] 宋洪昌、季俊昌. 用课程“改造”学校 [N]. 山东教育报，2014—04—28 (5).

后记

教育是亘古久远的事业，它紧紧维系着人类的生存与发展，促进着人类的文明与幸福。教育是人世间神圣的育人事业，也是一门充满了智慧劳动的伟大艺术。从教育诞生以来，对教育本身的思考就一直没有停止，各种各样的观点、学说和流派异彩纷呈，各种各样的争议、批判和质疑此起彼伏。在不断的争鸣探索中，教育伴随着人类文明一路向前。在这条大道上，留下了孔子、苏格拉底、杜威、苏霍姆林斯基等无数先哲大师的身影，他们的真知灼见祛除了教育的蒙昧和暗影，照亮了教育逶迤前行的方向和道路。他们的教育思想之结晶如夜空的璀璨星辰，永远值得我们珍视、仰望和怀念。

先哲大师的真知灼见更需要我们继承和发扬光大，而非漠视和遗忘。研读经典，实践经典，这是永不过时的教育正道。但遗憾的是，时下许多所谓的教育人、教育家已被社会的浮躁和名利所裹挟，难以静下心来研读经典、体味经典。

实际上，“改革”本为中性词，教育本身并不需要频繁改革，教育更需要回归常识。先哲大师早已指明的教育常识，都是亘古常新的真理，不会因时代的变化而变化。真正的教育家从来都不是魔术师，其对教育的观点不会日新月异，花样翻新，像魏书生，多年如一日地讲“教育民主”、“教育科学”，貌似老生常谈，实则定力十足，紧紧把握住了教育的根脉。

在重温先哲大师的经典中，笔者深深地被震撼：像苏霍姆林斯基这样的教育大家，其思想之“知”如不染杂质的晶体那样晶莹透亮，其实践之“行”如顶尖的艺术大师那样充满了赤诚和睿智，其叙述其知其行的语言朴实无华，鲜活生动！

与苏霍姆林斯基、陶行知、魏书生等这些平实而杰出的教育家相比，笔者对时下赶时髦式的概念式改革深感忧虑：缺乏真知灼见、无“知”而行的所谓教育改革，最终会收获什么样的果实呢？笔者对当下的教育现实，从内心深处感到迷茫与困惑，这难道是我们所要追求的教育状态吗？教育本来是要提升人的幸福生活能力的，但现实的教育却在某种程度上走着相悖的路。

但无论现实如何残酷和残缺，我们总要把理想的旗帜高高举起。教育是一代又一代人的接力事业，永远指向未来，其中存在着多少不完美，就同时内含了多少臻于完美的可能性。每一代教育人都不应放弃自身的教育理想和历史责任。正如国际21世纪教育委员会主席雅克·德洛尔所言，教育是人类社会的一种“必要的乌托邦”。

在我们的身边，是否也有像苏霍姆林斯基这样的教育人呢？也许他们的教育之“知”之“行”还远远达不到苏霍姆林斯基那样的高度，甚至终生也难以企及，但他们起码在向榜样看齐，胸怀理想与激情，努力地追求着“知行合一”的教育境界。他们追随苏霍姆林斯基等人的脚步，在自己的一片教育天地里默默耕耘，开拓出了不俗的业绩，让千千万万个孩子终生受益——他们一样值得我们尊敬！笔者认为，张广利校长就是这样的一个人，他对教育的认知和行动，虽然还存在种种差距和不足，但与“概念式”教育改革有所不同，因为在他的心里，始终装着孩子，始终为了孩子，并为此不懈地努力和奋斗着。“尊重每一个孩子的发展权”，他的教育思想闪烁着人道主义的光辉。

所谓教育的人道主义，主要包括两方面的内容：一是教育面前人人平等的伦理精神。每个人生来即有种族、性别、身体、智力、贫富、贵贱等的差异，但教育的大门要向每个人敞开，每个人都有平等接受教育的权利，不能有拒绝和歧视。从孔子的“有教无类”、夸美纽斯的“泛智教育”，一直到今天的“义务教育”、“全纳教育”，都在努力地践行着这种人人平等的伦理精神。二是尊重教育规律的科学精神。教育过程要尊重差异，尊重个性，尊重受教育者的身心发育规律，努力为每个人创造适合的教育。从亚里士多德、夸美纽斯、卢梭，一直到杜威、苏霍姆林斯基、魏书生等人，都高度重视教育的规律、技巧和智慧，强调教育要因材施教，适应每个人本身的发展。人道主义的教育是一种向善求真的教育，源远流长，薪火相传。但遗憾的是，自古至今，非人道主义的教育也如影相随。时至今日，教育中非人道主义的现象仍然比比皆是，学校中专制主义盛行，漠视人的生命尊严，无视人的个性差异。正是从此种意义上，我们看到了张广利“尊重每一个孩子的发展权”、“尊重差异，发展个性”等教育思想的可贵之处。

可以说，张广利既是仰望星空的理想者，又是脚踏实地的实干家，他用自己的方式探索和践行着教育中的人道主义。这种追求也许有功力、修为和境界的差距，但毫无疑问，他的努力方向是正确的，是值得为之鼓与呼的。只要找到了路，就不怕路远。笔者相信，假以时日，他必将在教育的大道上走得越来越远，必将为后来者留下前行的路标。把他的所知所行记录下来、存留下来，为后来者提供一面镜子，似乎也是一件有价值、有意义的事情，这也正是笔者决心对他的教育思想和行动进行梳理解读的根本动因。

在解读的过程中，笔者对解读本身也产生了更多的体悟：解读别人的过程也是解读自身的过程，两者是相互制约、相互促进的。在这个过程中，一些模糊的认识变得清晰，一些复杂的纠缠变得简洁，一些犹豫的信念变得坚定。同时，笔者也深深地感到：“知”不尽，“行”无涯，“知行合一”的教育追求永远在路上。无论是笔者，还是张广利校长，抑或其他教育人，我们对教育的追求必将不断地延伸和升华……

《尊重每一个孩子的发展权》完成后，虽然署上了作者的名字，但“我们”并非是它的唯一作者，书里充盈着他人的辛劳和智慧，包括那些从未谋面的先哲大师们。在此，向一切给予我们启发与帮助、宽容与谅解、期望与祝福的人们表示真诚的感恩！

季俊昌　蒋世民
2015 年 1 月 10 日

图书在版编目（CIP）数据

尊重每一个孩子的发展权：齐鲁名校长张广利的“知”与“行”/季俊昌，蒋世民著．—福州：福建教育出版社，2015.2
ISBN 978-7-5334-6738-8

Ⅰ.①尊… Ⅱ.①季… ②蒋… Ⅲ.①中小学—校长—学校管理—山东省 Ⅳ.①G637.1

中国版本图书馆CIP数据核字（2015）第003752号

Zunzhong Meiyige Haizi de Fazhanquan

尊重每一个孩子的发展权

——齐鲁名校长张广利的“知”与“行”

季俊昌　蒋世民　著

出版发行 海峡出版发行集团
福建教育出版社
（福州梦山路27号　邮编：350001　网址：www.fep.com.cn
编辑部电话：0591—83779615　83726908
发行部电话：0591—83721876　87115073　010—62027445）

出 版 人 黄　旭

印　　刷 福州华彩印务有限公司
（福州市福兴投资区后屿路6号　邮编：350014）

开　　本 720毫米×1000毫米　1/16

印　　张 21.5

字　　数 307千

版　　次 2015年2月第1版　2015年2月第1次印刷

书　　号 ISBN 978-7-5334-6738-8

定　　价 43.00元

如发现本书印装质量问题，影响阅读，
请向本社出版科（电话：0591—83726019）调换。